Para
Mauro, Mirtha, Francine e Giovanni.

Um núcleo familiar que me irradia
amor e luz, constantemente.

Coordenadora editorial: Tânia Lins
Assistente editorial: Mayara Silvestre Richard
Coordenador de comunicação: Marcio Lipari
Coordenadora de arte: Priscila Noberto
Capa e projeto gráfico: Priscila Noberto
Diagramadores: Letícia Nascimento e Rafael Rojas
Preparadora: Mônica Gomes D' Almeida
Revisão: Equipe Vida & Consciência

1ª edição — 6 impressões
2ª edição — 2ª impressão
5.000 exemplares — outubro 2015
Tiragem total: 68.000 exemplares

CIP-Brasil - Catalogação na Publicação
(Sindicato Nacional dos Editores de Livros, RJ)

M267v
Marco Aurélio (Espírito)
Você faz o amanhã/[pelo espírito]; psicografado por
Marcelo Cezar. 2. ed. — São Paulo : Vida & Consciência, 2015.
400 p.; 23 cm.

ISBN 978-85-7722-360-2

1. Espiritismo. 2. Romance brasileiro. I. Cezar, Marcelo. II. Título.

14-14418 CDU-133.9 CDD-133.9

Índices para catálogo sistemático:
1. Romance espírita : Espiritismo

Este livro adota as regras do novo acordo ortográfico (2009).

Editora Vida & Consciência
Rua Agostinho Gomes, 2.312 — São Paulo — SP — Brasil
CEP 04206-001
editora@vidaeconsciencia.com.br
www.vidaeconsciencia.com.br

MARCELO CEZAR
ROMANCE INSPIRADO PELO ESPÍRITO MARCO AURÉLIO
Você faz
o amanhã

"Reconheça que o poder de conquistar a felicidade está em suas mãos."

Prefácio

Ao enfrentarmos a vida na Terra, esquecidos do passado, somos envolvidos por crenças sociais de aparência que conduzem ao materialismo, ao preconceito, à luta de classes e à completa inversão dos valores espirituais que trabalham para o bem de todos.

Mas a Vida é muito mais do que parece, e trabalha para que cada um desenvolva seus potenciais latentes. As ilusões vão se desvanecendo e fazendo contraste para que a verdade fique esclarecida.

É dessa forma que vamos adquirindo lucidez, aumentando nosso senso de realidade, percebendo nossos enganos.

Reconheça que o poder de conquistar a felicidade está em suas mãos. Se deseja progredir sem sofrer, assuma seu desejo de ficar no bem, jogue fora as ilusões, não tenha medo do futuro, porque VOCÊ FAZ O AMANHÃ e pode fazê-lo muito melhor!

Zibia Gasparetto

JOGUE AS ILUSÕES FORA,

não tenha medo do futuro.

1

Ao cair da tarde, uma nuvem escura cobriu a cidade. Não demorou muito para que os relâmpagos cortassem o céu e o barulho ensurdecedor dos raios assustasse algumas pessoas. De repente a tempestade desabou com imensa fúria sobre os quatro cantos da capital paulista. Alguns pedestres corriam, tentando inutilmente proteger a cabeça com as mãos; outros adentravam bares, padarias, lojas ou disputavam lugar sob as marquises, procurando se proteger das gotas espessas que caíam sem cessar. Muitas ruas e avenidas ficaram alagadas; os serviços de bondes e ônibus foram interrompidos e o caótico trânsito parou de vez.

As luzes se apagaram e se acenderam algumas vezes, conforme a intensidade dos trovões. A maioria dos bairros ficou sem energia elétrica. Era sempre assim, havia anos: as chuvas de fim de verão atrapalhavam sobremaneira a vida dos paulistanos.

Miguel estava em pé, encostado na janela. Ficou observando as grossas gotas de água que chicoteavam o vidro de uma das janelas de seu escritório, num edifício comercial de luxo na Avenida Paulista. Distraiu-se um pouco com a entrada da secretária em sua sala. Ao verificar que o fim do expediente se aproximava, ele a dispensou, sem desviar os olhos da janela. Queria ficar sozinho. Precisava desesperadamente encontrar uma saída.

Naquele momento, Miguel sentia medo, puro medo. Um medo forte do futuro, de como seria sua vida dali em diante, cuja origem fora uma catástrofe econômica que abalara suas estruturas meses antes.

Expliquemos melhor o que acontecera a Miguel. Até anos atrás, comprar ações da Companhia Paulista de Estradas de Ferro era excelente aplicação de capital. Quem possuísse determinada quantia de dinheiro na Caixa Econômica e outro tanto em outro banco, ganhava boa remuneração, algo em torno de oito por cento ao ano. Toda vez que a Companhia aumentava o capital, o cidadão comprava um lote de ações e os dividendos aumentavam em escala progressiva. Era uma beleza. A solidez da empresa e os dividendos das ações eram altamente sedutores.

Todavia, vieram no decorrer dos anos a inflação, os encargos assistenciais, as trocas de governadores e muitos outros problemas, e a Companhia Paulista de Estradas de Ferro entrou em crise financeira. O patrimônio, economicamente falando, era formidável. Mas, quanto aos dividendos, deixaram de remunerar e a empresa não podia apelar para aumento de capital. Assim, o valor das ações foi baixando vertiginosamente na Bolsa de Valores.

Em junho de 1961, o mercado financeiro sofreu terrível baque. O governo do Estado expediu decreto desapropriando cinquenta e um por cento das ações da Companhia Paulista. Além de estatizar a empresa, segundo os jornais, o governo adquiriu o controle de um patrimônio gigantesco por quantia irrisória.

E o pobre do Miguel investira a totalidade de seu dinheiro, tempos atrás, em ações da Companhia Paulista de

Estradas de Ferro. Agora, como acionista, teve de vender forçadamente suas ações ao governo por um valor muito, mas muito baixo. Conclusão: Miguel viu todo o seu pé-de--meia, construído ao longo de quase trinta anos, derreter em meses. Ele entrou na Justiça, contratou advogados. Em vão.

E, para piorar a situação, o presidente da República renunciara ao cargo. O país parecia uma bomba-relógio prestes a explodir.

Miguel lembrou-se de Ramírez. Seu rosto paralisou tamanho o ódio. Por que fora acreditar naquele vigarista? Alguns amigos o alertaram sobre a reputação de Ramírez, entretanto sua ganância era desmedida. Para investir todos os seus recursos em ações da Companhia Paulista, Miguel recebeu de Ramírez uma "bonificação" de mais de dois milhões! Era muito dinheiro na época.

— Sempre desconfiei de dinheiro que cai do céu. Por que confiei nesse homem? Por quê?

Miguel cerrou o punho e teve vontade de arrebentar a vidraça à sua frente. Deu-se um tapa na testa, culpando-se por ter caído no conto do vigário. Quantas e quantas vezes amigos próximos o haviam orientado a diversificar suas aplicações? Mas agora era tarde, tarde demais.

O que mais incomodava Miguel, no entanto, era a pobreza. Perder tudo, amigos, status, casa, conforto, regalias. Ele viu sua vida ir para o buraco. Fazia dias que pensava numa solução, mas não tinha o que fazer. Em breve a Caixa Econômica iria penhorar sua casa no bairro do Pacaembu. O aluguel do escritório de engenharia estava atrasado havia meses. O proprietário entrara com ação para a desocupação do imóvel comercial.

Miguel estremeceu. Afastou-se da janela com movimentos bruscos. Rodou nos calcanhares e jogou o corpo sobre a cadeira de couro, pensativo. Miguel Gouveia Penteado, cinquenta e seis anos bem conservados, engenheiro civil, casado, pai de dois filhos adultos, passou nervosamente as mãos sobre os cabelos prateados. Olhou impaciente para um dos cantos da mesa e seus olhos fixaram-se no porta-retratos. Ao avistar o rosto da jovem, seus lábios esboçaram leve sorriso. Ana Paula sempre fora a filha predileta. Quantas e quantas vezes havia brigado com Guilhermina, sua esposa, por causa de Ana Paula? Disse em alto tom:

— Você sempre foi péssima mãe. Se ao menos tratasse sua filha como trata Luís Carlos! Mas não! Implica com a menina desde que ela veio ao mundo. Só porque Ana Paula não correspondeu às suas expectativas, oras?

Miguel balançou a cabeça para os lados. Tinha pena da filha. E muito mais agora. Tentara ser um pai amoroso, cobria Ana Paula de mimos e conforto. Educara os filhos a serem totalmente dependentes de seu dinheiro. Gabava-se, antigamente, de dar gorda mesada e comprar tudo o que queriam. Ana Paula contentava-se com muito pouco. Sentia-se constrangida em receber mesada já adulta. Ultimamente tencionava procurar emprego, sentia vontade de ser independente, de viver a própria vida.

Luís Carlos acomodara-se e só queria saber de farra. Metia-se só em confusão. Às vezes Miguel se perguntava se não havia estragado ou corrompido a índole dos filhos, tamanha a proteção que lhes dera.

— Eu quis dar a eles tudo o que não tive, tudo aquilo que meu pai não me deu. Será que fiz algo errado? — perguntava-se, aflito.

E agora? Com que cara iria falar com os filhos? Não tinha a mínima noção de como iria encará-los, principalmente Luís Carlos.

Guilhermina era caso à parte. Como contar à esposa que estavam falidos? Ela era bem capaz de esfolá-lo sem dó nem piedade. Guilhermina era geniosa, tinha temperamento forte. Ela também o alertara sobre a diversificação das aplicações. Ele não lhe dera ouvidos. Pela primeira vez na vida tinha de dar o braço a torcer para a esposa. Mas ela era fogo! Imagine Guilhermina saber que haviam perdido tudo! Ela iria assá-lo vivo, isso sim.

Miguel estava cansado, sentia-se no limite de suas forças. Havia sete meses que tentava, sem sucesso, ganhar uma concorrência, uma única obra que fosse, do governo federal. Isso pelo menos poderia amenizar sua penúria. Se ganhasse uma obra, teria tempo para pensar no que fazer. Mas que nada! Qualquer empresário que tivera contatos ou ligações com o antigo presidente estava agora metido numa espécie de lista negra feita pelo alto escalão do novo governo. As portas do Planalto estavam-lhe definitivamente fechadas.

Ele sentia-se agoniado. Tamborilou os dedos na mesa. Sua respiração estava entrecortada. O empresário, corpo alquebrado, inclinou-se e pegou novamente a carta. Releu-a pela enésima vez. O novo governo rescindira o último contrato com a sua construtora.

— Maldito Jânio! — bradou. — Renunciar à Presidência sem mais nem menos? Nestes últimos sete meses o novo secretário de obras não quis me atender, nenhum senador quis me receber, o primeiro-ministro desapareceu. O presidente João Goulart é figura inacessível. O Ramírez desapareceu. Eu não o encontro. Ele tem de me dar satisfações sobre essas ações amaldiçoadas!

Ele deu forte murro na mesa.

— Meu Deus, e eu?! O que fazer? Todas as dívidas contraídas estão em meu nome...

Miguel cobriu o rosto com as mãos, num gesto de extremo desespero. Era o fim de tudo: da fama, do prestígio, dos jantares, dos conluios com figurões do governo. E o pior: era o fim do dinheiro, de um patrimônio construído ao longo de mais de trinta anos de trabalho. Ele mordeu os lábios com fúria, sentindo o gosto amargo de sangue. O desespero apossou-se dele. Agora não adiantava mais pensar em nada. De que adiantava pensar no que poderia ter feito antes? Já estava feito. O passado estava morto, enterrado. Preferia morrer a viver daquela maneira.

Morrer! Por que não?

Sim! A solução dos problemas era essa mesma. Por que se resignar e viver pobremente? Por que se desesperar à toa? Descer o padrão de vida? Nunca! Ser alvo de escárnio da sociedade? Nem pensar!

— É isso mesmo, não tem outra saída — disse para si, em tom desesperador.

Miguel consultou o relógio: seis e trinta da tarde. Ele pegou uma caixinha ao lado do porta-retratos. Tirou de lá uma pequena chave, levantou-se e caminhou até o cofre.

A chuva continuava castigando a cidade, sem piedade. Os relâmpagos ficaram mais intensos, como se estivessem a par do que viria a seguir.

Miguel estremeceu ante os trovões. Todavia, vestido de coragem, meteu a chave no cofre, abriu-o, certificou-se e, antes de pegar, hesitou:

— Devagar ou rápido?

Rangeu os dentes controlando a ansiedade. Decidiu:

— Rápido.

Num gesto digno de cena de cinema, Miguel fechou os olhos e mordeu os lábios. Encostou o cano metálico bem próximo do peito, na altura do coração e apertou o gatilho.

Bum!

Um tiro seco e fatal.

2

Suzana era uma jovem bem bonita. Alta, de corpo bem-feito, possuía olhos grandes e amendoados, os cabelos castanhos e lisos caídos na altura dos ombros. Ela chamava a atenção por onde passava. Sabia disso e, por essa razão, não era de dar confiança. A maioria dos homens a olhava como objeto de prazer, mas ela se impunha e às vezes chegava a bater boca com algum engraçadinho mais afoito. Por esse motivo, vestia-se com roupas sóbrias. Nada de decotes ou saias curtas. Precisava ser o mais discreta possível. Acreditava que, dessa forma, passaria despercebida e chamaria a atenção o menos possível.

Suzana concluíra o curso de secretariado e trabalhava havia três anos no escritório de Miguel. Esse tinha sido seu primeiro emprego. Ela sentia carinho especial pelo patrão.

A jovem era simpática ao espiritismo, porquanto seu pai era trabalhador num centro espírita no bairro em que residiam. Entendia um pouco de mediunidade e, particularmente, sentira-se perturbada naquela fatídica tarde. Não conseguia identificar ao certo o que sentia.

Chegou a passar mal depois do almoço, mas, atarefada, responsabilizou a refeição pelo mal súbito.

Como fazia todo fim de tarde, Suzana bateu levemente na porta. Viu Miguel parado em frente à janela.

— O senhor precisa de mais alguma coisa?

— Não, obrigado.

Suzana sentiu o ar da sala sufocar-lhe. O ambiente estava carregadíssimo. Os pelos de seu corpo se eriçaram. Ocultou o que sentia e perguntou, aparentando serenidade:

— Está tudo bem, doutor Miguel?

De costas, olhos fixados num ponto qualquer da rua, ele respondeu:

— Está sim, minha filha.

— Tem certeza?

— Pode ir. Parece que a chuva está baixando.

— Se quiser, posso ficar mais um pouco.

Miguel foi categórico:

— Não! Por favor, Suzana. Eu vou receber um velho amigo que está prestes a se desquitar da esposa e quer se abrir comigo — mentiu. — Preciso de privacidade.

— Está certo. Até amanhã, doutor Miguel.

— Até.

Suzana passou pela sua mesa, pegou a bolsa e saiu. Chegou à portaria do prédio desgostosa. Sentia algo muito estranho. Percebera que o chefe não estava bem e, pior, que o ambiente não estava nada bom. Isso ela vinha percebendo fazia dias, mas hoje estava insuportável. Pensamentos pavorosos assaltaram-lhe a mente no decorrer da tarde. Tudo muito esquisito.

A moça chegou até a calçada, e a chuva, embora menos intensa, continuava caindo e atrapalhando as pessoas. Ela lembrou-se de que tinha uma sombrinha guardada na copa e voltou para o escritório.

Ela pegou a sombrinha e, ao se dirigir à porta de saída, ouviu o barulho seco e assustador. Sentiu pavorosa sensação, um aperto no peito sem igual.

— Meu Deus!

Suzana ficou sem ação. Por instantes não sabia como agir.

— Doutor Miguel não pode ter feito o que estou pensando. Isso não!

Fez o sinal da cruz e estugou o passo. Chegou perto da porta da sala do patrão, colocou a sombrinha numa mesinha ao lado, meteu a mão na maçaneta, contou até três, respirou fundo e abriu.

A cena à sua frente era terrível. Havia sangue espalhado pela parede, respingado na janela, na cortina, na mesa, um verdadeiro horror. Seus olhos apavorados vasculharam mecanicamente o ambiente até cruzarem com o corpo de Miguel, caído no chão, de costas; era visível o buraco no peito e o dedo indicador direito ainda preso ao gatilho do revólver. Suzana levou a mão à boca, assombrada. Fechou os olhos e imediatamente fez sentida prece. Depois, mais calma, perguntou em tom pesaroso, como se Miguel pudesse ouvi-la:

— Doutor Miguel, por que esse gesto extremo? Por que uma atitude tão radical? Por que eu não cheguei a tempo de impedi-lo?

Suzana começou a sentir calafrios, enjoos. Sentiu forte vontade de rezar e orou com fervor. Ficou alguns minutos em prece até que os calafrios desaparecessem. Mais calma, dirigiu-se até sua sala e ligou para a polícia.

***

A morte de Miguel foi destaque nos principais jornais do país. Ele sempre aparecia em notinhas nas colunas sociais. E aí havia excelentes ingredientes para vender jornal: gente da alta sociedade, fama, falência e suicídio. Os jornais tripudiavam sobre o velho homem, achincalhando-o pela atitude nefasta e por deixar a família à míngua. Um verdadeiro circo dos horrores.

Guilhermina balançou a cabeça para os lados. Não podia acreditar no que via. A foto dela e de Miguel juntos, sorrindo, estampada na primeira página do jornal. Num acesso histérico, ela amassou e rasgou o jornal à sua frente, espalhando com fúria os pedaços pelo quarto. Estava irritada. O marido sempre fora um fraco, a convivência mostrara isso, e essa atitude tresloucada na verdade não a chocara. Mas se matar no escritório? Gerar publicidade negativa sobre a família? Onde Miguel estava com a cabeça para cometer um desatino desses? Enquanto se arrumava para o velório, seus pensamentos voltaram no tempo.

A família de Guilhermina perdera toda a fortuna na grande crise que abalara o mundo com a quebra da Bolsa de Valores de Nova York em 1929. Esperta e muito bonita, Guilhermina passou a caçar um marido, de preferência com posses. Muitos que frequentavam seu círculo de amizades perderam tudo, e ela teve de ir atrás de novos-ricos.

Naquele tempo, novo-rico era geralmente imigrante ou filho de imigrante que começava a fazer fortuna no país, a custo de muito trabalho e muito suor. Esse fora o caso da família de Miguel. Filho de português que chegara ao Brasil sem um tostão nos bolsos, o rapaz crescera pobre, com muitas dificuldades. Logo seu pai prosperou nos negócios e ele teve condições de cursar uma boa faculdade. Graduou-se engenheiro e montou pequeno, porém rentável, escritório.

Miguel era bonitão. Pele branca, cabelos bem pretos e lisos, uma montanha de pelos espalhada pelo corpo, tipão másculo, viril. As meninas suspiravam por ele. Entretanto era inseguro e facilmente manipulável. Guilhermina, com seu faro aguçado, encontrou em Miguel uma pedra bruta que, bem lapidada, lhe renderia ótimos frutos no futuro. Com sua beleza e charme, cortejou-o e, em pouco tempo, mesmo a contragosto da família de Miguel, casaram-se. Guilhermina fez do marido gato e sapato durante os anos em que estiveram casados. Com traquejo e requinte, ajudou Miguel a crescer profissionalmente, por meio das amizades travadas por ela nas rodas sociais. Sim, porque Guilhermina perdeu o dinheiro, mas muitas de suas amigas seguiram o mesmo caminho e se casaram com novos-ricos. Elas eram mulheres vindas de famílias tradicionais, de estirpe, e isso era muito valorizado na alta sociedade paulistana daqueles tempos.

Guilhermina se casara sem amor. Com o passar dos anos, seu casamento transformou-se num fardo. A vida estava boa, ela podia manter seus luxos, porém faltava viço, cor, e Guilhermina queria mais, muito mais. Chegou à conclusão de que estava na hora de arrumar novo pretendente. Mesmo próxima da meia-idade, ainda conservava bela aparência, chamava a atenção. Havia até amigos do filho que suspiravam por ela.

Ciente de sua beleza e convicta de sua esperteza, alguns anos atrás ela passou a dar suas puladas de cerca. Todavia, Guilhermina apaixonou-se por um sujeito meio gângster, aquele tipo de homem malandro que enfeitiça muita mulher por aí. Embora fosse notável aproveitador, Ramírez tinha tudo para conquistar uma mulher: alto, esbelto, pele morena, cabelos negros.

Ramírez chegara por nossas bandas logo que o general espanhol Francisco Franco promulgou a Lei de Repressão ao Comunismo e à Maçonaria, em 1940. Ramírez era simpático à República. Por essa razão, teve seus bens confiscados e precisou se exilar, indo primeiro ao México e alguns anos depois para o Brasil.

Isso se deu na época em que as prostitutas ainda eram cadastradas pelo governo. Ah, sim, porque houve um tempo em que as profissionais do sexo eram cadastradas com ficha, foto e tudo o mais pelo governo.

Anos depois, os bordéis sob controle do governo foram fechados por decreto. Milhares de prostitutas foram atiradas às ruas da noite para o dia. Surgiu então o *trottoir* — forma de prostituição em que a mulher se oferece publicamente, na calçada.

Ramírez, malandro de carteirinha, viu ali uma mina de ouro. O quadrilátero compreendido pelas ruas e avenidas Timbiras, São João, Barão de Limeira, Duque de Caxias e Largo General Osório foi invadido pelas prostitutas e recebeu o nome de Boca do Lixo e o espanhol passou a controlar a prostituição daquela área do centro da cidade. Fez muito dinheiro à custa daquelas mulheres.

Com o passar dos anos, além de controlar a Boca, montou bordéis clandestinos com a ajuda prestimosa de políticos e policiais corruptos que tinham livre acesso aos bordéis; em troca dos serviços das mulheres e de bebida grátis, eles evitavam que autoridades competentes pudessem prejudicar o negócio da maneira que fosse.

Mulherengo, Ramírez colecionou um punhado de amantes até conhecer Guilhermina. Então juntou-se a fome com a vontade de comer. Ele era rico, mas não tinha prestígio ou status.

Ramírez precisava se infiltrar na alta sociedade, todavia não tinha sobrenome ou outra condição que pudesse ajudá-lo nesse intento. E Guilhermina parecia o alvo certo, porquanto ela era bem relacionada, materialista ao extremo e era a mulher ideal para lhe abrir as portas da alta sociedade.

Por essa, e tão-somente essa razão, Ramírez foi, aparentemente, deixando de se envolver com outras mulheres e elegeu Guilhermina sua única companheira.

Guilhermina se casara sem amor. Trocara o sentimento pelo dinheiro.

De repente, quando Ramírez apareceu em sua vida, todo aquele sentimento represado por anos veio à tona, muito forte. Ela apaixonou-se por Ramírez e pela sua gorda conta bancária.

Guilhermina estava por demais envolvida e, quando Ramírez quis se aproximar de Miguel, ela acreditou que a aproximação contribuiria para que o marido jamais suspeitasse da ligação dela com o gângster.

Para facilitar a aproximação, a fim de travar amizade com Miguel e fazê-lo interessar-se pelas ações da Companhia Paulista, Ramírez cobria a amante de joias, era galanteador, tratava-a como uma rainha.

Chegou um ponto em que Guilhermina se sentiu segura e pronta para se separar de Miguel. Esperaria somente até o fim do ano.

Ao lembrar-se disso agora, preparando-se para o velório, Guilhermina falou em alto tom, entre gargalhadas:

— Miguel sempre foi um idiota! Bem que desconfiei. Era fraco demais para aguentar esse tranco. Não iria mesmo conseguir viver com pouco. Ainda bem que tenho Ramírez. Agora sou viúva e não precisarei mais de subterfúgios para andar livremente a seu lado. Não precisei nem do desquite. Não serei nem mesmo malvista.

Malvista... Essa palavra ficou martelando em sua cabeça. A morte de Miguel até que era uma boa notícia, mas suicídio? Por que o fraco do marido não esperou um pouco mais?

Além de tudo, o suicídio de Miguel poderia atirá-la no lodo social, era um ato condenado por todos.

Sem dúvida que com o tempo a poeira iria baixar e as pessoas logo se esqueceriam. Mas sempre haveria alguém apontando para ela e falando baixinho: "O marido dela foi um fraco, matou-se, coitada dela...". Isso era demais para seu ego descomunal. Guilhermina rangeu os dentes com raiva.

— Por que não se matou em casa? Por que não tomou um vidro de calmantes ao deitar-se? Poderia nos poupar de constrangimentos desnecessários. Teríamos tempo de abafar o caso. Ramírez traria um desses médicos que fazem abortos naquelas prostitutas e facilmente poderíamos adulterar o atestado de óbito, fazendo constar morte acidental. No entanto, Miguel foi fazer isso no escritório? E ainda por cima nem esperou a secretária ir embora?

Era impossível afirmar ter sido um acidente, porquanto os policiais foram categóricos: Miguel se suicidara. E mesmo que Guilhermina calasse a matraca dos policiais com um punhado de dinheiro, o Instituto Médico Legal já havia feito a autópsia e informado ao bando de jornalistas a causa da morte. A área esfumaçada na região do peito e a quantidade de nitrito nos dedos não deixava dúvidas: Miguel cometera suicídio.

Guilhermina tinha ímpetos de arrancar os cabelos da pobre Suzana, colocando sobre os ombros da secretária a culpa pelo estardalhaço que a morte de Miguel causara na imprensa. Ela passou um pouco de pó no rosto e desceu as escadas, falando e gesticulando:

— Por que aquela secretária foi ligar logo para a polícia? Por que não ligou antes para nossa casa? Tinha de dar com a língua nos dentes e causar essa celeuma em nossas vidas?

— Calma, mãe — redarguiu Luís Carlos, um tanto abalado com a morte súbita do pai. — Suzana não fez por mal. Sentiu medo, e o impulso foi ligar para a polícia. Não creio que ela tenha tido intenção de macular a imagem de papai. Suzana, além de boa funcionária, é ótima pessoa.

Guilhermina levou as mãos ao rosto, fingindo desespero.

— O que será de nós? Além de falidos, carregaremos a mancha do ato covarde de seu pai.

— Não fique assim, mãe — suplicava o rapaz, olhos marejados.

Guilhermina continuava seu teatro:

— Miguel nunca deveria ter feito isso. Não pensou em nós? Não imaginou como um ato desses poderia nos prejudicar a reputação? Se ao menos pudéssemos abafar o caso...

— O estrago está feito — tornou o jovem, as lágrimas escorrendo pelas faces.

— Não fique triste, meu filho.

— Como não? Perdi meu pai de uma maneira brutal. Eu o amava.

Ela abraçou-se ao filho.

— Você vai superar, meu bem.

Luís Carlos continuou, desolado:

— Descobri que estamos sem dinheiro algum e...

— Calma... Tudo se resolve.

— Agora terei de trabalhar, mãe. Que maçada!

Guilhermina agarrou-se ao filho.

— Não! Isso não. Você não nasceu para trabalhar. Nasceu para brilhar, mandar e ser servido.

Ele estava chocado.

— Mas o que fazer? Estamos arruinados. Adeus, farra; adeus, mulheres.

Guilhermina abraçou-o novamente e passou delicadamente a mão pelos cabelos dele.

— Você é tão bonito... Não, definitivamente o trabalho de qualquer espécie não combina com você.

— Mas a realidade é cruel. Terei de trabalhar.

— Eu vou lhe sustentar.

— Como? Papai contraiu muitas dívidas. Nossa casa está penhorada pela Caixa Econômica. E tem mais...

— Mais o quê? — inquiriu ela, fingindo ainda preocupação.

— Aqueles dois milhões foram bloqueados pelo governo. Não nos sobrou absolutamente nada. Estamos no zero. Às vezes penso que deveria fazer o mesmo que papai.

— Como assim?

— Meter uma bala no peito e pronto. Prefiro isso a ser pobre.

Guilhermina teve um sobressalto. Era muito apegada ao filho.

— Vire essa boca para lá! Você é meu filho precioso. Sem você, não sei o que fazer. Se não o tivesse ao meu lado, não suportaria tamanha humilhação. Seu pai foi um fraco e mereceu esse fim. Gente fraca não merece viver. Se seu pai tinha tantos amigos no governo, por que ninguém lhe estendeu a mão? Por que não o avisaram sobre a estatização da Companhia Paulista?

— Não sei.

— Só os espertos sobrevivem, meu filho. Ponha isso definitivamente na sua cabeça.

— Mas seria fácil acabar como papai, não acha?

— Até poderia ser uma saída. Morrer e pronto. Afinal, a vida é uma só e, quando morremos, acabou. Mas terminar uma vida com a reputação manchada, sendo achincalhada e chamada de covarde, de fraca ou até mesmo de louca? Nunca! Vamos arrumar um jeito de sair desta.

— Você está muito confiante. Está em choque com a morte de papai.

— Não, meu filho — mentiu ela. — Preciso ser forte. Temos de nos unir. Não posso e não quero me desequilibrar. Conto com seu apoio.

— Sabe que pode contar comigo. Entretanto estamos falidos — tornou ele em tom entristecido e desesperado.

— Vamos arrumar uma maneira.

— Tem alguma ideia?

— Um bom casamento, por exemplo.

— Quem iria querer se casar comigo?

— Há várias garotas ricas no seu pé.

— Na pindaíba em que estamos? Elas vão se afastar, com certeza. Elas preferem um feio rico a um pobretão bonitão como eu.

— Você me conhece — afirmou Guilhermina, olhos brilhantes.

— Você vai me ajudar, mãe, tenho certeza.

Guilhermina estalou um beijo em sua fronte.

— Sempre existe uma tonta, uma garota rica com a autoestima lá no chão. Deixe que eu trato disso mais tarde.

Guilhermina olhava para o filho com desvelo e intimamente ria da ingenuidade de Luís Carlos.

Ele era o filho mais velho e predileto de Guilhermina. Crescera cercado de conforto e mimos, e agora, aos vinte e seis anos de idade, torrava o dinheiro da mesada com mulheres e jogatina. Estudou Direito por pressão do pai, contudo trancou a matrícula no terceiro ano. A faculdade não lhe dava tempo para farrear. Isso era desumano, acreditava. E Luís Carlos também nunca quis saber de pegar no batente. De vez em quando participava das reuniões em que Miguel molhava a mão de políticos para ganhar uma licitação.

Embora fosse bonito e sedutor, Luís Carlos era muito fácil de ser levado na conversa, o tipo maria vai com as outras. Todavia o rapaz era figura das mais requestadas em festas, jantares e, acima de tudo, pelas mulheres em geral. Numa enquete realizada pela revista *O Cruzeiro*, Luís Carlos Amaral Gouveia Penteado ganhava — disparado do segundo lugar — o título de solteiro mais cobiçado pelas jovens casadoiras do país.

— Antes de pensar no futuro de Luís Carlos, precisamos decidir sobre o velório e o enterro.

Guilhermina estancou o pensamento. Ela e o filho viraram o pescoço em direção à voz na entrada da sala. Guilhermina fez muxoxo e replicou, voz alteada:

— Ah, você! O que foi?

— É que... que... que... te... temos de pensar...

— Pensar em quê?

— B... b... bom...

— Pare de gaguejar — bramiu Guilhermina.

— Hã... Hã...

— Fale como uma pessoa normal!

— Be... bem...

— Não me diga que está abalada?

— N... Não...

— Não me venha com suas fraquezas numa hora como esta.

Os olhos de Ana Paula estavam vermelhos e inchados de tanto chorar. Ela estava de fato abalada com a morte do pai. A ela não cabiam julgamentos. Quer tenha sido morte natural, acidental ou suicídio, seu pai morrera. Ela o amava de verdade.

A jovem sentia-se triste porque a mãe e o irmão, em vez de estarem solidários na dor, condenavam a atitude de Miguel e se preocupavam tão somente com a imagem social deles. Era como se o pai nada significasse para eles, como se fosse um nada, um brinquedo que parou de funcionar e pronto. Ela tornou, num fio de voz, chorosa:

— Luís Carlos, você não está abalado? Não é possível que não esteja triste com a morte de papai.

O jovem baixou a cabeça. Naquele momento sentiu uma ponta de remorso. Luís Carlos não era tão apegado ao pai. Chorou bastante ao receber a notícia e até há pouco estava em lágrimas, mas, quando estava envolvido com a mãe, mudava seu comportamento. Guilhermina tinha uma ascendência muito grande sobre o filho.

— Desculpe, maninha. É muita coisa acontecendo ao mesmo tempo. A morte estúpida de papai, a perda de nossos bens...

Guilhermina cortou o filho:

— Deixe de dar explicações. Sua irmã é sentimental ao extremo. Chora por qualquer coisa.

Ana Paula respirou fundo. Encarou a mãe e falou, com dificuldade:

— O ve... velório...

— O que foi, menina?

— Qu... qu... quem vai cuidar do ve... ve... velório?

— Isso não é trabalho nosso. O Ramírez está providenciando tudo. Seu pai será velado na Assembleia Legislativa e enterrado com pompa. Ainda não nos tiraram o poder por completo! — E, virando-se para o filho: — Precisamos ter acesso ao número de telefone de Maria Thereza Goulart. Não acha que seria uma ideia fascinante a nova e jovial primeira-dama no velório de seu pai?

— Acha mesmo, mãe?

— Sim, meu filho. A imprensa iria adorar. Conseguiríamos destaque nos principais jornais do país e diminuiríamos o constrangimento em que seu pai nos meteu.

Ana Paula não sabia o que dizer. Estava por demais abalada e até chocada com o descaso da mãe com a morte do pai, tratando aquilo como um espetáculo circense, desprovida de qualquer sentimento. Ela caiu novamente em prantos.

Guilhermina fuzilou-a com os olhos:

— Pare de chorar dessa maneira, por favor! Controle-se. Não quero que seja motivo de atenção no velório ou mesmo no enterro. Quem brilha nesta casa sou eu. E, de mais a mais, trate de se arrumar. Nunca se esqueça de que uma mulher tem a obrigação de ser e estar bonita sempre, não importa a situação. Embora não possa exigir milagre da natureza — Guilhermina falou em tom de deboche —, pelo menos vista-se com apuro e use óculos escuros, porque quando se enerva, além de gaguejar, você fica levemente estrábica. E mantenha o coque, pelo amor de Deus! Sua aparência deve estar no nível de uma Gouveia Penteado e jamais de uma maltrapilha, como agora.

Ana Paula nada respondeu. Luís Carlos levantou-se e abraçou-se à irmã.

— Mamãe está nervosa. Não ligue para o que ela lhe disse. Vamos, eu a ajudo a se arrumar.

— Não será necessário. Quero ficar sozinha.

— Tem certeza?

— Sim. Obrigada.

Ana Paula desprendeu-se do irmão e retirou-se da sala. Soluçando muito, subiu as escadas e trancou-se no quarto. Sentou-se à frente da penteadeira e desfez o coque. Olhou demoradamente para sua imagem refletida no espelho.

Lembrou-se da infância, da adolescência. Gostava de ficar sentada entre as árvores do amplo jardim da casa, costurando, fazendo bordados — adorava trabalhos manuais —, o que irritava a mãe sobremaneira. Como é que uma menina bem-nascida e bem-criada, em vez de brilhar nas colunas sociais, trocava os holofotes da fama por bordado e costura? Para Guilhermina, isso era provocação ou até mesmo castigo.

De tanto a mãe pegar no seu pé, Ana Paula largou os trabalhos manuais, deixou de fazer o que gostava. Sentia-se feia; acreditava aparentar mais do que seus vinte e dois anos de idade. Ela tinha alguns traços de Guilhermina, como os olhos e o queixo saliente. Aparentemente Ana Paula era do tipo comum; não possuía rara beleza, como a mãe ou como Luís Carlos.

Ana Paula cresceu acreditando-se feia e sem modos ou requinte. Guilhermina ajudava a alimentar essas crenças de feiura de Ana Paula, tratando a filha com secura, evitando levá-la às festas, eventos e jantares. Ao contrário, estava sempre com o filho a tiracolo. Adorava desfilar ao lado de Luís Carlos.

Guilhermina julgava-se perfeita, a melhor esposa, a mais bonita e elegante. Adorava descobrir — e descobria — fatos comprometedores da vida das pessoas da classe A e dava as informações bombásticas aos colunistas sociais em troca de notas e fotos suas, além de sigilo sobre seu caso extraconjugal.

A sociedade sabia de seu romance com o espanhol, mas todos tinham medo da língua ferina dela. Por isso, nada comentavam.

E foi desse modo, por exemplo, que Guilhermina conseguiu permanecer durante anos seguidos ao lado de Teresa Souza Campos e Lourdes Catão na lista das dez mulheres mais elegantes do país.

A filha, de acordo com seu ponto de vista, só lhe trouxera aborrecimentos. Desde sempre. Ela queria um filho somente. A segunda gravidez fora indesejada, ela passara muito mal, engordara bastante. O parto fora difícil e, após o nascimento da menina, Guilhermina levou muito tempo para que seu corpo voltasse ao normal. Passara tanto nervoso que seu leite empedrou no primeiro mês. Guilhermina sentia dores horríveis e culpava a pequena Ana Paula pelas dores nos seios.

E isso não foi o suficiente. Ana Paula cresceu diferente de tudo aquilo que ela imaginara. Tornou-se uma menina recatada, com poucas amizades. Não gostava de se arrumar com apuro e, em vez de torrar o dinheiro da mesada, depositava-o na poupança.

Miguel, o pai, enchia-a de mimos e carinho. Amava-a profundamente, e Luís Carlos mantinha com a irmã um convívio aprazível, desde que longe da mãe, porque Guilhermina sempre criava caso quando os via juntos. Sentia muito ciúme. Luís Carlos era seu tesouro, e jamais poderia dividi-lo, principalmente com a própria filha.

O tom na voz de Guilhermina sempre assustara Ana Paula. Desde bebezinho ela registrara os gritos da mãe, a sua impaciência, a sua irritação. Ana Paula demorou muito para falar e, quando começou a balbuciar as primeiras falas, sempre que se dirigia à mãe gaguejava.

E isso foi se acentuando com o passar dos anos. Toda vez que avistava a mãe, seu coração disparava, seu estrabismo se acentuava, a gagueira vinha forte. Tinha pavor de encarar a mãe, de lhe dirigir a palavra. Guilhermina a dominava sem esforço.

Havia um misto de ternura e ódio entre elas. Desde sempre. O sentimento de animosidade era recíproco e, com o tempo, passaram a conversar somente o necessário.

Ana Paula espantou os pensamentos, assoou o nariz e disse em voz alta:

— Paizinho, onde quer que esteja, saiba que eu o amo muito. Você faz muita falta. Eu não o condeno...

Ana Paula baixou a cabeça, e as lágrimas, insopitáveis, escorriam pelas suas faces.

Minutos depois, mais controlada, levantou-se e trocou de roupa. Arrumou-se segundo as exigências de Guilhermina, procurando ficar apresentável ao grande público. Abriu a caixinha de grampos e refez o coque. Esforçou-se para ficar elegante, a fim de não atrair os olhares e comentários reprovadores da mãe.

3

O velório de Miguel estava apinhado de gente. Dezenas de jornalistas, fotógrafos, emissoras de rádio e televisão davam toda a cobertura do evento fúnebre. A primeira-dama não compareceu, o que irritou Guilhermina sobremodo.

— Tenho de mostrar aos jornalistas e às pessoas em geral o quanto estou desolada, triste. Preciso fazer o papel da viúva chocada, inconsolável — repetia para si.

Ana Paula ficou próxima ao caixão o tempo todo, não desgrudando dele um minuto sequer. Mcsmo com a urna lacrada, ela ficava ali, como se de alguma maneira pudesse sentir o pai presente.

Luís Carlos fazia a parte social, a mando da mãe. Guilhermina o proibira de derrubar uma lágrima que fosse. Ele era agora o homem da família e tinha de se portar como um Gouveia Penteado. Luís Carlos concordou. Nunca ousara contrariar a mãe; fez tremendo esforço para não chorar. Quando a emoção vinha forte demais, ele pretextava ligeiro mal-estar e corria até o banheiro. Trancava-se no cubículo e extravasava sua dor, chorando copiosamente. Depois de algum tempo, lavava bem o rosto, respirava fundo e voltava para os cumprimentos.

Guilhermina estava preocupada. Adorava o filho, mas precisava e queria casar-se com Ramírez. Luís Carlos estava maduro e pronto para casar, acreditava ela. Isso seria uma boa ideia. Era só abrandar um pouco seu ciúme. Arranjaria uma nora tonta, bem fácil de ser manipulada, e estaria tudo resolvido.

Ramírez já tinha dado sinais de que não iria sustentar Luís Carlos tal qual fizera Miguel. Guilhermina era geniosa, mas não batia de frente com Ramírez. Além de apaixonada, havia o dinheiro do espanhol na jogada. Na verdade, ela estava numa sinuca de bico. Amava o filho acima de tudo, mas não podia perder o excelente partido que Ramírez representava. Ela passou a noite inteira pensando numa maneira de resolver essa situação. Ela era inteligente e logo teria uma ideia brilhante.

Foi durante o enterro, quando o caixão estava sendo depositado no mausoléu da família, no cemitério do Araçá, que Guilhermina teve um lampejo. Cutucou o filho e perguntou baixinho:

— Aquela lá no canto não é a Maria Cândida, filha do Otto e da Zaíra Henermann?

— É ela, sim. Por quê?

— Está sozinha. Cadê os pais?

— Os pais estão tratando de negócios na Argentina.

— Ela não é de todo feia, não acha?

Luís Carlos procurou disfarçar o sorriso.

— Você está pensando em quê?

— Em nada, meu filho, nada. Mas ela é solteira e milionária, não é?

— Ninguém quer saber dela. É muito feia.

— Bobagens! O que importa é a conta corrente dela. Precisamos nos aproximar da família Henermann. O que acha?

— Eles são judeus, mãe.

— Quem disse?

— O pai dela tem tatuado no pulso o número pelo qual era designado no campo de concentração, durante a Segunda Guerra Mundial. Faz questão de mostrar a todos, sempre que tem oportunidade.

— E daí? Jesus não foi o rei dos judeus?

— Sim, mas judeu e católico, nos dias atuais, não combina muito.

Guilhermina conteve o riso.

— Está tudo certo, Luís Carlos. Por dinheiro você se converte, eu me converto, para nenhum judeu botar defeito.

— Mãe!

— Luís Carlos, meu filho, não vislumbro muitas alternativas para nós — mentiu. — Sua irmã não tem a beleza necessária para arrumar um pretendente rico, à altura de nossa família. E depois de todo este vexame não vai haver ninguém que queira se casar com ela.

— Comigo vai acontecer o mesmo. O nosso meio social é hipócrita. Veja quantos amigos meus que não vieram ao enterro. Sumiram todos. Não somos mais interessantes para a classe A.

Guilhermina meneou a cabeça negativamente para os lados.

— Você é diferente.

— Não sou, mãe. Eu e Ana Paula estamos no mesmo barco.

— Não queira se comparar à sua irmã! Você é bonito, sedutor... puxou a mim.

— Não está querendo que eu me aproxime da Maria Cândida, está?

— Ainda não — ela baixou o tom de voz. — Agora precisamos parar de falar. As pessoas estão nos encarando. Vamos até aquele canto — apontou — para receber os pêsames.

No meio da balbúrdia, Suzana pediu licença às pessoas à sua frente e, depois de muito esforço, aproximou-se do túmulo. Trajava um conjunto preto, cabelos presos num rabo de cavalo. Estava acompanhada de um simpático jovem que vestia um costume preto de corte impecável. A moça fez singela oração e em seguida dirigiu-se a Ana Paula:

— Meus sentimentos.

— Obrigada.

— Sinto muitíssimo pelo ocorrido.

Suzana a abraçou. Mesmo tendo visto Ana Paula muito poucas vezes — falavam-se mais ao telefone —, Suzana sentia grande carinho por ela. Sabia que a filha amava Miguel de verdade e que aquelas lágrimas eram de fato sinceras, bem diferentes das de Guilhermina. O moço atrás de Suzana cumprimentou Ana Paula:

— Meus pêsames.

Ela assentiu com a cabeça.

— Sou irmão de Suzana. Meu nome é Fernando. Admirava muito seu pai.

Ana Paula, pela primeira vez desde a tragédia, esboçou um sorriso. Simpatizou com o rapaz. Em seguida, baixou os olhos pesarosa. Continuou atenta ao trabalho dos coveiros. Mesmo sendo um momento doloroso, queria ficar ali até que terminassem o serviço. Na verdade, Ana Paula estava com medo de voltar para casa. Seu companheiro, seu amigo, seu protetor, estava sendo enclausurado naquele frio e portentoso mausoléu, para sempre. O que seria de sua vida dali para a frente?

Suzana e Fernando, após cumprimentarem os funcionários do escritório, dirigiram-se até a viúva.

— Sinto muito, dona Guilhermina.

Guilhermina fez um gesto com a cabeça, porém nada disse. Luís Carlos adiantou-se:

— Estamos muito abalados. Mamãe está inconsolável e um pouco sedada pelos calmantes. Por favor, preferimos ficar a sós.

Suzana e Fernando foram para um canto do cemitério, cada vez mais apinhado de gente.

— Vamos orar pelo falecido — sentenciou Suzana.

— Doutor Miguel precisa de muita oração — redarguiu Fernando. — Estou sentindo uns calafrios, o ambiente está carregadíssimo.

— Primeiro, não se esqueça de que estamos dentro de um cemitério. A energia no local não chega a ser das mais sutis — disse ela sorrindo. — E, para piorar o panorama, só há duas pessoas que estão sentidas de verdade com a desencarnação do doutor Miguel.

— Percebi que Ana Paula está inconsolável. Luís Carlos está tentando segurar a emoção, mas também está com os olhos inchados.

— Sim — concordou Suzana. — O resto das pessoas está mais interessado em aparecer nos jornais de amanhã, nas revistas da semana; querem fofocar, ou mesmo tripudiar, sobre o ocorrido.

Suzana e Fernando, embora tivessem educação católica, eram simpáticos ao espiritismo. O pai deles era devotado medianeiro numa casa espírita. Tentava convencer os filhos a seguirem a doutrina de Allan Kardec, mas não encontrava meios de convencê-los.

Fernando não compactuava com determinadas pregações do recinto, questionava muita coisa, inclusive alguns tópicos da doutrina espírita. Uma noite fora repreendido pelo palestrante do centro espírita. Fazia perguntas demais e orava de menos — segundo o palestrante.

Os irmãos foram diminuindo sensivelmente as visitas ao centro. De vez em quando tomavam um passe, mas não se interessavam pela palestra. E, ademais, tinham suas vidas para seguir e dispunham de muito pouco tempo para frequentar o local. Preferiam comprar livros que tratassem de maneira séria a reencarnação, a vida após a morte. Tinham maneiras muito parecidas de observar a vida. E, pela sensibilidade educada por meio do estudo e da observação dos fatos, Fernando e Suzana sentiam que havia algo meio estranho no comportamento de alguns dirigentes daquele centro. Não conseguiam identificar o que era, mas não simpatizavam com o local.

Entretanto, como estavam sempre abertos ao conhecimento espiritual, não esqueceram o que o pai lhes dissera antes de saírem de casa para o enterro:

— Ao adentrarem o cemitério, peçam mentalmente ajuda aos socorristas do astral que ali se encontram.

— Pode deixar, pai — concordou Suzana. — Sei que numa situação dessas o mais importante é orar pelo falecido, a fim de que espíritos abnegados que trabalham no cemitério possam ajudá-lo no desenlace, se isso for possível.

— Ou mesmo que amigos da espiritualidade maior possam desligar os últimos laços que prendem o doutor Miguel ao corpo físico, se é que esses espíritos do bem têm permissão para tanto — ajuntou Fernando.

Fernando e Suzana não tinham condições de explicar, mas sentiam naquele exato momento que Miguel precisava de muita, mas muita oração, pois muito provavelmente seu espírito ainda estava preso ao corpo físico. Na verdade, os dois irmãos eram dotados de extrema sensibilidade, e aqueles calafrios que Fernando sentia, como veremos adiante, tinham razão de existir...

***

Adélia terminou de coar o café e colocou o bule sobre a mesa. Torceu as mãos no avental, consultou o relógio no alto da parede e correu para acordar o marido. Subiu ligeira as escadas, dobrou o corredor, e entrou no quarto:

— Está na hora, meu querido.

Odécio levantou-se meio tonto. Dormira muito mal. Tivera pesadelos horríveis. Entretanto tinha de pegar no batente. Não podia dar motivos aos patrões. A situação econômica do país não estava nada fácil. A inflação corroía os salários e pipocavam greves em todos os setores, a todo momento. Ele estava bem empregado na metalúrgica do doutor Roberto Marzolla. Era torneiro mecânico, ganhava bom salário. Levantou-se com dificuldade, calçou os chinelos e respondeu com voz amável:

— Já vou, meu bem.

— O café está na mesa. Lave-se e vista-se logo.

— Acordou o Fernando?

— Vou acordá-lo agora mesmo.

Adélia dirigiu-se até o quarto dos filhos. Abriu a porta bem devagar, entrou pé ante pé para não fazer barulho. Chegou perto da cama de Fernando, abaixou-se e sussurrou:

— Filho, está na hora de acordar.

Fernando espreguiçou-se deliciosamente. Adorava quando a mãe o despertava daquela maneira carinhosa. Estalou um beijo na testa de Adélia.

— Bom dia, mãe.

— O café está servido.

— Vou me arrumar.

— Eu também — tornou Suzana.

Adélia virou-se para o lado.

— Filha, fiz o possível para não acordá-la. Perdão!

— Estava acordada fazia uma meia hora, mais ou menos.

— Durma mais um pouco. Não carece acordar tão cedo.

— Vou comprar o jornal e procurar emprego.

— Deixe isso para o fim de semana. Não se preocupe.

— Quero arrumar trabalho.

— O que seu pai e seu irmão ganham dá para nos manter. E, ademais, você já me ajuda muito aqui em casa.

— Eu continuarei ajudando você, como sempre fiz.

— Mas, filha...

Suzana sentou-se na cama. Alisou os cabelos.

— Nem mas, nem meio mas. Temos o fim de semana, se esqueceu? Quando trabalhava no escritório do doutor Miguel...

— Disse bem, quando trabalhava, mas não está mais trabalhando lá.

— Já faz um mês, mãe.

— E daí?

— Daí que preciso arrumar alguma coisa. Não posso e não quero depender do papai ou mesmo do Fernando. E meu dinheiro faz falta aqui em casa.

— Ela tem razão, mãe — tornou Fernando. — Suzana é muito inteligente para ficar dentro de casa.

— Pode descansar um pouco. Não precisa acordar tão cedo.

— Preciso, sim — disse a moça ao mesmo tempo em que se levantava da cama. — E depois, quando eu arrumar emprego? Vai ser difícil acordar cedo de novo. Prefiro manter o hábito.

— Domingo é o melhor dia para procurar emprego nos classificados.

— Hoje também é dia.

— E se não tiver nada de interessante? — perguntou Adélia, contrariada.

— Se não tiver nada, vou tirar as cortinas da sala e dos quartos. Estão implorando por um tanque!

— Eu posso levá-las à tinturaria. Seu Hiroshi me dá desconto — replicou Fernando.

— Obrigada, mas eu mesmo posso lavá-las. Na hora que precisar, de verdade, solicitarei os serviços do seu patrão.

— Se está tão disposta assim, sinta-se à vontade — disse o irmão, entre sorrisos.

Adélia não sabia o que dizer. Sentia-se recompensada, competente. Conseguira criar os filhos a duras penas, e eles se transformaram em adultos responsáveis, trabalhadores e, acima de tudo, carinhosos. Era uma bênção, e ela não deixava de agradecer a Deus todos os dias.

— Como sou feliz! Vocês são filhos maravilhosos!

Suzana e Fernando levantaram-se da cama e abraçaram-se à mãe, estalando um beijo em cada bochecha rosada de Adélia. Odécio passava pelo corredor naquele momento e seus lábios esboçaram leve sorriso.

— Que Deus abençoe a minha família e meu sagrado lar.

***

Durante o almoço de confraternização, meses depois, época de fim de ano, é que surgiu uma informação bem interessante. Odécio estava terminando a refeição quando avistou Olga, a secretária do doutor Roberto Marzolla — dono da metalúrgica —, despedindo-se dos colegas, emocionada. Odécio gostava da moça e levantou-se para cumprimentá-la.

— O que foi, pequena? Vai sair de férias?

— Não, seu Odécio. Estou partindo.

— Partindo? Como assim?

— Hoje é meu último dia aqui na metalúrgica.

— Por quê? Você é tão competente, o doutor Roberto tem tanto carinho por você, gosta muito do seu trabalho. Não posso crer que ele a tenha demitido.

Olga balançou a cabeça.

— Não fui demitida.

— Então, o que foi? — perguntou ele, apreensivo.

Ela sorriu. Achava graça no tom paternal com que Odécio tratava as meninas na metalúrgica.

— É que o Helinho me pediu em casamento.

— É mesmo?

— Ficamos noivos — disse ela, levantando a mão direita e mostrando num dos dedos o anel dourado. — Preciso correr com o enxoval. Vamos nos casar daqui a seis meses.

Odécio abraçou-a com carinho.

— Minha filha, parabéns!

— Obrigada.

— Helinho é um homem de bem. Serão muito felizes.

— Eu o amo muito. Quero encher de filhos nosso futuro lar. Adoro crianças. E ele também não concorda que eu continue trabalhando. Vou me tornar dona de casa! — disse, empolgada.

— Profissão das mais importantes. Na verdade, o lugar da esposa é em casa.

Olga riu-se:

— Eu me acho capaz de conciliar as duas funções.

Odécio pendeu a cabeça para os lados:

— Não concordo. Lugar de mulher é dentro de casa, cuidando do lar:

— Entretanto a Adélia trabalha no centro espírita.

Odécio estufou o peito de satisfação.

— Isso é exceção. Minha esposa faz caridade, ajuda os necessitados. Trabalho dos mais nobres. É edificante e ajuda a diminuir as dívidas contraídas em vidas passadas.

— É uma maneira de entender a reencarnação. Eu penso diferente. Não acredito em dívidas ou resgate.

— Isso está lá no Evangelho. Como não acreditar?

— Cada um enxerga as coisas de acordo com suas crenças. Acredito que somos perfeitos, e Deus não nos colocaria no mundo para sofrer ou pagar dívidas. Não somos um carnê — ela riu-se. — Fomos criados somente para a felicidade, isso sim.

Odécio fez um esgar de incredulidade. Olga percebeu e procurou dar novo rumo à conversa. Odécio tinha suas ideias e não gostava de ser contrariado.

— Sabe, Odécio, muita coisa mudou desde que você se casou. Vou parar de trabalhar, no momento, por opção. Quero me dedicar à casa, à família. Sempre trabalhei por necessidade, nunca por gosto. Helinho ganha muito bem. E não me sinto menos por depender dele.

— Eu a admiro muito, Olga. Sempre tem uma resposta inteligente. Sabe o que quer — Odécio baixou o tom de voz. — E, também, depois dos assédios do filho do patrão...

Olga franziu o cenho.

— Não gostaria de falar a respeito.

— Por quê?

— Isso faz parte do passado. Bruno estava perturbado e assediava qualquer uma que fosse.

— Tem certeza de que não está deixando a empresa por conta disso?

— Não. Desde aquele dia em que Helinho o pegou pelo colarinho...

— Eu me recordo desse episódio. Foi bem ali — apontou Odécio — no portão de saída. Helinho fez bem. Tinha de defender sua noiva e, acima de tudo, sua honra.

— O bom é que nunca mais fui assediada. E Bruno agora está em longas férias. Toda vez que fica perturbado, faz tratamento lá no centro e parte em seguida para a Europa. Já vimos esse filme antes.

— Dei muito passe nesse garoto. Graças a mim ele melhorou.

— De nada adiantam os passes se ele não mudar o comportamento.

— Há amigos do astral inferior que o perseguem. Bruno não tem culpa do assédio dos amiguinhos inferiores.

— Claro que tem!

— Ele é um pobre coitado, Olga. Tenha piedade dele.

— Coitado uma ova! Diz isso porque ele não assediou sua filha. Queria ver se o Bruno desse uma de assanhadinho para cima da Suzana.

Odécio ficou vermelho. Nunca pensara nisso.

— Mudemos de assunto — disse ele, sem saber o que responder.

— Desejo tudo de bom para você, Odécio. E quero Suzana e Fernando no meu casamento, além da Adélia.

— Conte com nossa presença.

Abraçaram-se novamente. Olga perguntou à queima-roupa:

— Suzana já arrumou emprego?

— Ainda não. A situação não está nada fácil.

— O doutor Roberto não mandou o departamento pessoal abrir vaga. Disse que trata disso depois que voltar de férias. Se quiser, eu posso falar com ele, sem compromisso. Você sabe que a indicação ajuda muito, ainda mais para um cargo que exige discrição e responsabilidade, como o meu.

Os olhos de Odécio brilharam emocionados.

— Faria isso por minha filha?

— Gosto muito de Suzana, de vocês todos. O tratamento que recomendou à minha mãe foi tão importante para o fortalecimento dela... Somos muito gratos à ajuda que nos prestou quando estávamos sem esperanças, quando os médicos abandonaram o caso, dizendo que a medicina não tinha mais o que fazer por mamãe.

— Essa é minha missão. Ajudar os necessitados.

— E curou minha mãe.

Odécio riu vaidoso.

— Nasci com esse dom. Ser médium não é nada fácil, mas eu uso de minha mediunidade para ajudar as pessoas. É a minha missão nesta encarnação.

Ficaram conversando amenidades, até que Olga, por fim, despediu-se do restante dos colegas e se foi. Odécio não via a hora de transmitir à filha a possibilidade de emprego na metalúrgica, local em que trabalhava havia mais de dez anos. Adorava seu emprego.

O doutor Roberto Marzolla era um bom homem. Inteligente, culto e, acima de tudo, trabalhador. Chegara adolescente ao Brasil. Como a grande massa de imigrantes italianos que aqui chegou, sua família desembarcou com uma mão na frente e outra atrás. Depois de muito labutar, fundou com um dos irmãos a metalúrgica, que, graças ao fortalecimento da indústria automobilística nos últimos anos, prosperava cada vez mais, tornando-se uma das mais conhecidas da capital paulista.

Roberto também não se importava com os costumes ou crenças dos empregados. Tinha a mente aberta. Embora católico não praticante, simpatizava com tudo o que estivesse relacionado à espiritualidade. Tinha admiração por Odécio, porquanto já frequentara o centro espírita onde seu prestimoso empregado trabalhava havia alguns anos.

O dono da metalúrgica entrou no carro, contornou os portões da indústria e parou pouco adiante, próximo ao ponto de ônibus.

— Odécio!

— Como vai?

— Esqueci de me despedir de você, meu caro.

— Que é isso, Roberto? Com tanta gente querendo cumprimentá-lo... Mas logo outro ano vai se iniciar e estaremos juntos novamente.

— Isso sim. Funcionários como você me dão alegria em continuar a fazer esta empresa crescer.

Odécio baixou a cabeça comovido.

— Obrigado.

— Odécio, meu caro, sempre lhe serei grato. O que fez pelo meu filho Bruno não tem preço. Fomos a médicos e hospitais, gastei fortunas... E você o curou, de novo.

— Eu não curei ninguém. Sou instrumento da espiritualidade, nada mais.

— Mas sempre lhe serei grato.

— Ele vai ficar muito tempo na Europa?

— Mais um tempo.

— Bruno precisa de novos ares.

— Sabe como é... Essas perturbações deixam o meu menino muito cansado, esgotado. Nada como a Europa para lhe recompor as forças.

— E as moças culpam o Bruno pelos assédios...

Roberto coçou a cabeça. Ele também acreditava que as moças eram culpadas, até saber da história envolvendo seu filho e Olga. Ela sempre fora uma secretária acima de qualquer suspeita, extremamente discreta e educada. Quando soube do assédio do filho, preocupou-se para valer. Odécio interrompeu seus pensamentos:

— Bruno é uma vítima indefesa. É atacado por forças invisíveis do astral inferior. O pobre coitado não tem culpa. Coisa de outras vidas.

— Disso não entendo patavinas. Entretanto, você é o responsável por meu filho estar vivo e bem.

— O que é isso, Roberto? Essas coisas fazem parte do meu carma.

— Mais uma vez, obrigado.

A vaidade de Odécio atingia as alturas toda vez que recebia esse tipo de elogio. Não havia dia que fosse em que Roberto não o agradecesse pela cura do filho. Isso deixava Odécio embevecido e orgulhoso de seus dons mediúnicos. Ele até teria prazer em continuar a ouvir mais elogios, entrementes estava ansioso demais em relação à vaga deixada por Olga. Assim que apareceu uma brecha na conversa, ele pigarreou e tornou:

— Fiquei sabendo de uma vaga de secretária.

— Olga conversou comigo.

— É mesmo? — perguntou surpreso.

— Sim. Por que nunca me disse que sua filha estava procurando emprego? E que era secretária?

— Porque uma coisa não tem nada a ver com a outra. Não confundo as coisas.

— Meu velho e bom Odécio... Íntegro como sempre.

— Esse é meu lema — disse entre sorrisos.

— Sua filha tem boa experiência?

— E como! Trabalhou por três anos no escritório do doutor Miguel Gouveia Penteado... — ele baixou o tom de voz. — Aquele pobre coitado que se matou!

Roberto abriu e fechou a boca.

— É mesmo? Ela trabalhou para aquele sujeito?

— Sim.

— Para quem trabalhava na região nobre da cidade... Não sei... Sua filha se importaria de trabalhar numa metalúrgica, aqui na Mooca?

— Para Suzana não importa o local. Minha filha é boa funcionária. Muito competente. Só não trabalha mais no escritório do doutor Miguel porque, depois da morte dele, a empresa foi à falência.

— Fiquei sabendo pelos jornais. Então façamos o seguinte: assim que eu retornar das festas de fim de ano, peça a ela que venha falar comigo. Não lhe prometo nada, mas não vou abrir vaga de secretária antes de conversar com sua filha. Combinado?

— Não sei o que dizer...

— Não diga nada, homem. Se não fosse você, Bruno estaria internado num sanatório. Sabe disso. Você salvou meu único filho — disse o homem, quase às lágrimas.

Apertaram-se as mãos e o ônibus se aproximou. Odécio fez o sinal e logo subiu no veículo. Ao sentar-se, disse para si:

— Que Deus o abençoe, meu amigo.

4

Os meses que se seguiram à morte de Miguel foram bem diferentes para cada membro de sua família. Muitos títulos foram protestados e muitos credores foram à cata de Guilhermina, na esperança de rever algum crédito. Entretanto, Guilhermina estava lisa, sem nada. Não havia maneira de arrancar dinheiro dela. Agora ela estava nas mãos de Ramírez. Ele era seu porto seguro, que lhe dava carinho, apoio e muito, mas muito dinheiro.

Condenada pela sociedade por se unir a um tipo feito Ramírez, Guilhermina deu de ombros. Estava mesmo cansada de representar o papel de viúva exemplar e, num ato de irritação extrema, fez um pacto com jornalistas da imprensa marrom. Contaria os podres da sociedade, dando nomes e tudo, em troca de não ter seu romance publicado em jornal ou revista que fosse. A imprensa deveria esquecê-la; nunca mais uma nota, uma matéria depreciativa, qualquer comentário. Em contrapartida, revelou a jornalistas segredos os mais sórdidos que corriam por baixo da alta sociedade paulistana. O escândalo da fofoca foi de grande porte, fez muito estrago. Casais se separaram, empresas quebraram, políticos foram presos, maridos descobriram-se traídos da noite para o dia. Tudo causado pela língua ferina de Guilhermina. Ela sentiu-se vingada e passou a frequentar o mundo de Ramírez, formado por gângsteres e contraventores.

O tempo foi passando, e tudo voltou ao normal. Os credores, aos poucos, foram sumindo. Ramírez arrematou em leilão a casa do Pacaembu. Passou a pressionar Guilhermina para que o filho dela se casasse com uma moça rica. Estava cansado de sustentar aquele almofadinha.

A fim de não contrariar seu novo companheiro, Guilhermina passou a maquinar uma maneira de arrumar um excelente partido ao filho. Ela estava apaixonada por Ramírez e não iria contrariá-lo de maneira alguma. Chegar à alta sociedade não podia mais, visto que o ódio que muitos nutriam por ela ainda era grande. Muitas socialites jamais a perdoariam pela falta de decoro e pelas revelações inenarráveis que meses a fio divertiram milhares de leitores ávidos por escândalos.

Guilhermina tinha de tomar uma atitude rápida, porquanto Ramírez estava desgostoso com a situação de dependência de Luís Carlos. Tentara lhe arrumar serviço, mas nada.

O rapaz recebeu proposta de um colega de seu pai, penalizado com a situação financeira precária dos Gouveia Penteado, para trabalhar numa firma de advocacia como assistente, visto que ele nunca havia advogado na vida e tampouco concluíra os estudos. Luís Carlos tomou a proposta como uma grande ofensa. Ele era filho do doutor Miguel; merecia um cargo melhor, oras! Indignado e sem a mínima vontade de trabalhar, o rapaz entregou-se à jogatina, à bebida e aos prazeres sexuais.

Numa dessas aventuras nas casas de prostituição de luxo da capital, evidentemente controlada por

Ramírez, Luís Carlos conheceu Guadalupe, uma profissional do sexo que mudaria a sua vida.

Guadalupe era uma mulher intensa, vibrante, estupendamente bela. Seus cabelos avermelhados e levemente encaracolados desciam-lhe até o meio das costas; sua pele era predominantemente alva e rosada nas extremidades; seus olhos negros eram hipnóticos e sedutores. Possuía um par de seios capaz de causar rebuliço por onde passava. Enfim, Guadalupe era uma mulher belíssima, do tipo que leva um homem apaixonado a cometer loucuras.

Guadalupe viera da Andaluzia, Espanha, para trabalhar no Rio de Janeiro, convidada por um tio que era um dos proprietários do badalado Hotel Vogue.

A beleza da moça chamava tanto a atenção dos hóspedes, que em pouco tempo ela fora convidada a fazer programas de cunho sexual e passou a ganhar muito dinheiro com o trabalho fácil. Logo Guadalupe estava muito bem de vida, pois o que faturava na cama com os hóspedes era infinitamente maior que seu modesto salário como concierge do hotel. Entretanto, ela não guardava um tostão sequer. Usava todo o seu dinheiro para comprar vestidos, casacos, sapatos, maquiagem, perfumes, joias. Estava sempre impecavelmente bem-arrumada, e isso aumentava ainda mais o desejo dos clientes em tê-la nos braços, uma única vez que fosse. Afinal de contas, a aparência, para esse tipo de trabalho, conta sobremaneira.

Infelizmente o sonho durou pouco. Alguns meses se passaram, e a bela vida de Guadalupe sofreu um baque pelo fogo que devorou o hotel. As pessoas se atiravam das janelas, os bombeiros não conseguiam dominar as labaredas. O caso do Hotel Vogue foi notícia no mundo todo. Morreram artistas, turistas nacionais e estrangeiros, inclusive o tio de Guadalupe, que ela mesma viu se atirar lá do alto, num gesto desesperado e trágico.

A moça perdeu emprego e clientes. Sua tia, uma espanhola rígida nos conceitos, dominada pelo moralismo, soube da vida dupla da sobrinha e botou-a para correr de casa dois dias depois do sepultamento do tio.

Sobraçando uma mala e a vontade de recomeçar, Guadalupe chegou a São Paulo. Perambulou pela cidade, hospedou-se num hotel modesto no centro e, numa noite em que vagava em busca de um cliente, conheceu Ramírez.

A paixão entre ambos foi instantânea. Guadalupe era impetuosa, manipulava os homens, entretanto se perdia toda quando estava com Ramírez. Ele tinha força e a dominava. E Ramírez também se sentia perturbado ao lado dela. Mulher nenhuma o havia feito se apaixonar daquela forma. Guadalupe não precisava fazer nada. A química entre ambos era natural.

Dessa paixão nasceu um ciúme doentio de ambas as partes. Todavia Ramírez estava farto das casas de prostituição. Aquilo era pouco para ele. Soube, por alto, que o tráfico de drogas estava dando muito mais dinheiro. Quem entrava no negócio ficava milionário da noite para o dia. Mas havia um empecilho: Ramírez precisava chegar ao topo da classe A, infiltrar-se no meio de políticos corruptos, gente da alta sociedade que lhe levaria até os responsáveis pela distribuição de drogas no país. Ele precisava de uma mulher da sociedade, e Guadalupe não era essa mulher.

Embora estivessem loucos de paixão, decidiram que o melhor era dar um tempo no envolvimento e traçaram um plano para logo mais à frente voltarem a ficar juntos, para todo o sempre.

Guadalupe aceitou a proposta de trabalhar numa das casas de prostituição, como gerente do estabelecimento. Poderia amar Ramírez o quanto quisesse, sem despertar suspeitas, e o deixaria livre para conseguir seu intento: o de arrumar uma milionária que o levasse à classe A.

Em paralelo, Guadalupe passou a dar suas investidas em Luís Carlos. O rapaz era bonito, bem-nascido, rico. Haveria tempo suficiente para se envolver com o rapaz, até talvez casar-se com ele. Depois de arrancar muito dinheiro dos Gouveia Penteado, ela pediria o desquite e iria viver com seu verdadeiro amor.

Após a morte de Miguel, da falência da empresa e agora que o rapaz dependia de Ramírez e não fazia nada para melhorar na vida, ela foi se enjoando. No momento certo o dispensaria, sem sombra de dúvidas.

Naquela noite, Luís Carlos chegou cabisbaixo, entristecido. Foi direto aos aposentos de Guadalupe. Ela sorriu maliciosa e abraçou-o por trás.

— Estava saudosa — disse ela, com forte sotaque. — Você não me parece bem.

— Não estou mesmo.

— O que foi?

Luís Carlos a beijou com carinho.

— Não sei mais o que fazer.

— Mas e o emprego com o amigo de seu pai?

— Aquilo não é para mim.

— Sei, sei, *corazón*, mas pelo menos com esse salário poderia pagar algumas contas.

— Não. É muito pouco. Eu tenho sobrenome, minha família é de estirpe.

— Não é bem assim. Embora a imprensa não revele o nome, todos sabem que foi sua mãe quem causou escândalo na sociedade.

— Mamãe não devia ter dado com a língua nos dentes.

— Não devia mesmo. Não imagina os comentários maledicentes que ouço a seu respeito. Sorte dela estar sob a proteção do Ramírez, caso contrário já teria sido morta.

— Isso tem me atrapalhado bastante. As pessoas me olham torto.

— Por que não aceita um emprego de Ramírez?

— Ah, não...

— Há tantas maneiras de ganhar dinheiro neste submundo.

— Não posso me sujeitar a qualquer empreguinho.

Guadalupe torceu o nariz. Luís Carlos não movia uma palha para melhorar, para crescer, subir na vida. Era dependente demais. Entretanto ela tinha de continuar a seu lado. Havia feito um trato com Ramírez. Não podia esmorecer. Guadalupe suspirou e fingiu amabilidade:

— Por que não tenta se adequar à mesada de sua mãe?

— O que mamãe me dá não cobre mais as despesas.

— Eu lhe quero tanto.

— Eu também — asseverou ele, abraçando-a e beijando-a longamente.

— Estou cansada de levar esta vida.

— Você podia abrir um negócio desses. Já tem experiência e clientela. Não precisa mais do Ramírez. Podemos ganhar bastante dinheiro juntos.

Ela riu gostoso.

— Como quer que eu faça uma coisa dessas? Estou sem dinheiro. Sabe que vivo bem, tenho meus luxos, mas muito do que ganho vai para as mãos de Ramírez. E, se eu abrir um prostíbulo, terei de pagar-lhe um percentual.

— Nunca vai conseguir se livrar desse aproveitador.

— Não fale assim dele. Graças a Ramírez você tem onde cair morto.

— Mas é um sovina, mão-fechada. Poderia me dar participação nos lucros, já que agora pretende se casar com minha mãe.

— O tempo cuida de tudo. Temos de ter calma.

Luís Carlos a olhou de través. Conhecia bem esse jeito de Guadalupe.

— O que está tramando?

Guadalupe virou os olhos negros, passou a língua entre os lábios. Estava excitada com uma ideia que martelava sua cabeça havia tempos.

— Sabe que sou louca por você — disse, mentindo.

— Sei, e como sei! — Luís Carlos sorriu. — Mas seu ciúme me atiça. Adoro mulheres voluntariosas.

— Si, si. Mas pelo nosso futuro abro mão de sua fidelidade para comigo.

Luís Carlos nada entendeu. Afinal de contas, como uma mulher louca de ciúmes pelo amado o entregaria de bandeja a outra mulher? Ele foi categórico:

— O que está aprontando?

— Tenho um plano mirabolante. Tenho certeza de que vai dar certo. Vamos nos dar muito bem.

— O que é? — perguntou ele, desconfiado.

— Depois lhe conto. Agora te quiero.

Guadalupe disse isso e avançou sobre Luís Carlos. Ela sabia que o dominava na cama. Ele era facilmente manipulado pela mãe, mas dificilmente outra mulher conseguia o mesmo. E, a fim de não despertar suspeitas, o melhor que Guadalupe tinha a fazer era se deitar com ele, mesmo a contragosto. Fazia parte de seu plano. Isso ela devia a Ramírez. Jamais trairia seu amado. Precisava seguir à risca tudo o que planejaram. Nada poderia dar errado.

Após amarem-se, Luís Carlos acalmou os brios. A desconfiança sumiu, e ambos entabularam conversação. Guadalupe lhe expôs o que tinha em mente. O rapaz sentiu-se inseguro:

— Não sei se vou conseguir.

— Como não, *corazón*?

— É arriscado.

— Juntos alcançaremos o céu.

— Por que quer minha mãe metida nessa história?

— Para nos ajudar. Sua mãe está louca para que você se case com uma moça rica. Sei que eu jamais seria pretendente para você. A única maneira de eu ser aceita por sua mãe é traçar um plano e fazer com que você o siga. Dona Guilhermina vai me adorar e, assim que dermos o golpe em Otto Henermann, seremos ricos e não mais nos desgrudaremos.

— Acha que esse plano mirabolante pode dar certo?

— Si. Deixe comigo, *corazón*.

Luís Carlos beijou-a levemente nos lábios.

— Obrigado. Você apareceu em minha vida no momento certo.

— Si, si.

— Não sei mais viver sem você ao meu lado.

— Não diga isso — fingiu ela, em tom emocionado.

— Você é a mulher de minha vida!

Guadalupe virou o rosto para o lado e esboçou um sorriso malicioso, de quem sabia muito bem o que estava tramando.

***

Ana Paula, formada em Letras, foi à cata de trabalho. Estava difícil, pois ela não tinha experiência e, para atrapalhar ainda mais a sua vida profissional, os colégios tradicionais da cidade lhe fecharam as portas, devido ao zumzum que a morte do pai ainda repercutia na sociedade. Ela não era dada a gastar todo o dinheiro da mesada e fizera boa poupança. Usou parte dessa reserva e comprou livros para estudar e se preparar para um eventual concurso da prefeitura. Essa era a única saída para ela. Prestaria o concurso e iria lecionar na periferia. Não era bem o seu sonho, mas pelo menos poderia se virar e levar sua vida.

Ela andava bastante pensativa nos últimos tempos. Sua vida havia mudado da água para o vinho. O convívio com a mãe beirava o insuportável. Estava na hora de tomar uma decisão. Numa tarde, teve uma brilhante ideia. Tinha muitos vestidos que nunca usara e poderia vendê-los para fazer mais dinheiro e sair de casa, segura de que teria como se sustentar por alguns meses. Remexeu em todos os armários, passando a tarde à cata do que poderia vender.

Mesmo Ana Paula não frequentando lugares badalados, a mãe enchia-a de vestidos. Guilhermina não se considerava uma mulher perdulária, mas precavida. Nunca saberia se iria aparecer ocasião em que tivesse de vestir a filha com apuro.

Ao fim de algumas horas, Ana Paula terminou de juntar um punhado de vestidos. Respirou aliviada.

— Pronto. Não preciso de tanta roupa. Posso ganhar um bom dinheiro com esses vestidos caros que mamãe me obrigava a comprar.

— Dê-se por satisfeita, filha ingrata.

Ana Paula levou a mão à boca e virou-se para a porta do quarto, atônita:

— Ma... Mamãe... não quis... di... dizer...

Guilhermina bufou de raiva:

— Sempre procurei manter seu guarda-roupa abastecido de peças caras, finas e de grife.

— Não...

— Por que gosta de me irritar? O que tem contra mim?

— Na... na... na... nada — disse a garota por fim, num esforço tremendo.

— Você me irrita demais, Ana Paula.

— Eu!?

— Quando gagueja, me tira do sério. O que estava falando aí sozinha?

— Nada de mais.

— O que vai fazer com essas roupas maravilhosas que lhe dei?

A garota fechou-se em copas. Ana Paula tinha pavor de confrontar a mãe. Guilhermina ficava ainda mais irritada e tripudiava sobre o medo da filha.

— Se eu fiz uma pergunta, exijo uma resposta — tornou enérgica, quase aos berros.

— O dinheiro está aca... aca... — Ana Paula suspirou. Inalou o ar profundamente e continuou: — O dinheiro está acabando. Não conse... gui ainda arrumar empre... pre... go.

— Não consegue emprego porque não tem beleza, tampouco talento.

— Não... não é bem assim...

— Como não? Estudou e não consegue arrumar nada?

— Luís Carlos tamb... também não consegue.

— Não queira botar seu irmão no meio da conversa! Ele tem se esforçado.

— Eu tamb... também.

— Tem nada. É uma parasita.

— Eu!? — espantou-se a jovem.

— Sim, você mesma. E, se quiser mesmo dar aulas, vai fazer como? Imagine gaguejar na frente dos alunos?

Ana Paula respirou fundo. Sem encarar a mãe ficava mais fácil falar.

— Geralmente eu só fico assim na su... su... sua frente.

— Você é frágil demais. Também, foi educada e mimada por um pai fraco... Só podia dar nisso.

— Não fa... fale a... assim dele.

— Ainda bem que agora temos o Ramírez. Esse, sim, é homem de verdade.

Ana Paula tinha pavor só de ouvir o nome do espanhol. Tremia toda. E com razão. Ramírez, quando queria, era um tipo de causar medo. Algum tempo atrás, Ana Paula pegara a mãe conversando com o amante pela extensão do telefone. Chocada e desiludida, a jovem decidiu seguir Guilhermina e descobriu o endereço em que o casal se encontrava. Tratava-se de belo apartamento na Rua da Consolação, prédio distinto, de família. Por mais ingênua que pudesse ser, Ana Paula sabia o significado daquelas saídas da mãe, duas vezes por semana, e que tomavam a tarde toda no apartamento. Só podiam ser para encontros amorosos com aquele desclassificado.

E sabendo de tudo isso? Contava para o pai? Como agir? Ana Paula amava Miguel e temia uma reação violenta caso ele descobrisse a traição da esposa. Sofria pelo pai. E, agora que Miguel morrera, sentia-se culpada de não ter antes participado a ele esse consórcio chulo entre Guilhermina e Ramírez.

Guilhermina a cutucou novamente:

— Ei, em que mundo está? Estou falando com você.

— É que... que... — Ana Paula ficou nervosíssima, e estava difícil abrir a boca sem gaguejar.

— Com a morte de seu pai, tudo mudou. Vai ter que conviver com a nova realidade.

— Difí... fícil.

— Acostume-se, pois Ramírez vai se tornar seu padrasto muito em breve.

Ana Paula gritou:

— Não! Isso nunca!

Guilhermina riu-se.

— Quando fica nervosinha e histérica consegue falar direito, não? Até para gaguejar é fraca. Não convence.

— Ele, não!

— Não me interessa se vai gostar ou não. Vamos viver juntos. Trate de se acostumar. Luís Carlos logo se ajeita, é sedutor e bonito. Você — ela deu de ombros — é gaga, chata e sem atrativos suficientes para atrair um bom partido!

— Por que me tra... tra... trata assim?

— O que posso esperar de você?

Ana Paula rebateu:

— O que pode esperar de Luís Carlos?

Guilhermina riu alto.

— De seu irmão posso esperar muita coisa. Luís Carlos é bonito, sedutor, logo se casará com uma moça rica e vai ter uma vida de luxo. Quanto a você... oras, olhe-se no espelho, criatura!

— Beleza não é funda... fundamental. E não me acho feia.

— Continue se iludindo.

— Não me ilud... do.

— Nunca se deu conta de que você sempre vai ter uma vida medíocre?

Ana Paula emudeceu. Baixou a cabeça, entristecida. Guilhermina continuou com seus impropérios:

— Você nunca representou nada para mim. Foi uma coisa que eu tive, que saiu de minhas entranhas com a capacidade intelectual limitadíssima e a beleza advinda da família horrorosa de seu pai. Você é muito insegura, dependente demais, não tem brilho próprio. Infelizmente tenho de estar sempre ao seu lado, decidindo, vendo o que é melhor para você.

Ana Paula não tinha como se defender da mãe. Guilhermina estava certa: ela não fazia nada por si, tinha medo de enfrentar a vida, não tinha traquejo como a mãe ou beleza como o irmão. Ana Paula se sentia uma pessoa limitada, incapaz de decidir por si própria. Guilhermina continuou:

— Só não lhe mando embora de casa porque minhas amigas iriam fazer comentários maledicentes a meu respeito. Já não chega a morte estúpida de seu pai e a entrega desta casa para a Caixa Econômica? Mas lhe digo uma coisa: ou você aceita a realidade e aceita Ramírez aqui em casa comigo, ou...

Ana Paula fez força para emitir som:

— Ou...

— Ou então, querida, dê um rumo em sua vida. Siga seu caminho. Eu não sou obrigada a conviver com um ser triste e desprezível ao meu lado.

Com a cabeça baixa, Ana Paula conseguia falar sem gaguejar:

— Estive pensando em me mudar. Em levar minha vi... vida.

— Graças!

— É, sim.

— Até que enfim pensou como uma pessoa inteligente. Você é adulta, pode se virar.

— Pensei no pensionato...

— Se quiser, eu mesma a levo até o pensionato da dona Guiomar, na Rua da Glória.

Ana Paula não sabia o que dizer. Parecia que sua mãe torcia para que ela mesma tomasse essa decisão. Por que Guilhermina não a amava de verdade? O que poderia fazer para ganhar carinho e respeito da mãe? Agora que o pai se fora, Ana Paula se sentia sozinha, como se não tivesse mais família. Mal via o irmão, porquanto ele estava sempre metido na farra. Era nítido o tremendo sacrifício que Guilhermina fazia para se aproximar ou mesmo conversar com ela.

Guilhermina balançou a cabeça para os lados e retirou-se, sem dizer mais uma palavra. Para ela era difícil a convivência com a filha. Guilhermina tentara bastante uma aproximação pacífica com Ana Paula, entretanto havia uma repulsa, uma raiva que ela até mesmo se culpava em sentir. Afinal de contas, uma mãe deve amar igualmente seus filhos. Mas isso Guilhermina não conseguia. Estava além de suas forças.

— Por que tenho tanta raiva? O que acontece? Ela não me fez nada para eu me sentir assim...

Enquanto isso, no quarto de Ana Paula, a jovem jogou-se pesadamente sobre os vestidos. Ao mesmo tempo em que as lágrimas escorriam sem cessar, ela pensava, pensava. Sem a mãe por perto, deixava de gaguejar.

— Meu Deus! O que fazer? Eu não suporto esse Ramírez, e minha mãe me despreza, não me ama. Luís Carlos está perdido, desorientado, não tem condições de me ajudar. Preciso arrumar um emprego e sair de casa o mais rápido possível. Se ao menos tivesse meu pai por perto!

Ela tornou a chorar copiosamente, aos soluços. De repente, uma leve brisa adentrou o quarto e tocou-lhe delicadamente a face. O espírito reluzente de uma senhora acariciava-lhe os cabelos em desalinho.

— Não tema, minha menina. Vovó Albertina está aqui ao seu lado para dar-lhe forças. Você precisa reagir. Foi você quem a escolheu como mãe. Sabia que a convivência não seria nada pacífica. Entretanto farei o possível para ajudá-la.

O pranto foi diminuindo aos poucos e logo a garota sentiu gostosa sensação. Enxugou as lágrimas e, vencida pelo cansaço, adormeceu.

5

Roberto entrevistou Suzana assim que retornou das férias de fim de ano. Após uma hora de conversa, ele simpatizou bastante com a moça.

— Confesso que estou surpreso com suas qualidades profissionais e com sua educação. Me perdoe — ele tossiu — e não leve este comentário como um acinte, mas nunca pude imaginar que Odécio tivesse uma filha tão competente e bonita.

Suzana riu-se.

— Meu pai é um senhor distinto, bonito, e minha mãe também é muito bonita. Tive a quem puxar.

— Pelo jeito, você não tem um pingo de modéstia!

— Não é questão de modéstia, doutor Roberto, mas de valor. Se eu não gostar de mim, quem vai gostar? Sou única no mundo. Não existe outra Suzana, como também não existe outro Roberto — fez apontando para o jovem senhor. — Somos únicos, diferentes, exclusivos. Temos de nos valorizar por sermos obras únicas da natureza. E tento cada vez mais aceitar e compreender essa realidade. Por conta de minha beleza, eu me fecho com medo de ser um mero objeto na mão dos homens.

— Mulher bonita é sinal de encrenca — tornou ele, sorrindo. — Entretanto, a aparência é fundamental.

— Sim, senhor.

— Também trabalha com seu pai lá no centro espírita?

— Não tenho frequentado lugar algum. Trabalhei e estudei algum tempo no centro que meu pai frequenta, mas acabei me afastando. Tenho estudado sozinha. A vida me tem sido uma ótima professora.

— Aquele centro é muito bom. Meu filho foi curado lá, aliás, pelo seu pai.

Suzana remexeu-se na cadeira.

— O centro é muito bom, mas há disputa entre os médiuns. Uns querem aparecer mais que outros. Isso não é bom e atrapalha a harmonia do local. Meu pai é durão, apegou-se ao espiritismo por conta do "aqui se faz, aqui se paga".

— E não é bem assim?

— Não.

— Os espíritas dizem que estamos no mundo pagando por erros do passado.

— Não para mim. A vida é muito mais rica, muito sábia. Essa história de pagar, de débitos, faz com que eu me sinta errada e culpada o tempo todo. Não acredito que estejamos aqui no mundo para isso.

— Não?

— Não. Somos espíritos em evolução, em crescimento e amadurecimento constantes, estamos melhorando sempre. Eu e papai temos visões bem diferentes acerca da espiritualidade. Questão de ponto de vista.

— Mesmo assim, constituem uma bela família.

— Somos uma família — ela ressaltou. — E, como uma verdadeira família, vivemos em harmonia, nos amamos, nos ajudamos. Não vou dizer que não temos problemas, claro que temos. Somos humanos! Mas sabemos o limite de cada um, nos respeitamos muito. O bom relacionamento familiar é a base de tudo. A harmonia dentro de casa impede que energias desagradáveis adentrem nossa casa. E, de mais a mais, eu amo a minha família.

— Fico contente, porquanto também amo a minha — devolveu ele, sorrindo. — Embora pequena, com um único filho, vivemos muito bem.

Suzana olhou para o porta-retratos na mesa de Roberto. Perguntou com graça:

— Essa é sua esposa?

— Sim, Rafaela — disse ele entre sorrisos.

— Muito bonita. Jovem.

— Casamo-nos muito cedo. Minha esposa é adepta do espiritismo, entretanto não concorda com a maneira como trato meu filho. Diz que eu passo demais a mão na cabeça dele.

— Dona Rafaela me parece bem lúcida.

— Você terá oportunidade de conhecê-la — Roberto levantou-se: — Bem, estamos aqui conversando e, embora adorasse continuar nossa palestra, o tempo urge. Tenho uma importante reunião logo mais. Será que poderia correr com a papelada e começar a trabalhar amanhã mesmo?

— Adoraria! — ela exclamou.

— Desculpe a urgência, Suzana, mas sem secretária não sou nada. Veja: retornei ao trabalho hoje e estou completamente perdido. Passe no departamento pessoal o mais rápido possível, sim?

Suzana levantou-se e estendeu-lhe a mão:

— Muito obrigada, doutor Roberto. Darei o melhor de mim, tenha certeza.

— Acredito em você.

A jovem saiu da sala de Roberto Marzolla com largo sorriso nos lábios. Informou-se onde ficava o departamento em que seu pai trabalhava e correu para lhe dar a notícia.

— Papai, consegui!

Os olhos de Odécio brilharam emocionados.

— Estava aqui pedindo aos nossos protetores que o doutor Roberto a empregasse. Puxa, filha, como estou feliz!

Eles abraçaram-se comovidos.

— Vou ganhar um excelente salário. Poderei pagar uma empregada doméstica para fazer faxina em casa. Fico feliz só de pensar que a mamãe não vai precisar pegar no pesado. E, além do mais, ela terá bastante tempo para se dedicar e acompanhá-lo ao centro. Fico tão mais aliviada!

— Sempre pensando em nós...

— Claro! Somos uma família.

— Uma linda família.

Odécio disse isso e olhou para o alto, em agradecimento aos céus.

***

Maria Cândida estava sentada à beira da piscina, os pezinhos às vezes brincando com a água. O dia estava muito quente e ela queria se refrescar um pouco. Em instantes, jogou-se na água. Nadou um pouco e, ao sair, avistou a mãe:

— Poderia pegar a toalha ali na mesa para mim, por favor?

Zaíra apanhou delicadamente a toalha e levou-a até a beirada da piscina.

— Estou com pressa, filha.

— Por que a pressa?

— Eu e seu pai iremos ao jantar dos Silveira Melo.

— Então vou me arrumar.

— Eu e seu pai vamos jantar. Só nós dois.

— Também quero ir. Eu sempre saio com vocês.

— Hoje, não. Eu e seu pai temos assuntos a tratar durante o jantar que não lhe dizem respeito.

— Vou ficar sozinha aqui neste casarão?

Zaíra estendeu o braço para que a filha saísse da água. Ajudou-a a se enxugar.

— Já disse uma, duas, mil vezes: você precisa sair com pessoas da sua idade, enturmar-se com as meninas e meninos da sua geração.

— Para quê? Para ser motivo de piada?

— Isso faz parte do passado. Por que não tenta? Por que não liga para a Lurdinha?

— Ela reclama do meu cabelo e diz que eu tenho de arrumar um marido. Lurdinha só pensa em se casar. Estou farta do mesmo assunto.

— Lurdinha está certa. Toda moça sonha em se casar um dia. Você também não sonha com isso?

— Claro! Mas como?

— Como o quê? — indagou Zaíra.

Maria Cândida irritou-se:

— Você está de brincadeira comigo?

— Que nada!

— Mãe, acorde para a realidade! Olhe para mim. Acha que alguém pode um dia se interessar por uma mulher feia como eu?

Zaíra moveu a cabeça para os lados. Beijou a fronte da filha:

— Não adianta implicar com a aparência. Só isso não conta.

— Não conta para você. Você é bonita. Nunca homem algum olhou para mim. Quer dizer, depois do escândalo com o Augusto...

Maria Cândida de repente entristeceu-se. Aquela história ainda lhe feria o coração. Zaíra abraçou-a.

— Não fique triste por conta daquele caça-dotes. Você ainda vai arrumar um bom moço, se casar e ser feliz.

— Ah, se isso um dia se concretizasse...

— O futuro nos promete muitas surpresas. Você ainda vai me dar razão, um dia.

— Só se eu mudar de rosto, comprar um novo — riu-se Maria Cândida.

— Pois você precisa se dar mais valor — retrucou Zaíra. — É bem-nascida, rica, culta... Já lhe disse que podemos consultar um médico e providenciar uma cirurgia, talvez.

— Tenho medo de ficar desfigurada.

— Iremos aos melhores especialistas da Europa.

— Não quero. Tenho medo. Quero ficar com você e papai.

— Hoje, não. Lamento.

Maria Cândida rangeu os dentes, contrariada. A mãe nunca a impedira de sair com ela e o pai. Por que agora a estava privando da companhia deles?

— Já sei! Está com vergonha de mim.

— De onde tirou isso?

— Você me acha feia.

— O que é isso, minha filha?

— Vou ser motivo de escárnio no jantar. Tem vergonha de mim, sim.

— Jamais pensaria uma coisa dessas, meu amor.

Maria Cândida colocou o roupão e saiu chorando, deixando a mãe preocupada.

— Preciso ligar para meu primo Ernani em Uberaba — pensou Zaíra. — Ele é um excelente psiquiatra e poderia ajudar muito a minha filha! Entretanto, Otto mal pode ouvir falar no nome dele. Acha que Ernani é um charlatão, depois que se envolveu nos trabalhos do sanatório espírita. Mas o que posso fazer? Meu coração de mãe não me engana... Eu só confio no Ernani.

Não houve outra opção senão levar Maria Cândida ao jantar. Como tinham assuntos adultos a tratar, Zaíra e Otto deixaram a filha, logo após a ceia, na antessala, em companhia de um dos filhos do anfitrião.

Maria Cândida pegou uma revista de moda e sentou-se na ponta do sofá. Era muito tímida e não queria conversa. O rapaz veio caminhando até ela. Sentou-se bem perto. Maria Cândida sentiu as bochechas arderem.

— Você sempre foi assim? — perguntou ele, num sorriso irônico.

— Assim como?

— Assim, oras. Desse jeito.

— Não entendi.

— Aposto que você nunca namorou.

— Isso não é da sua conta.

— Ninguém iria querer namorá-la.

— Isso não é problema seu — disse ela, cabeça baixa.

— Você é muito feia.

Maria Cândida levantou-se irritada.

— Quem é você para falar assim comigo?

— Você é feia, muito feia.

— Pare de falar!

O rapaz deu uma gargalhada.

— Você é horrorosa. Devia ser proibida de sair na rua.

— Não fale assim comigo — disse ela, em tom choroso.

— Seus pais deveriam interná-la num sanatório. Lá é lugar de gente feito você.

— Ora, seu...

Ela levantou-se para dar-lhe um tapa, mas o rapaz foi mais rápido e acertou-lhe um safanão no rosto.

— Você está na minha casa, sua ordinariazinha. Além de feia, não tem modos. Nem sei como seus pais a aguentam. Você é repulsiva!

Maria Cândida deixou-se cair na poltrona e chorou convulsivamente. Seu rosto ardia e nele, por algum tempo, ficou a marca dos dedos do rapaz. O jovem ria a valer! De repente, ela levantou-se e saiu correndo, gritando pelos quatro cantos da casa, assustando seus pais e muito mais os anfitriões.

— Levem-me daqui, pelo amor de Deus! Quero ir para casa.

Otto e Zaíra, constrangidos com o ocorrido, tiveram de sair às pressas.

— O que foi? — perguntou a mãe, atônita, já dentro do carro.

— Nada.

— Como, nada? Sair dessa maneira descontrolada?

— Ninguém gosta de mim. Sou feia e nunca encontrarei alguém que me ame — dizia entre lágrimas.

— Alguém lhe falou algo?

— Não!

— O filho da Elza lhe disse algo desagradável? — perguntou a mãe, extremamente preocupada.

Maria Cândida cobriu o rosto e voltou a chorar. Sempre fora assim, desde sempre. Eram as mesmas histórias, ela sempre sendo a vítima. Seus pais não aguentavam mais tanta humilhação. A menina completara vinte e dois anos de idade, mas comportava-se como uma adolescente ferida em todos os sentimentos, como se seu corpo fosse revestido por fina camada de proteção. Tudo para Maria Cândida era triste e muito mais dolorido.

Para seus pais, tratava-se de uma menina frágil e sensível. Zaíra sempre tratou a filha como se fosse uma boneca de porcelana, rodeada de mimos e conveniências. Sabia que, no mundo em que viviam, a aparência conta muito, e, por falta de sorte, Maria Cândida nascera sem atributos físicos que pudessem chamar a atenção dos homens. E, quanto mais se dava conta de que não era bela, mais odiava a si mesma.

Efetivamente, aquela seria a última vez que o casal levaria a filha para participar de um jantar. Desta vez Zaíra reconheceu que a filha necessitava de ajuda médica. Estava na hora de consultar um especialista. Maria Cândida estava passando dos limites.

— Vou ligar amanhã mesmo para o Ernani.

— Aquele desmiolado, não — redarguiu Otto.

— E o que fazer? Ernani é de confiança — tornou Zaíra.

— Mas unir medicina e espiritismo? Isso não dá certo.

— Sempre gostei dele. Acredito que meu primo possa ajudar a nossa filha.

— Mas o caso de Maria Cândida é médico e não tem nada a ver com essas crendices. Eu não falo com o Ernani há anos. Afastamo-nos dele desde que ingressou naquele sanatório.

— O caso de nossa filha inspira cuidados — tornou Zaíra, com a voz preocupada. — Esse sanatório seria uma boa...

— Isso, não! — bramiu Maria Cândida, lembrando-se de que o garoto havia lhe dito algo sobre sanatório.

— Está vendo? — tornou a mãe. — Você se descontrola muito fácil. Qualquer hora dessas pode cometer uma besteira.

— Era preferível. De que adianta continuar viva se ninguém me ama, ninguém me quer?

— Não é assim — tornou Otto, entristecido.

— É, sim, papai. Não sei mais o que fazer. Não tenho amigos.

— Precisa sair mais — tornou a mãe.

— Para quê? Para ser motivo de chacota? — Maria Cândida falava com voz entrecortada pelo choro. — Eu não sou amada, sou um nada, isso sim. De que adianta continuar a viver dessa maneira?

A jovem chorava copiosamente. Seus pais estavam também no limite de suas forças. Sempre fora assim, desde que ela nascera. E não conseguiam vislumbrar um futuro tranquilo para a filha amada.

6

Após se amarem e se saciarem, Luís Carlos deu a devida atenção ao plano de Guadalupe, entretanto não sabia o que dizer.

— Estou meio atrapalhado.

— Entendeu ou preciso detalhar mais?

— Entendi. Mas fazer um negócio desses?

— Por nós, *corazón*.

— Eu sei, mas vai ser difícil de encarar. Não gosto de brincar com o sentimento das pessoas.

Guadalupe deu uma gargalhada.

— Agora não é momento de sentimentalismo barato. E o dinheiro, onde fica?

— Com o amor não se brinca — replicou ele, apreensivo.

— Luís Carlos, precisamos seguir com esse plano. Você não vai enganar ninguém; é só para abocanhar o dinheiro da família, mais nada.

O jovem coçou a cabeça, pensativo.

— Mas e se ela não topar?

— Ela vai aceitar. Um bonitão como você lhe dando sopa... Maria Cândida vai se apaixonar perdidamente.

— E o pai dela?

— Deixe que de Otto eu tomo conta. Eu o conheço muito bem.

— Ele desconfia de algo?

— Não. Isso é segredo de Estado. Mas no momento certo vou contar, e aí você entra na jogada.

— E se ele não der crédito para as chantagens?

— Ele vai dar bastante crédito. Pode acreditar. Disso depende a vida desse sujeito. Se ele tentar algo contra nós, estará perdido.

— Espere um pouco — tornou Luís Carlos, transtornado. — Como você soube de tudo?

Guadalupe riu a valer.

— Tive alguns clientes que trabalhavam nas embaixadas. Não foi muito difícil fazer os contatos e descobrir. Entretanto, o governo não está preocupado com a farsa. Não querem confusão, preferem ficar calados.

— Isso é grave, Guadalupe.

— Não é problema nosso. O que importa no momento é que levemos adiante o que traçamos. E semana que vem você vai colocar sua parte no plano em prática.

— Já na semana que vem?

— Não quer botar a mão no dinheiro? Não quer ser independente?

— Quero viver bem, isso sim.

— Então vai ter de fazer um pequeno sacrifício.

— Acho a vida muito injusta. Não fui preparado para trabalhar. Pensei que fosse morrer com mesada, passar a vida toda dependendo do meu pai.

— Seu pai se foi, a fonte secou. Vamos procurar outra fonte.

— Bom, se for para ficar de braços cruzados, sem fazer nada e levando vida de rei, eu faço o sacrifício.

Guadalupe sabia poder contar com Luís Carlos. Era um bom moço, mas, quando se tratava de dinheiro, ele topava qualquer parada. E, de agora em diante, precisava manter a mente do rapaz tranquila e serena, pronta para ser manipulada e atender ao desejo de cumprir com o plano que ela mesma havia traçado.

***

Albertina, espírito lúcido, procurava inspirar a neta a fim de que a moça pudesse manter uma conduta elevada. Por isso, tentava estimular Ana Paula a não continuar vivendo sob o mesmo teto que Guilhermina, cuja presença por si só perturbava a garota sobremodo. Albertina sussurrava-lhe nos ouvidos palavras de conforto e estímulo, incentivando a garota a vender boa parte do seu luxuoso guarda-roupa.

Ana Paula, pela afinidade com a falecida avó e também por manter valores íntegros, embora emocionalmente fragilizada pela perda do pai, acatou os conselhos e, para fúria da mãe, organizou o chá na casa de Lurdinha e pôs à venda várias de suas peças.

— Não imaginava que você tivesse tanta coisa boa, vestidos tão lindos — disse Lurdinha, olhos brilhantes de cobiça diantc daquelas peças de corte impecável, nunca antes usadas.

— Mamãe sempre foi muito exagerada, sabe? Eu não podia, em hipótese alguma, repetir um vestido nas poucas reuniões, eventos ou festas a que fui convidada a participar. Para dona Guilhermina, repetir roupa sempre foi sinal de vulgaridade, falta de classe.

— Sua mãe tem razão. Uma mulher chique deve estar sempre bem-arrumada.

— Mas, se o vestido é lindo e pouco usado, por que não repeti-lo? Acho isso um gasto desnecessário.

— Concordo com sua mãe. Por que repetir roupa, Ana Paula? Precisamos estar sempre impecáveis.

— Acho desnecessário. Eu, por exemplo, onde usaria essas roupas hoje? A minha vida mudou muito, Lurdinha. Você é rica; eu é que não sou mais.

Lurdinha baixou o tom de voz:

— Meu pai está perdendo muito dinheiro. Os negócios não vão nada bem. E, ademais, eu tenho meus irmãos para dividir herança. Eu quero muito mais, oras.

— Não quero saber de ficar à cata de homem rico.

— Sempre há chance de arrumar um partidão. O Beto está disponível.

— Nunca gostei dele. Jamais me uniria a um homem sem amor.

— Nem eu. Quero me apaixonar por um homem rico — sentenciou Lurdinha.

— Há vários ao seu redor.

Lurdinha fez ar de mofa.

— Muitos são infantis, comportam-se feito animais. Eu quero um homem refinado, de verdade, de preferência mais maduro.

— Cuidado com tanta exigência!

Lurdinha mudou o tom da conversa. Ana Paula nunca entenderia o que tinha em mente.

— A propósito, não vai se arrepender de ter vendido essas peças?

— De maneira alguma!

— Sua mãe não vai ficar brava? — inquiriu Lurdinha, um tanto desconfiada, afinal de contas, raríssimas vezes Ana Paula desprezou os conselhos da mãe e fez o que realmente queria.

— Mamãe não se importa com nada que não seja seu próprio umbigo e Luís Carlos.

— Não vi mais o seu irmão.

— Luís Carlos está perdido, pobre coitado. Sempre foi muito dependente de papai. Agora que não tem mais mesada, está sem saber o que fazer. Ele precisa mudar seu jeito de encarar a vida. Infelizmente, não tenho como ajudá-lo no momento. Ele se recusa a mudar e eu tenho de tomar conta de mim, mudar de vida.

Os olhos de Lurdinha ficaram estáticos por instantes. Ela imediatamente perguntou:

— Como assim? O que quer dizer com "mudar de vida"?

Ana Paula fitou um ponto indefinido da sala. Sem olhar para a amiga, tornou:

— Ultimamente tenho sonhado com minha avó Albertina. São sonhos tão reais! Parece que eu realmente a encontro.

— Você sempre foi muito ligada à sua avó.

— Sim. Sempre a amei.

— E o que vocês conversam no sonho?

— Difícil dizer. Só sei que tenho acordado mais serena, mais tranquila. Tenho sentido muita paz e confiança. Às vezes me lembro de um ou outro diálogo, mas é difícil concatenar meus pensamentos. Na verdade, só consigo mesmo é registrar as boas sensações no momento em que desperto.

Lurdinha baixou a voz:

— Sabia que você pode mesmo estar se encontrando com a sua avó?

— Imagine! Ela morreu.

— Pode, sim.

— Isso é sandice.

— Não! — Lurdinha baixou novamente o tom de voz. Olhou para os lados para se certificar de que não havia empregados por perto. Por fim, disse: — Tenho frequentado um lugar onde as pessoas se comunicam com os espíritos.

— Verdade?! — assustou-se Ana Paula.

— Sim. Mas bico calado.

— É um centro espírita?

— Um terreiro.

— Fala sério?

— Hum, hum.

— Lurdinha! — falou Ana Paula em tom preocupado. — Sempre metida com essas bobagens...

Lurdinha riu.

— Vou te contar um segredo.

— Pois conte.

— Lembra que fiquei de recuperação porque a madre não me suportava?

— Lembro.

— Fui nesse lugar e pedi para que fizessem um trabalho. A madre caiu doente, quase morreu. As provas foram suspensas e eu passei de ano — riu satisfeita.

— E você acredita que a doença da madre tem a ver com o trabalho que você pediu?

— Acredito.

— Não é fantasioso demais?

— De maneira alguma. Já fiz outras coisinhas, pedidos os mais diversos, e sempre dá certo.

— Tenho medo dessas coisas.

— Pois eu não — disse Lurdinha toda sorridente. — E, se me apaixonar por um homem, tenha certeza de que vou pedir reforço para os espíritos.

— Cruz-credo!

— Você tem de ir comigo lá dia desses.

— Não gosto desses assuntos.

— Bom, você é quem sabe. Se precisar, pode falar comigo. Eu tenho acesso direto ao pai de santo.

— É mesmo?

— Ele me adora. Faz trabalhos para mim, atende a pedidos, e o melhor de tudo é que ele faz amarração de homem como ninguém. Vem gente do Brasil todo e do exterior atrás dele.

Ana Paula bateu na mesinha três vezes.

— Que horror! Você acredita nessas coisas?

— Acredito, sim. Não nas balelas de espiritismo, mas em resultados concretos, palpáveis. Pai Thomas disse que, o dia em que eu encontrar meu príncipe encantado, é só ir até lá que ele faz o serviço de amarração. Isso me deixa tão segura!

Ana Paula riu a valer.

— Pai Thomas? Isso lá é nome de pai de santo?

Lurdinha fechou o cenho.

— Isso mesmo: Pai Thomas. Ele é inglês, cansou da vida aristocrática e resolveu dedicar-se aos trabalhos com os espíritos aqui no Brasil.

— Isso me parece charlatanismo.

— Ele tem poder. Se um dia você precisar, eu a levo lá. Conte comigo.

Ana Paula sentiu uma sensação desagradável. Aquele assunto a estava deixando tonta. Levantou-se e despediu-se rapidamente de Lurdinha. Apanhou a bolsa, algumas peças de roupa que não vendera e tomou um táxi. Chegou em casa e deixou os vestidos sobre a cama.

A conversa com Lurdinha a deixara irrequieta. Desde que o pai morrera, ela intimamente questionava se a vida não continuaria após a morte. Passou a ler um ou outro livro sobre o assunto, mas superficialmente. O que Lurdinha dizia era diferente, assustador até. Desde adolescente ia em tudo quanto era cartomante, centro espírita, terreiro etc. Convidava Ana Paula com insistência, mas esta sempre arrumava uma desculpa e não ia.

Ana Paula não se sentia bem e por isso evitava jogos de cartas, leituras em borra de café e coisas do gênero.

Ela passou a mão na testa como a afastar os pensamentos. Procurou tomar uma ducha reconfortante e pensar no que fazer de sua vida dali em diante. Após o banho, ela deitou-se na cama para descansar, e logo o telefone tocou.

— Alô, Tânia? Quanto tempo!

— Como vai?

— Bem. Mas que surpresa agradável! Você sumiu. Seus pais disseram que você havia regressado para a Bahia.

— Mentira, Ana Paula. Estou bem e em São Paulo mesmo. Tive discussões com meus pais, algumas divergências, e saí de casa.

— Sério? O que aconteceu?

— Mamãe quer que eu entre para um convento. Logo eu!

Ambas riram. Tânia prosseguiu:

— Acabei de concluir meu curso de enfermagem. Trabalho no Hospital das Clínicas. Estou tão feliz!

— Que bom! Fico contente.

Conversaram amenidades, mataram a saudade do tempo de escola, até que Tânia mudou o tom de voz. Disse séria:

— Liguei porque estou pensando em você há algum tempo, desde que seu pai morreu.

Ana Paula entristeceu-se:

— Foi muito duro, mas estou me recuperando aos poucos.

— Nós nos dávamos bem no ginásio e por uma série de fatores nos separamos. Agora que somos adultas e donas do próprio nariz, poderíamos nos encontrar e, quem sabe, retomar nossa amizade.

— Estou precisando mesmo de novas amizades.

— Sonhei com você e sua avó algum tempo atrás. Desde esse dia tenho muita vontade de falar com você.

Ana Paula estremeceu levemente:

— Sonhou comigo e minha avó?

— Sim, dona Albertina. Esse era o nome dela, não?

— Isso mesmo. Entretanto você a conheceu muito pouco.

— O suficiente para me lembrar dela no sonho — declarou Tânia.

— E de que se tratava o sonho? — indagou Ana Paula, curiosa.

— Não me recordo ao certo. Lembro-me dela muito bonita, uma luz bem clara ao seu redor. Ela me falava algumas coisas e pedia que lhe transmitisse o recado. Você estava ao meu lado, séria, um tanto alheia a tudo.

— Foi só um sonho, Tânia, nada mais.

— Para mim foi mais que isso.

— Acha mesmo?

— Você acredita em vida após a morte? — perguntou Tânia, de supetão.

Ana Paula remexeu-se na cama. Pensou um pouco e respondeu:

— Desde que meu pai morreu, tenho pensado vagamente. Mas tenho medo.

— Por quê?

— Fico confusa com o assunto.

— Gostaria de conversar melhor a respeito?

— Você conhece bem isso?

— O quê?

Ana Paula estava um tanto tensa.

— Ah, não sei, Tânia. É que, como você conhece bem o espiritismo, poderia me explicar melhor o mundo espiritual, se é que ele existe.

— Claro que existe — sentenciou a amiga.

— Você fala com tanta convicção!

— Porque é a verdade, oras.

— É tudo meio fantasioso.

Tânia mudou o tom de voz:

— A propósito, você acha que dona Albertina, mulher tão fina e lúcida, de repente morreu, apagou e virou pó? De que adiantou ela ter vivido, experienciado uma série de situações, passado provações, e depois acabar tudo assim, num estalar de dedos?

— Nunca imaginei as coisas por esse ângulo. Se fosse mesmo assim, a vida seria muito injusta.

— Por certo. Se ao morrer nada mais existisse, então Deus nos faria nascer todos ricos, belos e perfeitos. Mas diante de tantas desigualdades, de tantas diferenças, parece-me que a vida deva ser muito maior do que imaginamos.

Ana Paula suspirou. Lembrou-se da avó, e seus olhos marejaram. Se isso fosse verdade, então ela não estava sonhando, mas estava mesmo se encontrando com a avó querida.

— Não sei se é verdade tudo isso, mas sabe que sinto conforto em saber da possibilidade de vida após a morte?

Tânia deu uma risadinha:

— Eu tenho me interessado muito pelos assuntos espirituais. Minha vida mudou bastante desde que comecei a estudá-los.

— Acha que poderíamos nos encontrar e você me tirar algumas dúvidas?

— Iria adorar. Mudei recentemente e, assim que estiver bem instalada, eu ligo novamente. Por enquanto estou na casa de uma amiga de minha tia.

A conversa deixou as duas mais animadas. Ana Paula retrucou:

— Penso em ganhar meu próprio dinheiro, ser independente. Eu tenho vinte e três anos de idade, sou recém-formada. Está na hora de sair de baixo das asas da mãe, concorda comigo?

— Eu sempre quis ser independente, ter meu próprio dinheiro também. Esse foi um dos motivos que me fizeram sair de casa. E mamãe queria que eu me tornasse freira...

Ana Paula esforçou-se para sorrir. Às vezes tinha vontade de jogar tudo para o alto, arrumar um pretendente e ficar quieta cuidando de casa e filhos. Entretanto, sua mãe a deixara bastante insegura, afirmando que ela não tinha beleza suficiente para prender homem que fosse. Nesse instante Tânia retrucou, do outro lado da linha:

— Você fica muito à mercê do que sua mãe quer.

— Como assim?

— Sua mãe é uma mulher de excelente gosto, finíssima. Minha mãe procura imitá-la em tudo, guarda recortes de revistas e jornais que falam de dona Guilhermina. Faz tempo que não a vejo nos jornais.

— Minha mãe arrumou encrenca com o pessoal da classe A. Fez fofoca, revelou segredos, criou animosidade entre as pessoas. E por conta disso desconta tudo em cima de mim — tornou Ana Paula, sentida.

— Vocês duas têm sérios problemas de relacionamento.

— Isso sempre foi assim, desde que nasci.

— Você sempre se deixou dominar por sua mãe.

— Ela é uma mulher forte.

— Nasceu filha dela justamente para deixar de ser fraca e assumir sua força.

— Não entendi.

— Quando nascemos, atraímos um lar que seja compatível com nossas crenças, nossa maneira de enxergar a vida. Se você, em vidas passadas, foi muito negligente com sua vontade, não se impôs, não usou de sua firmeza, a vida então a coloca num lar em que vai haver uma mãe ou um pai bem autoritário, estilo mandão, a fim de que você assuma seus valores, tome posse de si e mude suas crenças, tornando-se uma pessoa mais segura de si.

Ana Paula não sabia o que dizer. Ela se sentia exatamente assim, sem firmeza suficiente para encarar a mãe. Tinha medo de enfrentar a ira de Guilhermina. Tânia continuou:

— E onde fica a sua vontade?

— Não entendi — respondeu Ana Paula, surpresa com a conversa, porquanto fazia anos que Tânia não a via.

Como a amiga lhe falava assim tão abertamente e sem rodeios algo que ela mesma temia confrontar? Albertina estava próxima a Tânia, sugerindo-lhe que dirigisse palavras de força e estímulo à neta querida.

— Você sempre se comparou à sua mãe, e isso é muito duro, porque é difícil competir com nossa mãe, ainda mais quando ela brilha demais.

— Tenho de admitir que ela é muito bonita.

— Entretanto, você tem lá seu charme — replicou a amiga à queima-roupa. — Você é inteligente, bonita a seu modo. Nunca parou para perceber que atitude e postura estão ligadas a beleza?

— Não.

— Você precisa manter uma postura mais feminina, andar com mais graça e, se arrumar esse cabelo, acho que vai se tornar uma mulher bem interessante.

— Você acha?

— Quer tentar?

— Mas...

— Ana Paula, você ganhou um bom dinheiro hoje. Que tal usar parte dele e investir em si mesma? Vá imediatamente para o salão de beleza.

— É tarde. Nem marquei hora.

— Ligue para o salão de Valderez. Quando ela souber que você é filha de dona Guilhermina, larga todos os clientes para cuidar de suas madeixas.

Ana Paula riu.

— Está bem, irei. Você me convenceu...

Ambas riram. Conversaram um pouco mais e desligaram o telefone. Ana Paula estava estupefata. Embora animada, perguntava-se como Tânia sabia tantas coisas a seu respeito sem terem tido contato por tantos anos. Como sabia que ela tinha ganho dinheiro horas antes com a venda dos vestidos? E como sabia que seu cabelo implorava por um corte e uma hidratação?

Assim que tivesse oportunidade de vê-la, Ana Paula iria lhe perguntar timtim por timtim. Entretanto, naquele momento estava feliz e animada para mudar, pelo menos a aparência. Ligou e marcou hora com Valderez. Apanhou a bolsa, pegou um táxi e partiu animada para o salão. Albertina sorriu feliz e sua imagem aos poucos se desfez no ambiente, não sem antes emanar vibrações de apoio e firmeza à neta querida.

7

Os prostíbulos davam a Ramírez cada vez menos prestígio e dinheiro, embora, neste mundo de contravenções, não houvesse sujeito com maior gabarito que ele. A fama de Ramírez cresceu e ele se transformou em um homem de grande poder. Esperto como ele só, tinha em suas mãos a vida de políticos famosos, artistas, figurões da alta sociedade.

Naquele tempo, alguns jornalistas de renome também eram frequentadores de seus estabelecimentos, o que os comprometia a assegurar uma espécie de imunidade ao figurão, não publicando, em hipótese alguma, matérias que pudessem arranhar a imagem de empresário de sucesso que lhe era apregoada em todos os cantos.

O dinheiro da prostituição já não dava tanto prestígio. Estava na hora de começar a botar mais um plano em ação: tornar-se um poderoso traficante. Esse era seu passo seguinte.

Guilhermina nem imaginava o que se passava pela cabeça do amante. Não se importava que o dinheiro que pagava seus luxos viesse das casas de prostituição. Ela continuava com seu alto e luxuoso padrão de vida e estava feliz. Confiava sobremaneira em Ramírez. Casar-se-ia com o espanhol, e seu futuro seria de muito amor e muito dinheiro. Embora fosse muito esperta, Guilhermina estava cega de paixão. E, em sua mente, jamais imaginaria que Ramírez pudesse um dia cansar-se dela.

Estava Guilhermina sentada na banqueta em frente ao toucador, ajeitando o lindo colar de diamantes, quando ouviu a voz de Ramírez. Sem desviar os olhos do espelho, tornou, numa voz com que procurou ocultar a raiva:

— Está atrasado de novo, meu amor.

— Estava tratando de negócios.

— Estamos atrasadíssimos para a apresentação no Teatro Municipal.

— Estou sem vontade alguma — tornou ele, cansado de fato.

Antes de ela lhe fazer nova pergunta, Ramírez tirou o paletó, desfez o nó da gravata e jogou-se pesadamente na cama.

— Eu o conheço bem. O que o está contrariando?

— Estou tendo problemas com os cassinos. O governo está pegando pesado na jogatina clandestina. Até mesmo o pobre jogo do bicho está na mira da polícia. Por que não nos deixam em paz? Estamos atrapalhando a vida de alguém? Estou pensando em largar os cassinos clandestinos e também as casas de prostituição.

— E o que tenciona fazer?

— Não sei ao certo. Quero ganhar mais dinheiro.

— Mais dinheiro? Isso é ótimo!

Guilhermina levantou-se e foi até a beirada da cama. Pousou delicadamente as mãos nos pés do amado. Tirou-lhe as meias e começou a massagear-lhe os dedos dos pés. Ramírez fingiu estar gostando. Na verdade, havia tempos procurava chegar sempre mais tarde, torcendo para que Guilhermina estivesse dormindo. Estava ficando cada vez mais difícil aturá-la, ainda mais agora, que ele havia travado amizade com figurões da sociedade. Guilhermina começava a se tornar um estorvo em sua vida. Torcia intimamente para muito em breve livrar-se da jararaca. Continuou dissimulando, num tom com que procurou ocultar a raiva:

— Eu poderia ter qualquer mulher no mundo, mas você é única, Guilhermina. É o amor de minha vida.

Ela sorriu e sentiu leve friozinho no estômago. Ramírez a deixava transtornada. Ele era a única pessoa no mundo capaz de tirá-la dos eixos, e conseguia isso com nada mais que uma palavra ou um gesto. Finalmente a vida havia lhe sido grata e lhe colocado um homem de verdade em seu caminho. Ela replicou, feliz:

— Sou louca por você. Você também é o homem da minha vida. Não saberia viver mais sem tê-lo ao meu lado.

— Mas temo que nosso amor possa ser abalado por uma forte crise, caso o governo aperte o cerco.

— Não haverá crise que poderá nos derrubar ou afastar. Temos muito dinheiro, meu amor.

— Mas dinheiro uma hora acaba. Se ao menos não tivéssemos gastos excessivos com seu filho...

Guilhermina contrariou-se. Ramírez tornou, ponderado:

— Veja... Sei que Luís Carlos é seu filho amado, e jamais eu o deixaria à míngua. Todavia, ele é um homem feito e, além de tudo, muito bonito. Não poderia arrumar-lhe um bom partido?

Guilhermina suspirou resignada.

— Você tem razão. O valor da mesada é bem salgado, e ultimamente Luís Carlos tem gastado além da conta.

— Isso sem considerar que nas casas de tolerância ele não gasta nada. Fica tudo por minha conta.

— Ele tem ido muito a esses lugares?

— Tem. Quer dizer, na verdade, ele vai a uma só casa...

— Não me diga que ele se envolveu com alguma rapariga!

Ramírez não respondeu. A sorte estava lançada. Fazia parte do plano. Procurou manter o comportamento usual, torcendo intimamente para a mulher morder a isca. E, quando ele não respondia de pronto, Guilhermina sabia que a resposta sempre lhe traria dissabores.

— Vamos, Ramírez, me diga de uma vez por todas: meu filho está enrabichado com alguma das meninas da casa?

— Lamento informá-la que sim.

Guilhermina levantou-se de um salto. Irritou-se a valer:

— Isso é um absurdo! Não pode acontecer de maneira alguma. Luís Carlos precisa se casar com uma moça de família, de dinheiro, de posses.

— Você não é mais querida na sociedade. Como arrumar um bom partido para o seu filho?

— Dou um jeito.

— Como? Você, com sua língua ferina, quase botou os meus negócios na berlinda.

Ela o abraçou pelas costas.

— Isso passa. Devemos nos concentrar em arrumar uma garota rica para Luís Carlos, e assim teremos dinheiro para sustentar a nós dois.

— Nós e sua filha querida.

Guilhermina torceu o nariz.

— Ana Paula não me dá gastos, só aborrecimentos. Se ao menos tivesse a capacidade de atrair um bom partido... Todavia, ela não nasceu linda como o irmão. Nem parece minha filha.

— Eu gosto dela.

— Diz isso para me irritar.

— Não. De maneira alguma. Ela é a pessoa mais sensata nesta casa.

— Sensata? — Guilhermina estava assombrada. — Aquela ingrata vendeu todos os meus vestidos!

— Seus, não! Dela. Os vestidos são dela e Ana Paula faz o que quiser.

— Não posso acreditar que a está defendendo. Não sabe a vergonha que passei no clube hoje cedo. Todo mundo está sabendo que Ana Paula fez um bazar e vendeu aqueles vestidos maravilhosos. Minha reputação está em jogo.

— Ora, Guilhermina, muitas amigas se afastaram desde que você causou aquela celeuma na alta sociedade, contando todos os podres aos jornalistas.

— Já disse que tudo passa. Você está fugindo do assunto. Estamos falando daquela doidivanas da minha filha.

— Ela não nos dá trabalho. Não aceita meu dinheiro. Está procurando emprego, mostra-se independente. Já seu filho...

Guilhermina andava de um lado para o outro do quarto. Não queria dar o braço a torcer. Ramírez estava certo: Luís Carlos estava pondo em risco a união da mãe. Ana Paula não era o problema. Mas será que não? Será que esse comportamento dela não era dissimulado? Será que Ana Paula não estava querendo jogar Ramírez contra ela, fazendo-se de boa moça? A esse pensamento, Guilhermina tomou uma atitude:

— Hoje teremos uma conversa definitiva.

— Como assim? — perguntou ele, atônito.

— Ana Paula sempre procurou uma maneira de me contrariar, de me irritar. E dessa vez conseguiu.

Guilhermina falava e rangia os dentes de raiva. Ramírez conhecia a postura da amante.

— Sei que não se dá bem com Ana Paula. Mas de que adianta brigar com ela?

— Ela quer nos separar. Ela o odeia.

— Ela tem o direito de não gostar de mim. É natural.

— Natural?

— Sim, era muito apegada ao pai.

— Não. Não é nada disso. Ela é dissimulada. Está tentando nos afastar. Aquela desmiolada não perde por esperar.

— Olhe lá o que vai fazer!

— Confie em mim, querido. Ana Paula não nos trará mais problemas. O que me importa no momento é esse envolvimento de Luís Carlos. Me diga: há quanto tempo ele está com essa menina? É sua funcionária há quanto tempo?

— Trabalha comigo há alguns anos. É uma espanhola bonita. Se você cuidasse dela, Guadalupe se tornaria uma mulher muito mais deslumbrante do que já é. Tornar-se-ia uma dama da alta sociedade sem pestanejar.

— Isso não posso admitir.

Ramírez deu uma gargalhada.

— Você nunca foi preconceituosa, querida. Por que implicaria com a moça? E se Luís Carlos gostar dela de verdade? Não é a favor da felicidade de seu filho?

— Claro que sou. A felicidade de Luís Carlos está acima de tudo. Não me importo com que tipo de mulher ele queira se envolver. Mas meu filho é burro e, se se envolver com uma zinha sem eira nem beira, vai viver às nossas custas o resto da vida. Por mais que ame meu filho, não quero mais sustentá-lo. Quero usufruir deste dinheiro vivendo momentos de prazer ao seu lado.

Ramírez coçou a cabeça pensativo. Guilhermina concordava com tudo. Logo, ele teria condições de botar Guadalupe dentro de casa e tudo ficaria mais fácil. Ele tornou:

— Pensei em deixar o prostíbulo da Alameda Glete para Luís Carlos administrar. Sabe que aquele é um dos meus pontos mais lucrativos.

— Luís Carlos não sabe administrar nem a própria sombra. Em pouco tempo levaria aquilo à falência. Não tem competência para gerir negócios. Meu filho nasceu para ser bon-vivant, mais nada.

— Então não sei o que fazer.

— Está será uma noite de conversas decisivas e definitivas. Assim que voltarmos do Municipal, terei de falar com Ana Paula. Amanhã pego Luís Carlos na hora do café. Temos de garantir nosso futuro, meu amor. Dinheiro nunca será problema para nós. Você é muito inteligente e está ficando cada vez mais poderoso. Daqui para a frente teremos muito mais.

— Assim espero. Você é o estímulo de que eu precisava para crescer cada vez mais. Sempre quis acesso ao mundo da classe A, e você me abriu o caminho.

Ramírez inclinou o corpo e abraçou-se à companheira. Beijou-a longamente nos lábios e, antes que se entregassem às estripulias amorosas, ele levantou-se de pronto. Guilhermina empalideceu.

— O que foi?

— Nada. É que estamos atrasados para o concerto. Preciso tomar um banho rápido. Volto logo.

Guilhermina ficou desolada. Em outros tempos, teriam se amado e até deixariam o concerto de lado. Mas aí devia haver o dedo de Ana Paula. Ela precisava ter uma conversa com a filha e não permitir que nada interferisse nessa sua paixão doentia por Ramírez. Nem que tivesse de botar Ana Paula no olho da rua. Guilhermina voltou a sentar-se na banqueta do toucador e terminou de se maquiar, enquanto, no banheiro, Ramírez cantarolava embaixo da ducha, aliviado e feliz. Mais uma noite que não precisava deitar-se com ela. E, logo, logo, não precisaria mais cumprir com nenhum papel, nenhuma obrigação. Guilhermina estava virando carta para ser jogada fora do baralho.

8

Passava da uma da manhã e Ana Paula não conseguia conciliar o sono. Estava por demais feliz. Não parava de se olhar no espelho. A conversa com Tânia rendera-lhe bons frutos. O novo corte de cabelo deixara-a mais atraente. Olhando-se longamente no espelho, ela notava os sinais que a tornavam bonita: as bochechas salientes, os olhos expressivos e vibrantes. Até o queixo ficara mais bonito com o corte estilo Chanel. Ficou assim admirando sua figura refletida no espelho por longo tempo.

Guilhermina entrou sem bater.

— Ainda acordada?

Ana Paula respirou fundo. Precisava se controlar.

— O que fez com seu cabelo?! — perguntou a mãe, em tom perplexo.

— Co... co... cortei.

Guilhermina fechou os olhos, respirou fundo, contou até três. Aquela gagueira a irritava demasiadamente.

— Se for para ficar desse jeito, não abra a boca.

— Mas... mas...

— Na verdade, eu quero lhe dizer algumas coisas.

— Sim?

— Quem lhe deu o direito de vender todo o guarda-roupa?

— Bem...

— Por que não fui consultada?

Ana Paula fez tremendo esforço. Estava cansada de se sentir inferior. Algo dentro dela clamava por libertação. Estava cansada de fraquejar na frente da mãe. A presença do espírito de Albertina no ambiente deu-lhe a ajuda de que precisava.

— Be... be... bem, eu — ela respirou, fechou os olhos e imediatamente a imagem da avó veio-lhe à mente.

Ana Paula levantou-se da banqueta, como se tomada por uma força estranha, e encarou a mãe. Sem desviar os olhos, disse, numa voz carregada de firmeza:

— Você me deu as roupas, portanto faço delas o que quiser.

Guilhermina abriu e fechou a boca, estupefata. A filha jamais conseguira lhe dizer uma frase que fosse sem dar ao menos uma derrapada. Ana Paula continuou:

— Devo admitir que nunca nos demos bem.

— Por certo. Continue.

— A única coisa que sempre me prendeu a esta casa foi papai. Depois que ele se foi, percebi que aqui não é mais meu lugar.

Guilhermina deu uma gargalhada para controlar o nervosismo. Não podia acreditar. Sua filha estava diferente. Retrucou:

— Você não tem onde cair morta. Falamos outro dia sobre sair de casa, e você não tomou atitude que fosse.

— Isso não é problema seu.

Guilhermina susteve a respiração. Ela sentiu medo. Aquela à sua frente não era sua filha. Ana Paula deu seguimento:

— As roupas eram minhas, eu as vendi. Consegui um bom dinheiro.

— E o que vai fazer com tanto dinheiro?

— Vou sair de casa.

— Duvido.

— Pode apostar, dona Guilhermina.

— Vai morar onde?

— Vou para a pensão da dona Guiomar.

Guilhermina balançou a cabeça para os lados.

— Nem dona Guiomar irá lhe querer. Ela aceita somente moças finas e bonitas.

— Isso é mentira. Conversa fiada.

— Aposto que está fazendo tudo isso só para me agredir, para manchar minha reputação de boa mãe.

— Pare de se preocupar com sua imagem. As pessoas só estão interessadas em saber se vai se casar com aquele cafetão de araque. Ninguém quer saber de outra coisa.

— Não admito que fale assim de Ramírez! — Guilhermina encostou o dedo no nariz da filha. — Já sei. Você quer acabar com meu relacionamento, não é? Tem inveja de minha felicidade.

Ana Paula riu-se.

— Felicidade? Chama o que tem com Ramírez de felicidade?

— Sim.

— Ora, mãe, não seja patética.

— Ele será seu padrasto! — gritou Guilhermina.

— Nunca!

— Pois trate de se acostumar.

— Jamais! Ele pode ser seu marido, companheiro, o que quiser. Mas nunca será nada meu. Não temos laços sanguíneos ou afetivos. Ele para mim não significa nada. Aliás, saio de casa e não pretendo mais voltar.

— Você é uma filha ingrata.

Ana Paula esboçou novo sorriso.

— Eu sou ingrata? Você sempre me renegou, a vida toda me pôs de lado. Sempre teve olhos somente para Luís Carlos, o filho amado. Não se faça de pobre coitada. Isso não combina nem um pouco com sua arrogância.

Guilhermina não tinha forças para combatê-la. Parecia que alguma força naquele quarto a impedia de agir.

— Bom, se você pensa assim, o melhor mesmo é sair. Quero construir um novo lar ao lado de Ramírez. Seremos muito felizes.

— Isso não é problema meu. Cada um que arque com as escolhas que faz. Não se esqueça, mãe, de que você está tomando decisões, fazendo escolhas conscientes, escrevendo o livro de seu destino.

— O que quer dizer com isso?

— Você é responsável pela sua vida, pela consequência de seus atos. Ainda há tempo de mudar. Não se perca por conta de um punhado de dinheiro. Isso nada vale. Afinal, quando morrermos, só ficaremos com nossa consciência, mais nada.

Guilhermina sentiu leve pontada no peito. Incomodou-se com a conversa, mas jamais poderia dar o braço a torcer. E, além do mais, estava estupefata com o comportamento da filha. Ana Paula se expressava sem gaguejar, sem uma derrapada nas frases. Tudo muito estranho.

Assumindo uma postura arrogante, a fim de evitar seu torpor, Guilhermina disparou, enquanto se virava e saía do quarto:

— Não quero mais conversar. Você me cansa a beleza. Quando acordar amanhã, espero não vê-la mais aqui. Sua presença me irrita e me deprime.

Guilhermina falou e bateu a porta com força. Ana Paula caiu pesadamente na cama, as lágrimas escorrendo pela face.

— Ela me odeia, me despreza. Minha própria mãe...

Ana Paula deitou-se na cama, agarrou-se ao travesseiro e lembrou-se do pai.

— Quanta falta você me faz, papai. Onde está? Se tudo o que Lurdinha disse for verdade, será que está vivo em algum lugar? Será que está bem? Como sinto a sua falta...

Albertina ministrou algumas energias revigorantes sobre o corpo da neta. No momento apropriado, quando Ana Paula estivesse melhor e longe daquela casa, poderiam juntas ajudar Miguel, muito perturbado em outra dimensão. Agora Albertina precisava encorajar a neta a sair o mais rápido possível daquela casa e dirigir-se à pensão de dona Guiomar. Dali para a frente, uma nova etapa começaria na vida de Ana Paula. Uma etapa em que o futuro lhe prometia surpresas agradáveis.

***

Na manhã seguinte, ao despertar, Guilhermina imediatamente lembrou-se da conversa com a filha.

— Ana Paula me surpreendeu — disse entre risos.

Ela se levantou, vestiu o penhoar e foi até o quarto de Ana Paula. Abriu a porta, olhou ao redor e ela não estava, a cama arrumada, inclusive. Guilhermina desceu e foi até a copa. A criada estava a postos:

— Bom dia, senhora.

Guilhermina cumprimentou Maria e foi logo perguntando:

— E Ana Paula, acordou cedo?

A criada estava entristecida. Maria trabalhava havia anos na casa e tinha muita afeição por Ana Paula e Luís Carlos.

— Sua filha saiu de casa hoje cedo, sobraçando uma pequena mala. Despediu-se e deixou este bilhete para a senhora.

Maria botou a mão no avental e tirou o papel, entregando-o a Guilhermina. Em seguida retirou-se para a cozinha, deixando a patroa à vontade. Guilhermina pegou o bilhete e leu:

Mamãe,

Faz um bom tempo que tenho pensado em tomar esta decisão. Na verdade, desde que papai morreu tenho vontade de sair de casa, mudar de vida, seguir meu próprio caminho. Embora tenhamos tido muitas diferenças desde sempre, eu lhe agradeço por ter me criado e me sustentado até agora.

Sinto-me na responsabilidade de andar com as próprias pernas, ganhar meu próprio dinheiro, viver a vida a meu modo e, quem sabe, também encontrar um companheiro e ser feliz, como você. Que Deus a ilumine e proteja seu caminho. Não encontrei e não pude me despedir do Luís Carlos, e pediria que lhe mandasse um beijo. Se precisarem de alguma coisa, sabem onde me encontrar. Vou para a pensão da dona Guiomar.

Com carinho,

Ana Paula

Guilhermina meneou a cabeça para os lados. Embora a filha fosse adulta, sentia-se responsável por ela. Entretanto, estava apaixonada por Ramírez e não podia permitir que nada atrapalhasse seu sonho de casar-se com ele. Ana Paula um dia iria mudar. Talvez, até, essa mudança fosse benéfica para a menina.

— Quem sabe lá fora Ana Paula não reconheça que o melhor é voltar para casa? De que adianta eu pedir que volte? Está na hora de ela cuidar de sua vida, como eu vou cuidar da minha.

— Falando sozinha?

Guilhermina virou-se:

— Filho, que bom encontrá-lo aqui esta hora.

— Falava o quê?

— Sua irmã foi embora de casa.

— Assim, sem mais nem menos? Não posso crer.

— Verdade. Nem sei o que aconteceu. Ontem à noite, ao chegar do Municipal, fui ter com ela. Sabe que Ana Paula falou comigo sem gaguejar, boa parte da conversa?

— Mentira!

— Não, filho, é a mais pura verdade. Ana Paula me desafiou, parecia até — ela fez o sinal da cruz — que estava possuída por alguma força. Seus olhos estavam diferentes, possuíam um brilho estranho. Não parecia sua irmã.

— Gosto muito de Ana Paula.

Guilhermina franziu o cenho.

— Se ela gostasse de nós, ficaria aqui. Mas ela é voluntariosa; agora deu para ser independente.

— É o jeito dela, mãe. Para onde ela foi?

— Para a pensão da dona Guiomar.

— Mais tarde passo lá para procurá-la.

Guilhermina sentiu ciúmes. Queria distância da filha ingrata. Suplicou:

— Por favor, Luís Carlos, não faça isso. Não dê esse desgosto para a mamãe.

— Eu só quero vê-la, dar-lhe um beijo, desejar-lhe boa sorte ou até mesmo convencê-la a voltar para casa.

— Se fizer isso, corto sua mesada.

— Mãe!

— Isso mesmo: corto sua mesada, seu dinheiro. Quero ver como vai fazer para bancar seus gastos.

— Isso é injusto — tornou ele, contrariado.

Guilhermina deu de ombros. Fez sinal com as mãos, como a afastar os pensamentos. Amassou o bilhete e o jogou sobre a mesa. O afastamento da filha provocara nela certo alívio. Seria normal? Como uma mãe poderia sentir alívio ao ver um filho longe de suas asas? Mas o que fazer? Esse sentimento era muito forte, não dava para ocultá-lo. Guilhermina sentiu medo do que se passava em seu coração. Levantou-se e procurou mudar o fluxo de pensamentos. Pousou sua mão no braço do filho.

— Luís Carlos, precisamos ter uma conversa.

— O que foi?

— Estou sabendo que anda de amores com uma rapariga.

— Quem lhe contou?

— Não importa. Você nunca foi de segredos com sua mãe.

Luís Carlos suspirou alegre. Guadalupe era a razão de sua vida.

— Mãe, estou caidinho de amores por essa mulher. Ela é maravilhosa.

— Uma rameira. De classe, mas é uma rameira.

— Você nunca foi preconceituosa, mamãe. Guadalupe é uma flor de mulher, um encanto. Está nessa profissão porque a vida lhe foi muito ingrata. Ela vem de boa família, lá da Espanha.

— Conte-me mais. Quero saber tudo sobre essa mulher.

Luís Carlos serviu-se de café e, enquanto passava manteiga no pão, tornou:

— Guadalupe veio trabalhar a convite de um tio no Hotel Vogue. Ele era um dos donos do hotel.

— Aquele que pegou fogo em 1955?

— Esse mesmo. O tio morreu no incêndio. Guadalupe ficou sem trabalho e conheceu Ramírez...

Guilhermina remexeu-se nervosa na cadeira.

— É uma das prediletas dele, não é?

— Não. Ela é só minha. Desde que Ramírez conheceu você, não olha para outra mulher.

Guilhermina sorriu feliz. Seu filho era ingênuo. Contava-lhe tudo o que via e ouvia, feito uma criança. Saber que Ramírez só tinha olhos para ela era gratificante e excitante. Ele a amava de verdade, pensou comovida. Luís Carlos prosseguiu:

— Guadalupe e eu nos amamos.

— Você precisa de dinheiro para viver, meu filho. O que temos não dá para uma vida tão prazerosa como tínhamos.

— Sei disso. Mas eu a amo. O que fazer?

— Mesmo que ame essa mulher, vai juntar-se a ela e viver de vento?

— Aí que você se engana. Guadalupe está bolando um plano que, se der certo, nos deixará muito ricos.

Os olhos de Guilhermina brilharam emocionados.

— Muito ricos?

— Sim, senhora.

— O que essa moça tem em mente?

Luís Carlos foi discorrendo sobre a conversa que tivera com a amante. Contou tudinho para a mãe, sem restrições, todo o plano para chantagear Otto Henermann. Ao concluir, Guilhermina beijou o filho nas faces e tornou, categórica:

— Precisamos marcar um jantar para comemorar.

— Um jantar?

— Sim. Quero conhecer essa Guadalupe.

— Fala sério, mãe?

— É uma mulher como essa que você precisa ter a seu lado.

— Posso trazê-la aqui em casa?

— Pode. Providenciarei um jantar para amanhã à noite. O que acha?

— Fico muito feliz. Sabia que se interessaria por Guadalupe.

***

Naquela manhã bem cedo, Ana Paula acordara bem-disposta. Havia tido outro sonho com a avó, do qual ainda ecoavam na mente as últimas palavras: força e coragem. Ela se levantou, banhou-se, pegou alguns pertences, colocou algumas mudas de roupa numa mala. Pegou a bolsa e, sobraçando a mala, dirigiu-se à copa. Maria estranhou vê-la com a bagagem a tiracolo.

— Bom dia.

— Bom dia, Maria. Fico contente de a mesa estar arrumada. Estou com bastante fome. Na verdade, não sei se voltarei a comer hoje. Preciso economizar.

— Você pode comer a hora que quiser.

— Estou partindo.

— Vai viajar?

— Não. Vou embora de casa.

Maria estremeceu. Gostava muito de Ana Paula. Há muitos anos naquela casa, percebia que o relacionamento entre mãe e filha sempre fora difícil. Miguel ajudava a manter o clima de harmonia no lar, mas, agora que ele se fora, o melhor mesmo era uma das duas sair de lá. Era uma pena.

— Quer dizer que vai partir em definitivo?

— Assim espero. Está na hora de dar rumo à minha vida. Quero ser feliz, e morando aqui tenho certeza de que nunca encontrarei a felicidade.

— Vai para onde? — indagou Maria, preocupada.

— Vou para um pensionato, como muitas meninas de família.

— Mas pensionato é lugar de moça que não tem família ou cuja família mora longe. Você não se encaixa em nenhuma das duas situações.

— Aí você se engana. Eu não tenho família. Minha família acabou quando papai morreu.

— Você tem uma mãe estouvada, mas ainda assim é sua mãe. E tem seu irmão.

— Não, Maria. Eles têm uma ligação muito forte. Adoro meu irmão, mas ele é dependente de mamãe e concorda com tudo o que ela diz. Não sou eu quem vai cortar esse laço. Só Deus sabe quando Luís Carlos vai acordar.

— Você fala como se algo de ruim fosse acontecer.

Ana Paula afastou o mau presságio.

— Sinto que algo ruim pode acontecer ao meu irmão. Mas o que posso fazer? Ele escolheu esse tipo de vida.

— Não se vá, por favor — implorou a empregada.

— Preciso seguir meu rumo. Sei que vou conseguir.

Ana Paula terminou o café. Levantou-se e abraçou-se à empregada.

— Obrigada por tudo. Gostaria que entregasse este bilhete para minha mãe assim que ela acordar.

— Pode deixar.

Ana Paula pegou a bolsa, a mala e saiu. Maria não conseguiu conter o pranto. Murmurou baixinho:

— Vá com Deus, minha filha. Que Ele ilumine sua vida e a ampare sempre.

Ana Paula pegou um táxi na esquina de casa e parou defronte ao pensionato de dona Guiomar, na Rua da Glória. Era uma emoção nova, um novo mundo que se descortinava à sua frente. Sentiu uma pontinha de medo, mas estava amparada pela avó. Suspirou, entrou no pensionato. Foi atendida por uma simpática moça.

— O que deseja?

— Uma vaga.

— Tem reserva?

— Como assim? — perguntou Ana Paula, atônita.

— A pensão de dona Guiomar é muito requisitada. Tem até fila de espera.

— Jura? — inquiriu Ana Paula, desapontada. — Pensei que fosse mais fácil. Não tenho para onde ir.

A garota deu-lhe uma piscadela, baixou o tom de voz:

— A Mirtes foi embora hoje cedo. Ela trouxe o namorado aqui numa noite, semana passada. Isso não é permitido. A pensão de dona Guiomar não tolera isso. Se eu falar com ela, você pode ficar com a vaga da Mirtes. Ninguém vai saber.

— As meninas não irão reclamar?

— Qual nada! Aqui é um entra e sai dos diabos. Todas trabalham ou estudam. Nos encontramos somente à noite. Não vão dar falta de Mirtes. É muita mulher num local só.

Ana Paula sorriu. Simpatizou com a moça de imediato. Estendeu a mão.

— Prazer. Meu nome é Ana Paula.

— O meu é Claudete.

— É de São Paulo?

— Não. Sou de Salvador. Tenho uma família de cinco irmãos e muitos primos homens. Meus pais temem que eu me perca, rodeada de tantos homens. Acharam melhor eu estudar aqui perto, no colégio das freiras.

— Está no São José?

— Sim. Vou me formar neste ano.

— Gosta de dar aulas?

— Adoro crianças. E ensiná-las é tudo o que desejo. Se tudo der certo, as freiras prometeram que posso conseguir um estágio e, quem sabe, me tornar professora do colégio.

— Que prestígio, ser professora numa escola tão conceituada!

— Vou conseguir, você vai ver.

Nesse instante, dona Guiomar apareceu na soleira. Era uma mulher de meia-idade, bem-vestida, esguia, cabelos esticados e presos num birote, olhar perscrutador. Com gestos delicados, veio ter com Claudete.

— Como está tudo aqui na frente?

Claudete ajeitou-se.

— Tudo em ordem, dona Guiomar. Esta aqui é a Ana Paula. Acabou de chegar.

Guiomar apertou a mão da moça.

— Prazer. Veio por indicação?

— Não, senhora. É que sua pensão é tão recomendada, tão bem falada, que nem pesquisei outro lugar.

— Trouxe carta de referência?

— Infelizmente, não.

Guiomar suspirou. Achou o semblante de Ana Paula agradável, mas sem carta de indicação ficava difícil aceitá-la. Sua pensão seguia regras bem rígidas para admissão de pensionistas. Sem perceber, perguntou de chofre:

— Qual seu nome?

Ana Paula hesitou. Pigarreou e por fim disse:

— Ana Paula Amaral Gouveia Penteado, senhora.

Guiomar levou a mão à boca.

— Não pode ser! Você é filha do Miguel?

— Sim, senhora.

— Oh, meu Deus — ela deu com a mão na testa. — Como pude não me lembrar? Você é Ana Paula, a caçula. Senti muito com o passamento de seu pai.

Ana Paula baixou os olhos, emotiva.

— Obrigada.

Guiomar sentiu vontade de abraçá-la, de protegê-la. Havia rumores de que Guilhermina não se dava bem com a filha. Isso saía nas revistas de fofoca. Encarou-a com ternura.

— Fui amiga de sua avó Albertina.

— Verdade? Não posso crer!

— Sim. Fomos muito amigas quando solteiras. Depois, cada uma seguiu seu rumo. Trocávamos correspondências. Fizemos isso até a morte de sua avó.

Ana Paula sentiu-se emocionada. Parecia que as coisas começavam a dar certo. O espírito de Albertina aproximou-se de Guiomar e a abraçou comovida. Guiomar sentiu brando calor invadir-lhe o peito. Lembrou-se com carinho de Albertina. Pousou sua mão delicadamente nos braços de Ana Paula.

— Tivemos uma moça que desrespeitou este recinto, e sua família veio buscá-la hoje cedo. Tenho uma fila de espera bem grande, mas ninguém precisa saber... — ela deu uma piscadela. — Vou encaminhá-la para o mesmo quarto que Mirtes ocupava.

— Fico agradecida, dona Guiomar. Estou tão feliz de me aceitar!

— Eu é que fico honrada de ter a neta de minha amiga Albertina em minha pensão. E, olhando melhor para você, até que lembra muito sua avó.

— Mamãe sempre disse que eu havia puxado à família de papai, como se isso fosse terrível...

— Sua avó era linda. Lembro-me de que tentou demover seu pai de casar-se com Guilhermina.

— Sério?

— Sim. Sua avó era muito perspicaz e percebeu que Guilhermina não amava seu pai. Em todo caso, valeu a união, pois sem esse casamento você não estaria aqui na minha frente — Guiomar a abraçou com carinho. — Seja muito bem-vinda.

— Obrigada.

— Vai estudar?

— Não, senhora. Sou formada em Letras. Mas a maneira como papai morreu fechou-me muitas portas. As escolas não me querem.

— Há muitas escolas nesta cidade. Boas escolas em bairros de classe média, por exemplo. Ou pode tentar prestar concurso e dar aula na periferia.

— Eu preciso me concentrar e ir à luta. Tenho umas economias, e amanhã mesmo vou começar a procurar emprego.

— Sei que você foi criada num mundo de luxo. Mas aqui a vida é diferente. Procuramos cooperar umas com as outras.

— Estou pronta para ajudar no que for preciso.

— Quem presta ajuda na pensão tem desconto no aluguel.

Claudete interveio, bem-humorada:

— É verdade. Este mês fiz tantas coisas, que tive vinte por cento de desconto.

— Quero já fazer algo — tornou Ana Paula entre sorrisos.

— Não quer conhecer seu quarto?

— Depois, dona Guiomar. Gostaria de me sentir útil e fazer alguma coisa. Estou me sentindo bem-disposta. Não sei cozinhar direito, mas sei lavar pratos, lavar roupas.

— Eu tenho uma ajudante na cozinha. Quanto às roupas de cama, temos convênio com a tinturaria aqui na esquina. Você se diz bem-disposta, então poderia nos ajudar.

— Adoraria.

— Poderia levar algumas mudas para o senhor Hiroshi?

— Com certeza. Faço isso com prazer. Onde estão?

Guiomar conduziu Ana Paula até o interior da pensão. Mostrou-lhe algumas dependências. Depois foi a vez de lhe mostrar o quarto. Tratava-se de um cômodo aconchegante, com pintura nova, móveis de época, contudo muito bem cuidados. Todo o quarto era pintado em tom pérola. Duas camas, cada uma encostada numa parede, e no meio um criado-mudo e um abajur. Ao pé de uma cama, um guarda-roupa de quatro portas, e ao pé da outra cama, uma penteadeira e uma banqueta. Próximas à porta, uma pequena secretária e uma cadeira. Todos os quartos eram iguais: a pintura, as cortinas, as colchas. Não era permitido pendurar quadros ou retratos. Guiomar era bem disciplinada e queria que o ambiente fosse harmonioso. As meninas acatavam a decisão, e as que não acatavam eram repreendidas ou convidadas a se retirar da pensão. Por essa razão, a pensão de Dona Guiomar tinha boa fama no país todo, recebendo moças vindas dos quatro cantos do Brasil e até mesmo do exterior.

Ana Paula encantou-se com o local. A pensão era extremamente agradável. Percebia-se a limpeza, os cuidados com os móveis, a organização primorosa. Ela sentiu-se bem em estar lá.

— Você vai ficar no quarto com Claudete.

— Gostei muito dela.

— Claudete é um doce de garota. Encantadora.

— É o que senti.

— Vocês vão se dar muito bem.

— O que devo levar à tinturaria?

Guiomar pegou umas mudas de roupa e entregou-as a Ana Paula.

— São estas. Diga ao senhor Hiroshi que preciso dos vestidos para depois de amanhã, por favor.

— O endereço?

Guiomar a conduziu até a porta.

— Está vendo lá na esquina? É bem ali — apontou.

— Sim, senhora. Volto num instante.

Ana Paula pegou as roupas e caminhou sorridente até a tinturaria. Lá chegando, entrou e tocou a sineta no balcão. Um rapaz a atendeu. Trajava avental e uma touca nos cabelos.

— Pois não?

— Olá. Vim trazer estas roupas.

— O endereço?

— Trago da pensão de dona Guiomar.

— Mora lá?

— Sim. Por quê?

— Conheço quase todas as moças da pensão. Nunca vi você, muito embora esteja achando seu rosto familiar...

Ana Paula fitou o rapaz. De repente, uma sombra de tristeza cobriu-lhe o semblante.

— Nós já nos conhecemos.

Fernando constrangeu-se. Seus olhos buscaram os de Ana Paula e mantiveram-se firmes enquanto ele disse:

— Espere um pouco! — ele bateu com a mão na testa. — Já sei! Você é filha do doutor Miguel!

— Sim. Sou eu mesma. Sua irmã foi secretária de meu pai — tornou ela, cabisbaixa.

— Pena nos conhecermos num momento tão doloroso — ele estendeu a mão. — Como vai?

Ana Paula exalou profundo suspiro.

— Vou indo. Nunca vou me acostumar, mas vou me adaptando. Afinal, a vida continua.

— Isso é verdade. Eu e minha irmã sempre rezamos pela alma de seu pai.

Ana Paula comoveu-se. Nem mesmo ela fazia orações, e, de repente, um estranho orava pela alma de seu querido pai.

— Não tenho palavras para expressar minha gratidão.

— Não precisa — respondeu ele, sorrindo.

— Muito obrigada — tornou ela, voz embargada.

— Fazemos isso de coração. Papai trabalha num centro espírita, e toda semana colocamos o nome do doutor Miguel numa caixinha de orações.

— Fico na dúvida, sabe?

— Com o quê?

— Sou uma mulher de fé. Entretanto, será que funciona mesmo? Tenho minhas dúvidas.

— Bom, independentemente de funcionar ou não, o que vale mesmo é a intenção. Onde quer que seu pai esteja, receberá vibrações positivas que poderão lhe ajudar a ficar menos perturbado.

— Como assim, menos perturbado?

Fernando pigarreou. Não queria ser indelicado, muito menos assustar Ana Paula.

— Sabe como é... Sou espiritualista.

— E o que isso quer dizer?

— Eu acredito na imortalidade da alma e na reencarnação. Por isso, quando deixamos a Terra, continuamos mais vivos do que nunca. Quer dizer, essa é a crença que tenho. De certa maneira, acreditar que a vida continua após a morte e que aqui viemos e voltaremos mais vezes me ajuda a entender mais facilmente o porquê de tantas desigualdades no mundo.

— Cheguei a conversar com uma amiga minha, antes de sair de casa. Lurdinha acredita em algumas coisas, mas não senti que estivesse mesmo interessada. Parecia que era fogo de palha.

Fernando riu. A maneira de Ana Paula falar lhe era encantadora. Sorrindo, prosseguiu:

— Nas condições em que seu pai se foi deste mundo, há uma necessidade imensa de vibrarmos bastante por ele.

— Acredita que ele não esteja bem? — perguntou a jovem, apreensiva.

— Não sei ao certo. Vamos fazer o seguinte: imaginemos seu pai sempre bem, sorrindo, alegre. Isso pelo menos fará com que ele possa receber vibrações de paz e coragem.

Ana Paula ficou pensativa por instantes. Houve um tempo, na adolescência, em que começou a questionar as desigualdades, o poder da Igreja, as leis da vida. Comprou alguns livros, mas com o tempo foi perdendo o interesse. Vieram a faculdade, as preocupações em graduar-se e depois os eternos conflitos com a mãe. Agora pensava no pai. Se realmente a vida continuava depois da morte, ele estaria bem? O que devia ter acontecido com seu pai? Onde ele estava? E, se continuamos vivendo mesmo depois da morte, de que adiantava dar cabo da própria vida?

A jovem permaneceu pensativa. Pela primeira vez em muito tempo sentiu medo, uma opressão no peito, uma sensação muito desagradável. Tentou imaginar seu pai bem-disposto, sorridente. Entretanto, por mais que tentasse, sua mente recusava-se a vislumbrar Miguel num estado de bem-estar.

9

Voltemos ao momento em que Miguel, naquela fatídica tarde, apertou o gatilho e deu cabo da própria vida. Imediatamente após o tiro, seu corpo foi sacudido por uma violenta vibração. Seu espírito desfaleceu, porém ficou preso ao corpo sem vida.

Os arrepios que Fernando e Suzana sentiram no dia do enterro tinham razão de ser, visto que o perispírito de Miguel encontrava-se preso ao corpo físico. Mesmo no caixão lacrado, Miguel podia ouvir as conversas e lamúrias das pessoas. Ficou estarrecido. Ele havia se dado um tiro, acreditava ter morrido e tudo devia estar acabado. Então, por que se sentia preso ao corpo, sem poder se mexer? E a dor intensa no peito? Como podia sentir dor se estava morto? Aliás, como podia estar pensando, com a mente em pleno funcionamento, se havia se matado?

Ele tentou, tentou, mas não conseguiu se mover. Logo, o cheiro forte e agridoce das flores sobre seu corpo passou a incomodá-lo. Miguel sentia-se sufocar, ao mesmo tempo em que sentia imensa dor no peito. Conforme se lembrava do momento do tiro, a dor aumentava e ele urrava, se debatia, e, o pior de tudo, ninguém o ouvia. As impressões de que lesara seu perispírito na região do coração eram tão fortes, que ele acreditava e sentia estar sangrando muito. A sensação era de terror.

No momento em que percebeu estar preso ao caixão, passou a chorar e implorar que o tirassem dali. Ao mesmo tempo em que se encontrava perturbado com a nova realidade, ouvia sons estranhos. O burburinho lá fora era intenso, e ele imaginava que deveria haver muita gente por perto. Então, se havia tanta gente assim rodeando seu caixão, por que ninguém se dava conta de abrir a urna? Será que estava ficando louco? Embora assombrado com essa nova realidade, Miguel pôde sentir as ondas de amor e afeto vindas dos filhos. Miguel imediatamente lembrou-se de Ana Paula e Luís Carlos e lhes suplicou por socorro.

— Ana Paula, por favor, me tire daqui! — bramiu ele, num tom desesperado.

Percebendo que o ar começava a lhe faltar e que nem Ana Paula nem Luís Carlos o escutavam, Miguel desmaiou.

Alguns dias depois, ele acordou. A escuridão o aterrorizava. Há quanto tempo estaria ali? Impossível precisar. Sua mente estava bastante atormentada, e Miguel não conseguia concatenar os pensamentos. Sentia-se fraco, muito cansado e tinha sede. Entretanto, ele mal conseguia se mover. Parecia estar preso dentro daquele corpo. Uma sensação esquisita. O cheiro ocre das flores murchas misturado ao de seu corpo físico em estado de decomposição causou-lhe sentimento de profunda aversão e ele novamente desmaiou.

Durante dias Miguel acordou, se debateu, implorou por socorro, sentiu o cheiro pútrido de seu corpo físico e novamente perdeu os sentidos. Até que num determinado dia, além de passar pelos mesmos tormentos de sempre,

Miguel ouviu um leve barulho. Imobilizado, sentindo dores no peito, procurou manter a mente em silêncio e prestar atenção naquele barulhinho estranho. Tentava adivinhar o que seria. Assim que sua mente focou a atenção no barulho, um novo inferno lhe arrebatou o espírito. Aquele som estrepitoso vinha dos vermes que nasciam de seu próprio corpo apodrecido. Miguel sentiu um pânico sem igual. A sensação de medo e repulsa, adicionada às picadas dos bichinhos, era terrível. As mordeduras eram tão intensas e as dores tão lancinantes que o estado emocional e mental de Miguel entrou em colapso, e ele desmaiou para valer.

Num dia qualquer, um espírito aproximou-se daquele mausoléu. Atravessou o pórtico e desceu até a gaveta onde estava depositado o caixão. O espírito encostou as duas mãos sobre o cimento e em instantes o muro desapareceu, o caixão sumiu e Miguel arregalou os olhos, em estado apoplético.

— E então, gente boa?

— Hã? — foi o que deu para Miguel balbuciar.

— Está difícil de aturar essa situação, não?

Miguel estava tão transtornado com aquela nova realidade que pensou estar alucinando. O espírito continuou, sorridente:

— Não acha que está na hora de largar esse corpo podre?

— Você me vê e me ouve?

— Sim.

— Mas não estou falando, estou pensando!

— Telepatia, meu caro. Eu capto o teor de seus pensamentos. Nesta dimensão em que estamos, a telepatia é algo natural, como pensar, falar ou andar.

Miguel até mesmo parou de sentir dores. O estado de estupefação era maior do que qualquer dorzinha. Estaria em delírio? O espírito respondeu de pronto:

— Você não está louco, meu caro. Isto tudo é real.

— Não é possível! Quem poderia estar conversando comigo neste buraco?

— Ora, meu amigo, eu tenho livre acesso nesta área.

— Livre acesso? — inquiriu Miguel, sem entender.

— É. Eu sou o guardião deste cemitério.

— Hã?

— É isso mesmo, gente boa. Eu sou o chefe do cemitério. Você está com sorte.

— Eu? Sorte!?

— E como!

— É louco?

O espírito deu uma gargalhada.

— Já fui. Hoje não sou mais.

— Quem é você?

— Prazer, meu nome é João Caveira. Mas pode me chamar simplesmente de João. E o seu?

— Mi... Miguel — respondeu ele, apreensivo.

— Foram as orações de sua mãe e de seus filhos que me ajudaram a chegar até aqui.

— Minha mãe? Meus filhos?

João pegou um caderninho e leu:

— Deixe-me ver... Ah, sim. Dona Albertina, Ana Paula e Luís Carlos. Sendo que este último só se lembra do finado pai e lhe manda vibrações de amor quando não está jogando ou farreando por aí. As duas lhe emitem vibrações de amor e carinho até hoje. Conhece essas pessoas?

— É minha família, oras!

— Pensei que havia errado de túmulo. Isso acontece de vez em quando.

Por instantes Miguel deixou de sentir dores. Dois assistentes de João desceram até o local e ministraram energias revigorantes sobre o seu perispírito. Aos poucos Miguel foi sentindo alívio. Um dos assistentes cortou um fio de cor acinzentada e opaca, na região do umbigo, que prendia o corpo perispiritual ao corpo físico. No momento em que o assistente de João cortou o fio, Miguel sentiu-se totalmente livre das dores. Num impulso ele se levantou e sentou-se sobre as pernas.

João e seus assistentes pegaram Miguel pela cintura e subiram até a porta do mausoléu. Sentaram-no na escada.

— É inacreditável! — exclamou Miguel, ainda sem entender seu novo estado.

— Foi fácil tirá-lo dali — tornou João.

— Como posso estar aqui fora, num piscar de olhos?

— Bem-vindo ao mundo astral — sorriu um dos assistentes.

Miguel estava perplexo.

— Que poder é esse?

— Poder nenhum. Tudo aqui no mundo astral ocorre através de impressões, ou seja, você pensa e acontece.

— O pensamento cria forma e se materializa?

— Isso mesmo. Você ficou tão atormentado quando morreu que ficou preso ao próprio corpo físico.

— Mas senti dores, sufoquei com o cheiro das flores. Os bichos...

— Tudo impressão. Na verdade você não tinha conhecimento algum sobre a continuidade da vida após a morte do corpo físico. Assim que se deu conta de que estava mais vivo do que nunca, a sua primeira reação foi de medo, de pavor.

— Foi isso mesmo, João. Fiquei apavorado.

— O medo nos aprisiona, nos torna presas fáceis de energias negativas.

Miguel estufou o peito.

— Mesmo com medo, eu pedi a Deus.

— E? — indagou João, mostrando interesse.

Miguel estava desolado.

— E nada! Por isso nunca acreditei nEle. Eu pedi e nada aconteceu. Pelo contrário, quanto mais eu pedia, menos Ele me ouvia.

Os assistentes de João deram uma risadinha. João imediatamente os fuzilou com os olhos. Eles estancaram o riso e se afastaram. João deu prosseguimento:

— Deus está muito humanizado em nossas mentes. Acreditamos que Ele seja tal qual um pai. Vamos trocar o nome de Deus por "forças da natureza" ou "forças inteligentes invisíveis"?

— Está certo.

— As forças inteligentes trabalham através de você e jamais para você. Entende a diferença?

— Por certo.

— É necessário que você crie uma atmosfera de cumplicidade, de autoajuda, de atitudes positivas, a fim de que essa força o ajude e atue para o seu próprio bem.

— Então era só mudar o teor de meus pensamentos, e tudo podia ter sido diferente?

— Exatamente — João sorriu. — Você aprende fácil, Miguel. É inteligente.

— Ah, se fosse mesmo inteligente, não teria cometido esse desatino.

— Agora não é momento de se culpar. A culpa só nos massacra, nos torna impotentes para mudar. Você deu cabo de sua vida, lesou seu perispírito e agora precisa arcar com as consequências de suas atitudes.

— Sei disso. Entretanto me dá medo só de pensar no que virá adiante.

— Essa sensação de medo é típica do suicida. Devido a isso, muitos que dão cabo da própria vida passam longos períodos de perturbação aqui no astral. A partir do momento em que tomam consciência da nova realidade, de que a vida continua, perdem o equilíbrio mental. Muitos perambulam anos a fio pelo umbral, culpando-se pelo ato praticado. Outros vão atrás de pessoas que julgam ser as causadoras de seus sofrimentos. Esses geralmente ficam muito tempo em desequilíbrio, porquanto não aceitam que eles próprios foram os responsáveis pelo destino que criaram.

— Você só pode estar brincando. Não me venha dizer que não há vítimas no mundo.

— Pois não há.

— Isso é insano! — protestou Miguel.

João sorriu.

— Nós recebemos de acordo com nossas atitudes. Somos responsáveis por tudo aquilo que nos acontece.

— Então não há céu, paraíso ou mesmo purgatório? — indignou-se Miguel.

— Não.

— É tudo criação da mente humana?

— É.

Miguel sentiu certo torpor.

— Mas a Igreja disse...

— Quem mandou acreditar na Igreja?

— Estou zonzo, cansado. Essas informações mexeram comigo. A Igreja tem um poder tão forte sobre as pessoas no mundo, e de repente é tudo mentira... Sinto-me desiludido.

— Isso é ótimo, pois a desilusão nada mais é do que a visita da verdade.

— Ainda tudo é muito fantástico — resmungou Miguel, meio tonto.

João encostou a palma da mão na nuca de Miguel e ergueu delicadamente sua cabeça.

— Vamos, respire bem forte.

— Está bem.

— Deixe que o ar entre pelas suas narinas.

Miguel obedeceu. Pouco tempo depois estava melhor. João fez sinal a um de seus assistentes. O rapaz saiu e voltou com um copo cujo líquido tinha coloração azul. João o deu a Miguel e ordenou:

— Beba.

— O que é isso?

— Beba.

— Azul?

— Vai fortalecer seu perispírito. Está muito debilitado.

Miguel bebeu um pouco do líquido e rapidamente sentiu-se melhor.

— Estou me sentindo mais forte. Obrigado.

— Beba tudo — ordenou João.

Miguel bebeu bem devagar. Intrigado, perguntou:

— Você disse que foram minha mãe e meus filhos que vibraram por mim?

— Sim.

— Acho que há algum engano, porque minha mãe...

João o ajudou:

— Sua mãe o quê?

Miguel mordeu os lábios apreensivo.

— Contudo... é impossível... minha mãe... não pode ser!

— O que não pode ser? Sua mãe morreu faz tempo. É isso que o intriga?

— Então...

— E você? — indagou João, olhos brilhantes.

— Estou aqui conversando com você! — exclamou Miguel.

— Me diga uma coisa: o que aconteceu quando meteu uma bala no peito?

Miguel balançou a cabeça para os lados.

— Não me lembro ao certo.

— Faça uma força — ajudou João.

Miguel espremeu os olhos, passou a mão pela fronte, pensou, pensou. De repente lembrou-se da cena, do tiro, da escuridão. Imediatamente levou a mão ao peito, sentindo imensa dor. Baixou os olhos em direção à região do coração e viu-se sangrar. João o alertou:

— Essa dor não é real, é fruto de sua mente perturbada. Esqueça o dia da tragédia, concentre-se em algo bom.

— Não consigo me lembrar de nada bom. Perdi tudo, fiquei desesperado.

— Pare de pensar assim, senão seu peito vai começar a sangrar novamente.

— Está difícil.

A voz de João tornou-se enérgica:

— Vamos, Miguel, concentre-se em algo bom. Tenha pensamentos bons. Lembre-se de sua filha, por exemplo.

— Minha filha?

— Sim. Ana Paula é uma boa lembrança, não é?

Miguel esboçou leve sorriso. Lembrou-se da filha querida. Antes de desfalecer nos braços de João Caveira, balbuciou:

— Ana Paula...

10

Ana Paula separava algumas roupas para levar à tinturaria quando a imagem do pai lhe veio forte à mente. Ela sentiu certo torpor, um suor frio. Imediatamente fechou os olhos, concentrou-se, fez ligeira prece e pediu a Deus que cuidasse do pai, onde quer que estivesse. Ela tinha muitas coisas para fazer naquele dia, mas a imagem de Miguel estava muito presente. Era como se o pai estivesse próximo, como se ela pudesse senti-lo a seu lado.

— Isto é loucura! Papai morreu. Mesmo que a vida continue, ele deve estar agora num outro mundo, muito distante daqui.

Ela fez o sinal da cruz, apanhou as roupas, meteu-as numa grande sacola e saiu apressada até a tinturaria. Fora prazeroso conversar com Fernando no outro dia e, desde aquele encontro, orava com sinceridade e fé todas as noites pelo espírito de seu pai. O entrosamento com Claudete havia sido perfeito; ela se mostrara excelente amiga. Parecia que tudo caminhava bem e Ana Paula, a cada dia, se sentia mais confiante.

Num gesto gracioso, tocou a sineta sobre o balcão.

Em instantes, Fernando apareceu. Ele era um belo rapaz. Possuía estatura mediana; seus cabelos pretos, penteados para trás, eram sustentados por brilhantina. Estava sempre bem-vestido. Entretanto era muito tímido, ficava sem ação quando se interessava por uma mulher. Assim que viu Ana Paula do outro lado do balcão, procurou ocultar seu nervosismo.

— Como vai?

— Estou ótima. E você?

— Bem — ele sorriu e pigarreou. Depois brincou: — Agora você é a encarregada de trazer as roupas até nós?

A jovem sorriu.

— Tenho de me ocupar de alguma maneira. Acordo cedo, ajudo nos afazeres e, logo depois do café, vou à cata de emprego. À tarde retorno à pensão e fico à disposição de dona Guiomar. Ela nos incentiva a nos mantermos úteis, e assim ganhamos bons descontos no pagamento da pensão.

— Ah, uma moça que faz economia!

Ana Paula riu-se.

— Preciso economizar. Enquanto não arrumar emprego, não posso marcar bobeira. Procuro estudar à noite. Vai sair edital de concurso público em breve; abrirão vagas para professores na periferia.

— Só está procurando emprego em escolas?

— No momento, sim. Sou graduada em Letras. Entretanto, as coisas estão ficando tão difíceis que talvez eu comece a procurar qualquer outro tipo de trabalho enquanto o concurso não vem. Preciso de dinheiro.

Fernando a encarou sério.

— Desculpe a franqueza, mas você não é rica?

— Minha mãe é. Papai perdeu tudo e, inconformado — ela fez um gesto com a mão —, você sabe o desatino que ele cometeu.

— E por isso você saiu de casa — ele ajuntou.

— Por outras razões que no momento não gostaria de lhe dizer. Estou bem e não quero ficar triste.

— O que vai fazer agora?

— Ler um livro, preparar a roupa de amanhã.

— Gostaria de ir comigo a uma confeitaria, tomar um sorvete?

Ana Paula hesitou.

— Não sei...

— A manhã está quente — Fernando suplicou.

Ela deu uma risadinha.

— Está bem. Só um sorvete.

— Preciso pagar algumas contas no banco e tenho bastante tempo. Vou lá dentro avisar seu Hiroshi. Volto logo.

— Por certo.

Alguns minutos depois, Fernando retornou e foram a uma pequena e graciosa confeitaria. Adentraram o local e escolheram uma mesinha bem ali na entrada. Fizeram os pedidos e, assim que o garçom se afastou, Fernando perguntou de supetão:

— Você tem um irmão, não?

— Sim. É Luís Carlos.

— Vocês têm contato?

— Infelizmente não — suspirou Ana Paula.

— Algum problema sério?

— Não. Muito pelo contrário. Eu e Luís Carlos sempre nos demos muito bem. Ele é três anos mais velho que eu e sempre foi meu protetor. Brincávamos juntos, fazíamos estripulias, nos divertíamos a valer. Minha mãe às vezes tinha uns ataques de ciúmes e nos separava.

— Ah é? — perguntou ele, com interesse.

— Sim, minha mãe nos separava e saía com Luís Carlos, inventava um compromisso, uma festinha na casa do filho de alguma amiga. Meu pai percebia a diferença que ela fazia, e foi nessa época que ele se aproximou bastante de mim. Nos tornamos muito amigos. Acredito muito em afinidades. Eu sempre me dei muito bem com meu pai, e Luís Carlos sempre se deu bem com mamãe. Entretanto, quando entramos na fase da adolescência, meu irmão ficou deslumbrado com o que o dinheiro podia comprar, com o luxo, com as roupas de marca. Passou a frequentar os lugares mais badalados e sofisticados da cidade, sempre com minha mãe a tiracolo, evidentemente. Foi então que nos afastamos. Mas continuamos a nos amar. Temos maneiras diferentes de enxergar a vida, e esse foi o verdadeiro motivo que nos afastou. Luís Carlos quer continuar fazendo parte do mundo dos grã-finos. Eu nunca gostei nem me interessei por esse universo.

Fernando sorriu.

— Eu me lembro vagamente de ver seu irmão numa foto estampada em alguma revista, anos atrás.

— Luís Carlos apareceu em dezenas de revistas. Chegou a ser capa de alguns periódicos. Por isso sempre foi o orgulho de minha mãe.

Ana Paula disse isso com ar de mofa. Fernando percebeu e perguntou:

— Passados todos esses anos, você ainda não se dá bem com sua mãe?

Ana Paula suspirou. Falar de Guilhermina era algo que até então a incomodava.

— Eu e mamãe nunca nos demos bem. Ela sempre foi muito rígida comigo. Nunca notei uma manifestação de carinho que fosse da parte dela. Nossa relação sempre foi distante, à base de ordem, disciplina, regras. Tudo muito no estilo militar. A relação entre mim e minha mãe funcionou como a do general e do cabo!

Ambos riram. Ela deu prosseguimento:

— Hoje sei que ela é assim e pronto. Esse é o jeito de ela ser. Procuro aceitar. Entretanto, quando menina, era difícil fazer esse tipo de análise. Eu fui criada num mundo onde a mãe deve ser uma pessoa dócil, amável, que cuida de seus filhos com esmero.

— Que defende a sua prole com unhas e dentes! — asseverou Fernando.

— Isso mesmo — concordou Ana Paula, com um sorriso cativante. — Eu idealizei uma mãe aqui na minha cabeça — apontou ela — e esperei que dona Guilhermina representasse bem esse papel.

— Porém ela representa muito bem esse papel ao lado de seu irmão.

— Afinidades, Fernando, nada mais. Minha mãe não faz por mal. Não faz diferenças porque quer. Hoje percebo que é algo natural, que vem espontaneamente dela. Não posso exigir que ela me ame ou mesmo me trate como eu a idealizei.

— Nunca houve um mínimo de manifestação de carinho? — inquiriu Fernando, curioso.

— Não. Que eu me lembre, não.

Ana Paula fitou um ponto indefinido, voltou no tempo, lembrou-se de várias situações vividas com sua mãe ao longo da vida. Sempre foram difíceis, nada pacíficas.

— Nem quando era pequena? — inquiriu ele novamente, percebendo que ela estava pensativa.

— Ela sempre me tratou com muita secura.

— Como assim?

— Lembro-me de quando tinha uns dois anos de idade. Era muito pequena, mas guardo essa cena. Minha mãe me olhava sério e dizia que era difícil, mas aceitava o meu perdão. Tanto que tive problemas de fala. Aprendi a falar após os quatro anos de idade. E — Ana Paula riu — até pouco tempo atrás eu gaguejava quando tinha de falar com ela.

— Sério? Não posso acreditar!

— É verdade.

— Você gaguejando?

— Sim.

— Impossível. Fala tão bem!

— Com as pessoas em geral, exceto minha mãe. Quer dizer, até o dia em que tomei coragem de me impor, falar o que queria, e aí saiu tudo de uma vez. Tive uma discussão séria com ela um dia antes de sair de casa.

— Enfrentou a fera — ajuntou ele, sorrindo.

— Senti uma força fora do comum. Algo que me dava tanta coragem, que foi a primeira vez na vida que encarei minha mãe sem medo. Claro que depois fiquei mexida, por conta da idealização, da figura materna que criei na minha cabeça. Mas passou. Hoje estou melhor.

— Talvez isso tenha algo a ver com vidas passadas — tornou Fernando, sério.

Ana Paula mordeu levemente os lábios. Esse tipo de assunto ainda a incomodava sobremaneira.

— Outro dia — ela pigarreou — tive um sonho.

— Conte-me.

— É besteira. Deixe pra lá.

— Não! Me conte. Sou todo ouvidos — encorajou ele.

Ana Paula exalou um suspiro. Remexeu-se na cadeira.

— Eu acordei e vi minha avó Albertina. Ela pegou em minha mão e fomos caminhando pela escuridão. De repente, eu estava num local escuro, lamacento e sujo; o cheiro também era pavoroso. Pensei que fosse encontrar-me com meu pai.

— E então?

— Aí eu desci um pequeno morro e, caída numa gruta, estava uma mulher ajoelhada, suja, maltrapilha. Não reconheci de pronto, e então minha avó Albertina sacou de uma lanterna e focou no rosto da mulher. Era minha mãe!

Ela implorava por socorro, dizia que havia me perdoado, que tudo ia ser diferente, que inclusive ela queria ser minha mãe.

— Continue, por favor.

— Eu dizia àquela mulher que ela era minha mãe, e ela balançava a cabeça para os lados negativamente. Dizia que, se eu a aceitasse, ela seria minha mãe e poderia sair daquele local fétido. Minha avó e eu a pegamos delicadamente pelos braços e a tiramos daquele buraco. Lembro-me de minha avó lhe passando a mão pela testa, e então ela adormeceu.

— Interessante. Não acredita que possa estar se lembrando de cenas anteriores a esta encarnação?

— Como assim? — perguntou ela, interessada.

— Você pode ter se lembrado de anos antes de reencarnar. Pode ser que a vida esteja lhe mostrando o porquê de tanto rancor entre você e sua mãe.

— Será? Por que a vida faria isso?

— Para você enxergar de fato a verdade. Para que, diante desse sonho, você possa vislumbrar um pouco do passado, perceber que a relação de vocês é difícil há muitas vidas, entender melhor a conexão entre vocês duas e perdoar.

— Perdoar? — perguntou Ana Paula, atônita.

— Sim.

— Isso é difícil.

— É sua maneira de enxergar as coisas. O perdão cura o espírito. Pense nisso.

A jovem nada respondeu. Sentia pela mãe um misto de piedade e raiva ao mesmo tempo. Perdoar ou mesmo ver a mãe com bons olhos era-lhe uma tarefa difícil.

Se Fernando soubesse o que ela passara nas mãos da mãe durante esta vida! Guilhermina fora uma péssima mãe; na verdade, ela é que deveria pedir perdão a Ana Paula.

Isso a incomodava. Mas, por mais que tentasse, parecia que o perdão era a única forma de romper definitivamente os laços de ressentimento que a prendiam à sua mãe.

***

Suzana estava preocupada. Havia preparado algumas cartas para o doutor Roberto, mas não as encontrava. Elas sumiram de uma hora para outra. Ela tinha certeza de que as havia deixado sobre sua mesa pouco antes de sair para almoçar. Consultara todo o departamento e ninguém havia pegado ou visto as cartas.

— Meus Deus! Desse jeito, o doutor Roberto vai me botar no olho da rua. Onde será que estão essas cartas? — dizia para si em tom preocupado.

Ela voltou a procurar nas gavetas, nas pastas, enfim, voltou a esmiuçar os mesmos lugares de antes. Nada.

Um rapaz alto, esbelto, olhos e cabelos castanhos, corpo bem-feito, aparência agradável e sedutora, parou na soleira da porta. Com um maço de papel nas mãos, perguntou entre sorrisos:

— Está procurando por isso?

Suzana olhou para as mãos do rapaz. Eram as cartas.

— Pensei que houvesse perdido tudo. Graças a Deus!

Em instantes seu semblante se fechou. Suzana caminhou até o moço e retrucou, entre ranger de dentes:

— Engraçadinho! Quem mandou pegar esses papéis de minha mesa? Quem lhe deu autorização?

— Desculpe. Só estava querendo ajudar.

— Ajudar? — ela riu irônica. — Essa é boa!

— Sim. Você havia saído para o almoço. Houve uma mudança e resolvemos começar a reunião mais cedo. Essas cartas nos eram de suma importância.

— Deveriam ter me chamado no refeitório. Onde já se viu? Mexer na minha mesa...

— Desculpe. Não tive a intenção...

Suzana foi categórica:

— Quem é você?

— Eu?!

— É. Nunca o vi por aqui. Vai entrando na sala dos outros e mexendo em papéis que não lhe dizem respeito? Não sei se é confiável.

O rapaz deu uma gargalhada.

— Você é impetuosa. Uma fera!

Ela rangeu os dentes.

— E fica mais bonita quando se irrita — completou o moço.

— Eu só não perco a paciência porque sei me comportar no serviço. Jamais perco a compostura. Se estivesse em outro lugar, eu... eu...

— Eu... — replicou ele.

— Eu lhe dava um bom safanão na cara.

— Além de tudo é violenta. Assim eu me apaixono.

— Sem-graça! Suma daqui!

Ele riu e rodou nos calcanhares. Quando fez a curva no corredor e desapareceu, Suzana sentou-se pesadamente em sua cadeira. Estava estranhando seu descontrole. Afinal, o rapaz não havia feito nada de mais. Mas reconhecia: a presença dele a incomodara, deixara-a descontrolada. Não sabia dizer o porquê. Na verdade, nunca o havia visto antes para sentir tamanha repulsa.

Suzana respirou fundo, procurou se recompor. Foi ao toalete, passou um pouco de água no pescoço e nos pulsos. Escovou os cabelos, passou batom e um pouco de pó no rosto. Ajeitou a alça do vestido e voltou para sua mesa.

Estava próxima da sala quando ouviu a campainha do telefone. Sabia ser aquele som a chamada da sala de Roberto. Ela estugou o passo e prontamente atendeu.

— Pois não, doutor Roberto?

— Suzana, você poderia me trazer cópia da carta enviada aos americanos no mês passado?

— Num instante.

— Obrigado.

Suzana virou o corpo e abriu o fichário. Seus dedos ágeis foram procurando pela pasta que continha tais cartas. Ela era extremamente organizada. Logo achou a pasta onde estava a carta que Roberto solicitara. Pegou o papel e foi rápida à sala do chefe. Bateu à porta.

— Entre — ele ordenou.

— Com licença, doutor Roberto. Aqui está.

— Preciso que redija uma carta semelhante para enviarmos ao grupo canadense.

— Por certo.

— Você poderia redigi-la também em francês?

— Sim, senhor. Mais alguma alteração?

— Só mudaremos alguns itens. O resto da carta permanece inalterado.

Ele fez as anotações num bloquinho e as entregou a Suzana.

— Pode deixar aqui na minha mesa na sexta-feira, bem cedinho?

— Sim, doutor. Na quinta-feira à tarde deixo-as sobre sua mesa.

— Obrigado.

Roberto levantou-se da cadeira, deu a volta na mesa e aproximou-se de Suzana. Esboçou leve sorriso.

— Estou muito contente com seu trabalho.

— Gosto muito do que faço.

— Eu gostava muito da Olga, mas você é especial. Nos demos muito bem desde o início.

Ela corou.

— Obrigada. Também estou muito feliz de trabalhar na metalúrgica.

— Mês passado fez um ano que está conosco, estou certo?

— Sim.

— Parece que começou ontem — brincou ele.

— O tempo passa rápido.

— Continue desse jeito.

Suzana ia responder, mas a porta se abriu. O rapaz que havia pegado as cartas entrou na sala sem avisar, e ela o fuzilou com os olhos. Roberto a cutucou levemente nos braços:

— Suzana, gostaria de lhe apresentar meu filho Bruno.

Ela estancou o passo, ficou paralisada. Não sabia o que dizer. Sua boca se abriu e se fechou, e ela mal conseguiu articular som. A sensação era-lhe muito desagradável. Bruno percebeu a saia justa e não perdeu tempo. Agora era hora de se vingar e tirar proveito da situação. Caminhou até ela e estendeu a mão.

— Prazer.

Suzana sentiu o ar lhe faltar. Com as mãos geladas e trêmulas, cumprimentou-o e balbuciou:

— Prazer, doutor Bruno.

— Oh, não precisa me chamar de doutor. Sinta-se à vontade e me chame de Bruno somente, ou de Engraçadinho, se preferir.

Suzana sentiu o sangue ferver-lhe as faces. Roberto nada percebeu e declarou:

— Bruno estava fazendo especialização na Itália, numa montadora de automóveis. Trouxe bastante tecnologia para melhorar nossa linha de produção. Quando você começou a trabalhar conosco, ele havia acabado de partir para Florença. Retornou semana passada.

Ela não sabia o que dizer. Havia sido deselegante, comportamento que nunca tivera antes. E ainda por cima com o filho do dono. Fatalmente ele pediria a sua cabeça. Sentia estar a um passo de ser demitida.

O telefone tocou e Roberto atendeu:

— O quê? Como? Não pode ser!

— O que foi, papai? — perguntou Bruno, apreensivo.

— O Sebastião está desesperado lá na fábrica; disse que um dos tornos encrespou. E justo agora que temos de entregar as peças na retífica. Vou ver o que fazer. Me deem licença.

Ele saiu apressado e Bruno e Suzana ficaram a sós na sala. Ele foi se aproximando e ela foi sentindo as pernas falsearem.

— Desculpe. Fui muito grossa. Não devia ter me comportado daquela maneira. Mas sou tão organizada... Jamais pensei que pudesse perder as cartas.

— Isso não tem desculpa.

— É que...

— Você foi longe demais — disse ele sério.

— Eu sei, doutor Bruno. Eu me descontrolei, paciência. Prometo que nunca mais agirei dessa maneira com o senhor ou com quem quer que seja.

— Duvido.

— Estou sendo sincera.

— Você é impetuosa, ardente.

— Não me conhece para...

— Tem temperamento forte. Difícil mudar.

Suzana mudou sua postura.

— Como ousa me julgar?

— Não a estou julgando. Mas suas atitudes revelam seu temperamento. Basta ser um pouquinho observador e saber tudo a seu respeito.

— Passei por uma situação dos diabos hoje e não estou me sentindo bem para conversar. Por favor, gostaria de ir para minha sala, está bem?

Ele a segurou pelo braço.

— Eu não lhe dei permissão para sair.

Ela sentiu a respiração entrecortada. A presença de Bruno a deixava totalmente desarvorada. Era um misto de muitas emoções temperadas com muita repulsa.

— Por favor, doutor Bruno, deixe-me ir — tornou ela apreensiva.

— Só se me prometer uma coisa.

— O que é?

— Jantar comigo na próxima sexta-feira.

— Jantar com você?

— Isso mesmo. Jantar com o filho do seu patrão.

— Não é de bom-tom.

— É a única maneira de se desculpar pelo que fez comigo agora há pouco.

— Não sei — ela hesitou.

— Ou aceita meu convite ou...

Suzana estremeceu.

— Ou? — inquiriu ela, num fio de voz.

Bruno nada disse. Aproximou-se dela e sem pestanejar tascou-lhe um beijo na boca. Suzana sentiu aversão sem igual. Teve ímpetos de esganar o moço, mas controlou-se. Ela se esquivou com maestria.

— O que foi? — perguntou ele, sorriso malicioso.

— Nada. Por favor, deixe-me sair.

— Está certo. Mas vamos nos encontrar na sexta-feira. Gostei muito de você.

Suzana não gostou do tom. A presença de Bruno era-lhe por demais desagradável. Não sabia explicar, porquanto nunca o vira antes. Era tudo muito estranho. Bruno era um tipão: além de atraente e sedutor, possuía olhos enigmáticos e tinha sangue italiano nas veias. Era pura sedução. Suzana estava acostumada a lidar com os galanteios. Procurava manter um comportamento austero, bem diferente de seu verdadeiro temperamento, a fim de evitar os assédios. Afinal de contas, ela acreditava que uma mulher não podia ser liberada. Uma mulher que falasse tudo o que pensava era vulgar, não tinha refinamento algum. Nesse mundo machista, a mulher devia se portar de maneira fria e séria e controlar seus desejos, por mais trabalhoso que fosse.

Entretanto, era a primeira vez que ela nutria um sentimento de repugnância por alguém de maneira tão forte. Suzana respirou profundamente e, após se livrar da corte de Bruno, correu até sua sala. Embora tentasse concatenar os pensamentos e voltar a atenção ao trabalho, sua mente insistia em lhe fixar a cena do beijo. Uma cena que causava arrepios e sensações desagradáveis à moça.

11

Tão logo Guilhermina foi apresentada a Guadalupe, ambas iniciaram estreita amizade. Deram-se muito bem, porque, embora fossem de classes sociais diferentes, eram muito parecidas na essência. Ambas sabiam que logo os falatórios maledicentes começariam a surgir, porquanto Guadalupe era conhecida dos figurões da alta sociedade. Como se tratava de homens casados, demoraria muito para que as conversas chegassem à roda das mulheres. Guilhermina pensou, pensou e chegou a uma excelente conclusão: convidar Guadalupe para morar em sua casa. Assim, a moça deixaria a vida do bordel e concentraria todas as suas forças para se dedicar ao plano que armara para extorquir Otto Henermann.

— Você se muda para nossa casa e pronto.

— Não sei se deveria.

— Ora, por que não? — indagou Guilhermina, sem entender.

— Eu e seu filho não somos casados. As pessoas podem fazer comentários negativos a seu respeito.

— Não se preocupe comigo. Sou macaca velha de sociedade. Sei lidar com todo e qualquer tipo de gente. Nosso plano é muito mais importante do que a sociedade.

Guadalupe sorriu. Guilhermina comprara a ideia do plano para arrancar boa parte da fortuna de Otto. Referia-se sempre a ele como "nosso plano", como se tivesse ajudado em alguma coisa. Mas agora não era momento de desavenças. Muito pelo contrário. Guadalupe precisava ter Guilhermina a seu lado. Por isso replicou, num tom com o qual procurava ocultar sua irritação:

— Fico preocupada, mesmo assim. Não podemos dar nenhuma chance para que as pessoas desconfiem de nossa súbita ligação.

— Compreendo a sua preocupação, minha cara. Entretanto, para evitar comentários, principalmente agora que iniciaremos o nosso intento, você pode ficar no quarto que foi de Ana Paula.

— Acredita mesmo que minha presença não vai atrapalhar nesta casa?

— Imagine, querida... De maneira alguma.

— E se Ana Paula voltar?

— Voltar?

— Sim. De repente nada dá certo, e ela volta. Não quero criar confusão com sua filha. Demo-nos tão bem que jamais gostaria que algo a perturbasse.

Guilhermina abraçou-a com carinho.

— Não se preocupe com aquela ingrata. Ana Paula saiu para nunca mais voltar. E, se se arrepender, o que vai acontecer mais cedo ou mais tarde, ela pode pedir ajuda de joelhos para qualquer um, menos para mim. Seu orgulho não permitiria tamanha humilhação. Sinto que minha filha me detesta.

— Uma filha nunca detesta uma mãe.

— Você não imagina o quanto foi difícil o nosso relacionamento.

Guadalupe não estava querendo ouvir as lamúrias de Guilhermina. O que importava era pôr o plano para funcionar. Por isso não queria perder tempo.

— Tenho medo de que um ou outro possa me reconhecer — mentiu.

Guilhermina deu uma gargalhada.

— Bobagem! Todos esses figurões da alta sociedade têm o rabo preso. A cabeça de suas esposas é muito pequena para que elas desconfiem de seus maridos.

— Mesmo?

— Sim. Um talão de cheques e uma conta corrente bem polpuda as deixam bem longe das suspeitas. São todas fúteis, só pensam em gastar e ostentar seu luxo. Não dão a mínima para os maridos. Conheço essa raça.

— Assim espero — assentiu Guadalupe, procurando manter um tom de naturalidade na voz.

— Você pode ficar tranquila. Ninguém vai incomodá-la. Muito pelo contrário: muitos terão medo ao vê-la.

— Acha mesmo isso?

— Quem deve teme. E, de mais a mais, você vai ficar bem diferente: mais requintada, mais bonita, mais fina.

Guilhermina andava pela sala com sua piteira e, conforme soltava suas baforadas, ia divagando.

— Você será minha sobrinha. Melhor ainda: uma sobrinha distante de Miguel, que nasceu em Portugal e foi criada na Espanha. Veio ao Brasil para se recuperar de um amor não correspondido.

— Que ideia brilhante!

— O povo gosta de ouvir esse tipo de história. Logo farão de você uma heroína, e pretendentes cairão a seus pés. Fique sossegada. Com uma boa história e uma mudança no visual, você se transformará numa nova e linda mulher.

— Mesmo?

— Sim. Começaremos pelo guarda-roupa. Compraremos roupas novas.

— Roupas novas!

— Se aquela desmiolada da Ana Paula não tivesse vendido aqueles vestidos caros! Mas de que adianta chorar, não é mesmo? Paciência. Ela nunca deu valor a nada. O que importa é que iremos renovar seu guarda-roupa. Faremos novo corte de cabelo. Tingiremos seus cabelos avermelhados no tom louro; você terá as sobrancelhas acentuadas, os olhos mais expressivos. Ficará bem diferente. Aposto que nenhum ex-cliente vai se lembrar de você.

— Assim espero.

— Vamos fazer um trato. Faz de conta que a antiga Guadalupe morreu no incêndio do Hotel Vogue. Você agora é Fênix, ressurgida das cinzas e pronta para amar meu filho e conseguir dinheiro suficiente para sustentar a ambos pelo resto da vida.

— Fico tão emocionada, dona Guilhermina!

Ambas abraçaram-se.

— Sinto como se a senhora fosse uma mãe para mim.

— Sou e serei sempre. Você ama meu filho com sinceridade. Luís Carlos está caidinho por você. Temo pelo futuro dele. Meu filho não pode se envolver com qualquer uma. Ele precisa de uma mulher como você, de pulso forte, para comandá-lo. Ele é ingênuo, facilmente manipulável, não tem apoio. Nós duas faremos dele um homem esperto.

— Hoje à noite ele vai ao clube.

— Vamos começar logo hoje? — perguntou Guilhermina, surpresa.

— Sim. Não podemos perder tempo. Haverá um chá beneficente no clube, e Maria Cândida vai estar lá.

— Haja sacrifício para se conseguir o que quer! — suspirou Guilhermina.

— Luís Carlos fará tudo direitinho. Treinamos à exaustão.

— Assim espero.

***

Passava das oito da noite quando Luís Carlos chegou ao clube. Deixou o carro nas mãos do manobrista e dirigiu-se ao salão de convenções. O jovem havia caprichado no visual, estava muito bem-arrumado. Havia passado pasta nos cabelos para que ficassem bem rentes à cabeça. Trajava costume com corte impecável. Estava bonito como nunca.

Ele se dirigiu até o salão. Estava repleto de senhoras e donzelas. Havia um ou outro marido acompanhando-as no evento. Ao entrar, Luís Carlos percebeu os olhares de admiração vindo das moças e de algumas mães também. Fingiu procurar alguém, até que esbarrou em Maria Cândida.

— Oh, perdão. Estava tão distraído...

— Não foi nada. Está procurando alguém?

— Minha mãe.

— Você é o Luís Carlos! — exclamou ela, surpresa.

— Sim.

— Filho de dona Guilhermina Gouveia Penteado?

— Isso mesmo. E você, deixe-me ver — ele franziu o sobrolho, fingindo fazer força para reconhecê-la. — Ah, já sei! Você é Maria Cândida Henermann. Certo?

— Sou.

— Encantado.

— Prazer em conhecê-lo. Nunca nos falamos antes.

— Frequentamos os mesmos lugares, temos o mesmo nível, mas nunca nos encontramos. Sempre há uma primeira vez.

Ela suspirou.

— Que eu saiba, dona Guilhermina não frequenta mais o clube.

— Mamãe prefere o resguardo do lar, principalmente depois que papai partiu daquela maneira tão brutal.

— Sinto muito. Estive no funeral de seu pai.

— Não me lembro de tê-la visto com seus pais no funeral.

— Eu fui sozinha. Meus pais não foram porque estavam na Argentina.

— Foram dias terríveis para nós.

— E como vai sua mãe? Melhor? — perguntou Maria Cândida, sinceramente preocupada.

— Só o tempo para ajudar a curar as feridas.

— A perda de um ente querido nos é muito dolorida.

— Mas mamãe é forte. Está superando tudo muito bem.

— Ela ficou de vir?

— Sim.

— Faz muito tempo que não vejo sua mãe por estas bandas.

Luís Carlos fingiu preocupação. Olhava para os lados como se estivesse procurando a mãe.

— É a primeira vez que ela sai depois de tanto tempo reclusa. Ela me disse que estaria aqui às oito em ponto.

— São oito e quinze — afirmou Maria Cândida.

— Ela não é de se atrasar — tornou ele. — Que pena! Caso ela não venha, terei de ir embora. Não sei em qual mesa vamos ficar.

— Gostaria de sentar-se aqui comigo enquanto ela não vem?

— E seus pais?

— Eles não vieram.

— Veio acompanhada de alguém?

— Eu nunca gostei de sair sozinha, mas... mas... — ela pigarreou.

— Mas o quê? — fingiu ele, pretextando interesse.

Maria Cândida baixou o tom de voz:

— Eu faço terapia. A psicóloga sugeriu que eu saísse mais, procurasse fazer programas sozinha. E aqui estou.

— Você é determinada. Gosto de mulheres assim.

Maria Cândida enrubesceu. Luís Carlos percebeu e perguntou à queima-roupa:

— E o namorado?

— Eu não tenho namorado — respondeu ela, baixando os olhos.

— Não pode ser!

— De vez em quando aparece um caça-dotes, mais nada. E você, namora?

— Não. Sabe como é... as moças hoje em dia são muito fúteis, não querem saber de conversa. Só querem se agarrar a um homem e casar. Eu quero uma mulher ao meu lado que seja minha companheira, uma esposa com E maiúsculo.

— Jamais poderia imaginar que você pensasse assim. O que falam de você não condiz com o que me diz.

— Isso tudo é inveja. Sou muito requestado, mas, assim que digo um "não", as meninas não suportam a dor da rejeição e tentam me malhar de qualquer jeito.

— Desculpe. Não sabia que era assim. Papai, bem, ele...

Luís Carlos a encorajou.

— Seu pai...

— Bem, ele...

— Ele não gosta de mim. É isso?

Maria Cândida sentiu o sangue arder-lhe as faces.

— É que ele lê nas revistas e acredita em tudo o que dizem a seu respeito.

— Você também acredita nas revistas?

Luís Carlos pousou suas mãos sobre as de Maria Cândida, sustentando o olhar. Ela quase teve uma síncope. Seu coração bateu descompassado. Ainda bem que estava sentada, caso contrário iria ao chão.

— Eu acredito em você — disse ela, num fio de voz.

Ele a pegou pelo braço, com delicadeza.

— Vamos sair daqui. Quer dar uma volta no jardim? A noite está tão bonita!

Maria Cândida deixou-se envolver. Passou o braço pelo de Luís Carlos e deixou-se conduzir até o jardim do clube. Sentaram-se em um banco afastado do salão. Ele delicadamente apanhou uma das mãos de Maria Cândida e levou-a até sua boca.

— Sua mão é tão suave! Tão quentinha...

— Obrigada.

— E você parece ser bastante carinhosa.

— Acha mesmo? — perguntou ela, num tom inseguro.

— Sua companhia me faz bem.

Maria Cândida não sabia o que dizer. Estava tomada pela emoção. Nunca havia sentido isso antes. Não saberia dizer o que era. Um misto de amor e desejo, como se emoções há muito tempo represadas estivessem prontas para emergir. A jovem estava num estado de êxtase tão intenso que tinha dificuldade até em engolir a saliva. Luís Carlos notou que a presa estava fácil e não hesitou. Era o momento apropriado. Ele respirou fundo, fechou os olhos. Em câmera lenta foi encostando seu rosto no dela, até que seus lábios se encontraram. Luís Carlos fez uma de suas melhores performances. Beijou Maria Cândida repetidas vezes, deixando-a inebriada de prazer. Depois, desgrudou-se dela com extrema rapidez e levantou de um salto.

Maria Cândida estremeceu:

— O que foi?

— Nada.

— O que aconteceu? Fiz algo que o desagradou?

— Não.

— Então?

— Desculpe. Fui além do permitido. Não gostaria de avançar o sinal. Você é uma moça de família, mulher para casar. Não posso abusar.

Ela riu-se.

— Mas não está abusando. Você não forçou nada.

Ele fingia constrangimento.

— Não! Não! Por favor, mil desculpas. Eu devia me controlar mais. Entretanto, a noite, a lua, a brisa suave, o cheiro das flores aqui no jardim, a sua presença...

Ela abraçou-o por trás.

— Deixemos nos envolver pela magia do momento. Concentremo-nos no agora. Sua presença também me faz bem.

Luís Carlos estava admirado. Tudo estava indo bem até demais. Nesse momento sentiu uma ponta de remorso. Maria Cândida era terna, parecia ser uma boa moça. Infelizmente a vida não lhe dera beleza física, entretanto ela tinha lá outros atributos bem interessantes. Mas ele tinha de levar o plano adiante, não podia fraquejar. Luís Carlos tinha vontade de sair correndo, mas lembrou-se de sua amada. Guadalupe o mataria se ele perdesse força justo agora. Ele se metera nessa farsa pela paixão doentia que sentia por Guadalupe. Se fosse seguir seu instinto, jamais se prestaria a um papel desses. Não dava mais para voltar atrás.

Luís Carlos suspirou, mudou as feições do rosto. Virou-se e, com seriedade impressionante, tornou:

— Maria Cândida, sei que é loucura o que vai ouvir.

— Diga, diga, por favor.

Ele pigarreou, procurou carregar a voz de sentimento, aumentando a aflição da jovem. Por fim disparou, rápido:

— Acredito que você seja a mulher da minha vida.

Maria Cândida inclinou a cabeça para trás e fechou os olhos. Luís Carlos beijou-a novamente. Abraçou-a, aspirou o perfume delicado de seus cabelos. Maria Cândida não era uma beldade, mas tinha lá seu charme. E mulher, quando se apaixona, é como rosa que desabrocha: torna-se mais viva, mais encantadora, mais bela.

***

Perto da meia-noite, Luís Carlos chegou em casa. Por um lado estava contente, pois havia realizado o que lhe fora solicitado. Por outro, sentia uma pontinha de remorso. Não queria ferir os sentimentos de Maria Cândida, mas o que fazer? Era isso ou a pobreza. A esse sentimento, Luís Carlos sentiu pequena dor de cabeça. Passou a mão sobre a testa e adentrou sua casa.

Guilhermina e Guadalupe estavam ansiosas à sua espera. Assim que ouviram o barulho do carro adentrando a garagem, levantaram-se ansiosas.

Luís Carlos entrou sem esconder a satisfação.

— Meninas, conseguimos!

Guilhermina deu um gritinho de felicidade.

— Eu sabia que meu tesouro nunca falharia.

— Maria Cândida jamais poderia resistir aos seus encantos — ajuntou Guadalupe.

— E não resistiu mesmo. Tive de fazer muita força, confesso. Fiquei me sentindo meio crápula. Não gostaria de magoar ninguém.

Guadalupe procurou ocultar a contrariedade. Agora não era momento de sentimentalismo. Só faltava Luís Carlos dar para trás por conta dessa fraqueza.

— Estamos fazendo tudo por um futuro melhor.

— E os sentimentos de Maria Cândida?

— Ela tem muito dinheiro. Após a separação ela fará terapia, poderá viajar o mundo todo.

— Não sei...

— Oh, *corazón*, não fique triste.

— Acha que vai dar certo? — perguntou Guilhermina.

Luís Carlos mudou as feições do rosto. Encarou a mãe com alegria e mudou o comportamento:

— A moça caiu feito um patinho.

— Tem certeza de que ela mordeu a isca? — inquiriu Guadalupe, apreensiva.

— Sim.

— Conte-nos tudo, timtim por timtim — sentenciou Guilhermina, chamando-o para perto dela.

Sentaram-se os três no sofá e Luís Carlos lhes contou todo o ocorrido, desde sua chegada ao clube até o passeio no jardim. Finalizou:

— Bom, depois que lhe disse que não havia mulher no mundo mais encantadora que ela, fiz questão de parar por ali e levá-la para casa. Ela dispensou o motorista, mas o espertinho foi nos seguindo. Comportei-me a contento. Fui perguntando sobre sua vida, nada de mais. Deixei-a em casa e pousei delicado beijo em sua face. Fiquei de ligar para ela amanhã.

Os olhos de Guilhermina brilhavam emocionados.

— Você é maravilhoso, meu filho. Tinha certeza de que jamais me decepcionaria.

— Eu o amo tanto! — interveio Guadalupe. — Faz todo esse esforço pela nossa felicidade...

— Você é a mulher da minha vida. Fiz isso por amor.

Guadalupe procurou esconder a hostilidade. Tornou amorosa:

— E com o dinheiro que iremos arrancar da família de Maria Cândida, seremos ricos pelo resto da vida.

— Só tenho medo do Otto. O pai de Maria Cândida, pelo que sei, não é flor que se cheire.

— Nós também não — replicou Guadalupe, enquanto se levantava e se dirigia até o bar. Pegou uma bebida, despejou sobre três taças e sentenciou: — Brindemos ao futuro de vocês! Que consigam arrancar muito, mas muito dinheiro daquela pobre coitada.

Luís Carlos e Guilhermina levantaram-se, pegaram suas taças e brindaram. Enquanto gargalhavam e traçavam estratégias de como fazer Maria Cândida apaixonar-se perdidamente pelo jovem, não notaram que sombras escuras dançavam ao redor dos três, envolvendo-os e alimentando-se de suas ideias negativas.

12

Ana Paula e Claudete, a cada dia que passava, estreitavam mais a amizade. Custavam a pegar no sono, porquanto adoravam falar de suas experiências e seus planos de vida.

Foi numa dessas noites que dona Guiomar bateu levemente à porta. Claudete saltou rápida da cama e atendeu.

— Aconteceu alguma coisa, dona Guiomar?

— Não, meninas. Não aconteceu. Eu sabia que estavam acordadas.

— Como sabia?

— Eu sei de tudo o que acontece aqui — riu Guiomar —, até o comportamento de vocês. Sei que gostam de conversar até altas horas. As outras meninas estão dormindo. Entretanto, algo desagradável aconteceu há pouco e preciso da ajuda de vocês duas.

Ana Paula levantou-se da cama e dirigiu-se à porta.

— Em que posso ajudá-la?

— Bom, este quarto que ocupam é o maior do pensionato. E, se me ajudarem, eu prometo reduzir o pagamento do aluguel pela metade.

Ana Paula e Claudete disseram ao mesmo tempo:

— Aceitamos, seja o que for.

Guiomar riu satisfeita.

— Sabia poder contar com ambas. Não temos mais vagas na pensão. Desde que Mirtes saiu por conta do ato tresloucado de trazer o namorado aqui na pensão, as outras moças ficaram com receio de cometer o mesmo erro e têm se comportado muito bem. Nunca mais tive problemas de disciplina e ordem. Todavia, preciso atender a um pedido de uma grande amiga minha e vou trazer a filha dela para morar conosco. Meu quarto é muito pequeno, então, se colocássemos uma cama naquele canto... — apontou ela.

Claudete correu até o canto vazio.

— Podemos colocar uma cama aqui, sim. O guarda-roupa é grande. Eu e Ana Paula não temos tantas roupas. Podemos pegar aquela cômoda grande sem uso lá no porão, bem como aquela cama de solteiro, dar uma boa limpada e trazer as peças para o quarto. Ficará um pouco apertado, mas será um prazer ajudá-la.

Guiomar emocionou-se. Tinha afeição por todas as meninas da pensão, mas tinha carinho acentuado por Claudete e Ana Paula.

— Fico muito grata.

— Quando a moça chega? — inquiriu Ana Paula.

— Ela está lá embaixo. Vou trazer um colchão de solteiro que tenho lá no meu quarto sob a cama, e amanhã traremos os móveis do porão. — E, dirigindo-se a Ana Paula: — Por favor, enquanto Claudete me ajuda a trazer o colchão e ajeitar as coisas por aqui, vá fazer sala para a moça.

— Será um prazer — anuiu Ana Paula.

Enquanto Claudete foi com Guiomar à cata do colchão, Ana Paula botou o penhoar, calçou as chinelas e desceu.

Dirigiu-se à sala de estar e não viu ninguém. Rodou nos calcanhares, foi até a recepção. A moça estava de costas para ela. Ana Paula disse, num tom jovial:

— Boa noite.

A moça virou-se e, antes de responder, ambas deram um gritinho, tomadas pela surpresa.

— Não pode ser! — exclamou Ana Paula.

A garota riu a valer.

— Eu sabia que iríamos nos encontrar.

— Sabia?

— Sim.

— Como? Estou estupefata — tornou Ana Paula.

— Não imaginava que seria aqui nesta pensão. Mas os espíritos haviam me avisado.

Emocionadas, as moças se abraçaram. Ana Paula não conteve o pranto.

— Tânia! Que bom revê-la!

— Fico feliz em revê-la também. A propósito, adorei o novo corte de cabelo.

— Mas você não me vê há tanto tempo, como pode saber que mudei meu visual? — indagou Ana Paula, hesitante.

Tânia deu uma risadinha.

— Quando travamos aquela conversa ao telefone tempos atrás, você mesma reclamara da aparência. Está muito bonita e, além disso, tenho certeza de que, se estivesse naquela casa, dona Guilhermina implicaria com o corte. Afinal, você sempre devia manter o coque. Estou certa?

— Não tenho palavras — tornou Ana Paula emocionada. — Você não sabe o bem que me fez naquele momento. Pensei que não fosse conseguir ter forças para sair e, no entanto, estou aqui, levando minha vida. Estou feliz. Saí de casa tão aturdida que nem ao menos trouxe minha agenda de telefone. Quase arrisquei ligar para Maria e pedir a agenda, mas não quero mais ligar para casa — deu uma piscadinha. — Ei, como me descobriu por aqui?

— Eu liguei e a Maria me disse que você estava morando aqui. Ela lhe mandou um monte de beijos e diz que reza por você todos os dias.

Ana Paula emocionou-se e sentiu saudades da empregada.

— Maria é tão especial! Sempre tivemos uma relação muito boa. Nunca a tratei com diferença. Era como se fizesse parte da minha família, mais até do que minha própria mãe e meu irmão juntos — asseverou Ana Paula, entre risos. — Aposto que se perguntasse à minha mãe ela jamais lhe diria onde eu estava.

— Não tenha dúvidas.

— Mas estou surpresa.

— Com o quê?

— O que faz aqui? E sua tia?

— Titia morreu semana passada. Meu primo chegou após o funeral e já tomou conta da casa. Eu sempre me dei bem com minha tia, mas não me dou bem com os filhos dela.

— Sinto muito.

— Isso não me preocupa. Sabia que chegaria logo esse momento. Entretanto estou com pouco dinheiro. Mamãe fez boicote, está me pressionando a voltar, e por isso reduziu o valor da mesada. O que ganho como enfermeira ainda é pouco, mas só vou precisar pegar uma condução para ir daqui da pensão até o hospital.

— Então não conseguiu nem mesmo uma vaga num hotel?

— E os hotéis aceitam moças sozinhas? Os que aceitam são os do centro da cidade, e você sabe que o nível não é tão bom assim.

— É verdade. Mas acho isso o fim da picada. Uma mulher não pode se hospedar sozinha num hotel. Ou então é malvista por estar só. Que sociedade mais hipócrita, não?

— Sim.

— Por que não voltou para Salvador?

— Não volto. Adoro minha família, entretanto minha mãe insiste no sonho de que um dia eu vá para o convento das carmelitas. Eu entendo sua preocupação, sei que ela quer me ver muito bem. Mas não posso compactuar com isso. Sou livre e tenho o direito de fazer minhas escolhas.

— E veio parar aqui — disse Ana Paula comovida.

— Pois é, minha amiga.

Elas se abraçaram.

— Estou tão feliz em vê-la! — disse Ana Paula.

— Agora não iremos nos separar mais.

— Venha comigo.

— Dona Guiomar arrumou um quarto? Disse que a pensão está lotada.

— Você vai ficar no mesmo quarto que eu e Claudete.

— Claudete?

— Sim, uma grande amiga. Tenho certeza de que irá adorá-la.

Subiram felizes e animadas. A certa distância, o espírito de Albertina vibrava de contentamento.

Ana Paula apresentou Tânia para a amiga de quarto. A simpatia entre ambas foi instantânea. Tânia sentiu-se muito bem entre as três. Guiomar sentiu bem-estar. Era muito grata à mãe de Tânia por ajudá-la no passado. Ficara contente em saber que Tânia e Ana Paula eram amigas de longa data. Deixou que as três ficassem conversando — num tom baixo para não atrapalhar as outras meninas, porquanto os quartos eram geminados — e foi dormir aliviada.

As meninas ajeitaram-se em suas camas e Tânia deitou-se em seu leito improvisado. Sentia-se feliz. Deitadas, com a luz da lua iluminando tenuemente o quarto através das frestas da veneziana, as três conversavam amenidades, até que em determinado momento Tânia perguntou a Ana Paula:

— Você acredita em Deus?

A pergunta pegou Ana Paula de surpresa.

— Nunca pensei direito acerca do assunto. Fui educada num ambiente católico, fiz Primeira Comunhão e até Crisma. A figura de Jesus Cristo sempre foi mais forte que a de Deus. E também jamais frequentei a igreja. Na verdade, nunca gostei muito desse ambiente. Em casa nunca discutimos religião. E, ademais, não tolero rituais.

— Mas acredita ou não em Deus?

Ana Paula fitou um ponto indefinido no teto.

— Acredito numa força maior que nos sustenta. Acho difícil acreditar que estejamos sós. Por que pergunta?

— Somos amigas e ficamos afastadas um bom tempo.

— E daí?

— E daí que nada é por acaso. De repente estamos aqui, reunidas novamente. Sinto que poderia me abrir mais com você.

Ana Paula inclinou o corpo e sentou-se. Acendeu o pequeno abajur sobre a cabeceira, entre as duas camas e o colchão no chão.

— Você é como uma irmã, Tânia. Nunca tive tanta afinidade com alguém antes. Você é especial, podemos contar uma com a outra, sempre. Claudete também é uma grande amiga e pode confiar nela. Todavia, por que me perguntou isso?

— Porque tive uma formação espírita e estou acostumada com assuntos que dizem respeito ao mundo dos mortos, digamos assim.

Ana Paula fez o sinal da cruz. Claudete empolgou-se:

— Eu sabia que você era diferente. Eu também acredito em reencarnação. Só assim pude compreender as injustiças da vida.

— É verdade — ajuntou Tânia. — Tive uma educação espírita, mas mamãe atrapalhou muita coisa. Ao se casar com papai, ela procurou estudar mediunidade e trabalhar em centro espírita. Entretanto ela fazia isso mais para agradar papai. Nunca acreditou em nada. Na verdade, ela sempre sonhou em ter uma filha freira. Assim que minha mediunidade aflorou, papai procurou me ajudar, dando-me livros e deixando-me frequentar um centro espírita. Minha mãe quase teve uma síncope. Imediatamente correu até a igreja e suplicou por uma vaga no convento carmelita para mim. Ela já fazia tremendo esforço por ser casada com um simpatizante do espiritismo. Imagine ter uma filha médium!

As três riram. Ana Paula estava curiosa:

— Então você é espírita?

— Não sou espírita; tive uma educação espírita. É diferente. E por essa razão também vim para São Paulo. Eu e papai tivemos algumas divergências.

— Não acredita no espiritismo? — inquiriu Claudete.

— Acredito, sim. Fui criada nesse ambiente. E, modéstia à parte, o primeiro centro espírita de que se tem notícia no Brasil foi fundado em Salvador, minha terra natal.

— Verdade? Não sabia disso — admirou-se Ana Paula.

— Meu bisavô o frequentava. Chamava-se Grupo Familiar do Espiritismo, fundado por Luiz Olímpio Telles de Menezes, em 1865.

— Isso quer dizer que parte de sua família é espírita há cerca de cem anos.

— Sim.

— Mas o que a incomoda?

— Sou um espírito livre, não tenho compromisso com qualquer dogma, escola ou doutrina preestabelecida. Acredito na reencarnação, na vida após a morte, no mundo dos espíritos. Tenho admiração pelas obras de Allan Kardec. Sempre que posso, estou lendo um de seus livros, fonte inesgotável de conhecimento. Mas também tenho atração pelo Oriente, pela filosofia dos hindus. Gosto muito dos ensinamentos deles, e meu pai é kardecista ortodoxo; não aceita que eu nem mesmo fale em chacras.

— Hã? O que é isso?

Tânia riu gostoso. Ana Paula não entendia nada de espiritualidade e Claudete frequentava um centro espírita, mas limitava-se a tomar passes e ouvir uma ou outra palestra, nada mais. Tânia procurou discorrer sobre o tema da forma mais natural possível.

— O mundo espiritual é muito complexo, muito rico, cheio de nuanças. O espiritismo nos chamou a atenção para a realidade da existência do mundo espiritual, de outras dimensões de vida, mas isso não quer dizer que seja a única escola que aborde o assunto. Eu acredito em muitas coisas, estudo, leio bastante. Há muitos livros a respeito do mundo astral, das outras dimensões da vida, e, quanto mais aprendo, mais vou me tornando independente. Não precisamos estar presos a nada, conforme nossa lucidez vai se ampliando.

— Gostaria de pensar como você. Mas nunca tive provas da continuidade da vida. É difícil acreditar em algo que não existe — replicou Ana Paula.

— Eu perguntei se você acreditava em Deus, e você disse que sim. Entretanto, você não o conhece, nunca o viu.

— Isso é diferente.

— Não. Você sente, sabe que está sendo sustentada por algo mais forte, que lhe transmite segurança, equilíbrio.

Se não houvesse as forças universais, estaríamos vivendo num verdadeiro caos. Perceba como a vida é sábia. Está tudo certo, tudo é regido em harmonia, não cai uma folha da árvore sem autorização dessas forças inteligentes.

— Às vezes custo a crer. Na verdade, seria tudo mais fácil: saber que meus entes queridos não morreram, continuam vivos em alguma dimensão. Seria fabuloso!

— Mas é. Eu tenho vidência.

— O que é isso?

— A capacidade de ver os espíritos.

Ana Paula fez o sinal da cruz, temerosa.

— Deus me livre! Você vê os espíritos?

— Sim — disse Tânia com naturalidade.

— Não tem medo?

— Não, pelo contrário. Agradeço à vida por ter me dado esse dom. Quando sinto e vejo espíritos amigos, eu recebo suas vibrações positivas e salutares e restabeleço meu equilíbrio. E quando vejo alguma entidade, um espírito num estado mental deplorável, eu rezo, peço proteção, às vezes até converso com ela. Isso me dá mais responsabilidade, faz com que eu me sinta melhor comigo mesma. Saber que estamos separados do outro mundo por uma fina camada, sutil... Isso não é o máximo?

— Falando assim, parece que tudo é verdade. Mas não vejo, não escuto, não sei de nada a respeito.

— Se quiser, posso lhe emprestar alguns livros. Tenho um monte aí na mala. É só escolher o tema e pronto. Material é que não vai lhe faltar para se inteirar do assunto.

— Mesmo assim. Será que posso desenvolver alguma habilidade especial? Sinto que é tudo meio fantasioso.

— Quer uma prova?

— Como assim?

Tânia respirou fundo. Ligou-se ao seu protetor espiritual e fez pequena oração em silêncio. Ao abrir os olhos, viu o espírito de Albertina passando delicadamente as mãos sobre os cabelos de Ana Paula.

— Sua avó está aqui.

O corpo de Ana Paula estremeceu.

— Minha avó?

— Sim.

— Não pode ser! Você só pode estar brincando comigo.

— Jamais faria uma brincadeira nesse sentido.

Ana Paula percebeu que Tânia falava sério, não estava para brincadeiras.

— O que você vê?

— Uma senhora de meia-idade, cabelos curtos, levemente ondulados e grisalhos. Olhos expressivos, de um verde contagiante. No pescoço, tem um colar de pérolas... e no meio dele — ela se concentrou melhor — uma plaquinha de ouro com a letra M.

Ana Paula imediatamente sentiu forte comoção. Seus olhos marejaram.

— Você está descrevendo minha avó Albertina, mãe de meu pai! — exclamou surpresa. — Eu coloquei esse colar no pescoço dela quando morreu. Lembro-me perfeitamente disso. Ainda arrumei briga com minha mãe, porque ela achava um desperdício enterrar alguém com uma joia tão cara. Mas era da vovó, tinha a plaquinha com a inicial do nome de meu pai, Miguel. É ela mesma!

Claudete estava com os olhos arregalados, tomada pela surpresa.

— Vovó está onde? Ah, se eu pudesse vê-la! — exclamou Ana Paula.

— Feche os olhos. E você, Claudete, faça algum tipo de prece, em voz baixa.

Ana Paula obedeceu à amiga. Fechou os olhos. Claudete assentiu com a cabeça. Fechou também seus olhos e fez sentida prece. Tânia prosseguiu, num tom de voz cadenciado e doce:

— Ana Paula, lembre-se de sua avó bem, sorridente, feliz.

A jovem assentiu. Tânia continuou:

— É assim que ela está agora. Diz que a ama muito e que vai precisar que você se interesse pela espiritualidade. Terá muitas coisas a fazer, principalmente para poder ajudar seu pai.

Ana Paula abriu os olhos e fitou a amiga, aflita:

— Meu pai? Ele está aqui?

— Não.

— Está onde?

— Sua avó diz que ele anda perturbado, atormentado. Precisa de muita oração e que no momento certo você vai ser o instrumento usado por Deus para ajudá-lo a restabelecer o equilíbrio.

— Eu?!

— Sim.

— Mas eu não entendo patavinas de espiritualidade!

Tânia sorriu.

— Você não precisa entender nada.

— Não? — inquiriu Ana Paula, surpresa.

— Basta o que você tem de mais precioso e verdadeiro.

— O que é?

— O amor. Você não tem noção do que a força do amor é capaz de fazer. Seu amor por Miguel vai ajudá-lo muito mais do que qualquer conhecimento contido num livro. Seu amor vai ajudá-lo a se libertar das amarras da perturbação mental que ele criou e a poder seguir novo rumo, começar uma nova etapa de vida e experiências.

Ana Paula não conseguiu conter o pranto. Lembrar-se de Miguel a deixava triste, mas também muito emocionada, saudosa. Não saberia explicar, mas sentia que ele não estava bem. Algo lá no fundo do seu peito lhe dizia que ele necessitava de ajuda. Orava bastante, pedindo a Deus que o amparasse.

A jovem imediatamente lembrou-se da avó que tanto amara na vida. A primeira palavra que conseguiu balbuciar, quando finalmente aprendera a falar, foi "vó", o que irritou Guilhermina sobremaneira. A ligação entre ambas fora especial, permeada de amor, carinho e respeito mútuos. Ana Paula sentiu muita saudade da avó querida.

Nesse momento, o espírito de Albertina pousou delicado beijo em sua testa, fez um gracioso gesto com a cabeça agradecendo a Tânia, passou delicadamente a mão sobre seus cabelos e os de Claudete. Depois, desapareceu no ambiente. Em seguida, as três adormeceram e tiveram uma agradável noite de sono.

13

Naquela mesma noite, algumas horas antes, Odécio terminava seus trabalhos no centro espírita em que era devotado medianeiro. Fez os agradecimentos aos espíritos amigos que o ajudaram e saiu contente da sala de passes. Foi até a pequena cantina e serviu-se de um copo de água. Um companheiro veio correndo até ele.

— Puxa, pensei que havia ido embora.

— Estou de saída.

— Durval quer conversar com você ainda hoje.

— Hoje?

— É.

— Impossível. Terminei tarde o trabalho. Tive muita interferência espiritual na sala de passes. Estou cansado, corpo quebrado, e quero ir para casa.

— Se eu fosse você, iria até a sala do Durval.

Odécio balançou a cabeça para os lados.

— Amanhã preciso acordar cedo para trabalhar. Pensam que é fácil ter de sustentar família e trabalhar como voluntário em centro espírita?

— É melhor conversar com o homem. Ele não está lá satisfeito.

Odécio exalou suspiro de contrariedade. Estava cansado daquele rapaz, o Durval. Novato, trinta anos de idade, acreditava ter o rei na barriga. Desde que o pai lhe dera o controle do centro, muitos estavam descontentes com as mudanças ali ocorridas. Odécio julgava o rapaz inexperiente para dirigir um centro espírita daquele porte. Na verdade, Odécio estava zangado desde que Durval fora nomeado diretor. Como trabalhava na casa espírita havia mais de quinze anos e era tido em alta conta por todos os trabalhadores, julgava-se no direito de assumir as tarefas assim que Claudionor não estivesse mais em condições de trabalhar. Ficou muito chateado quando soube que a direção iria para as mãos do filho. E ainda por cima do filho caçula, ora pois!

Ele rodou nos calcanhares e foi bufando até a sala de Durval. Respirou fundo, procurando ocultar a contrariedade. Bateu na porta e, ao ouvir a permissão de entrar, girou a maçaneta e meteu a cabeça para dentro.

— Posso entrar mesmo?

O rapaz sorriu e fez sinal com as mãos.

— Entre, por favor.

Odécio concordou. Entrou.

— Feche a porta e sente-se.

Odécio obedeceu e sentou-se em frente ao rapaz. Era repulsivo ter de aturar ordens de alguém jovem e inexperiente. Durval foi direto ao ponto:

— Faz algum tempo tenho notado grande perturbação na sala de passes que você dirige.

— De fato isso é verdade.

— O que está acontecendo?

— O que está acontecendo? Eu é que pergunto — replicou Odécio em tom irônico.

Durval permaneceu em silêncio. Odécio procurou manter um tom natural:

— Está difícil para mim manter o equilíbrio naquela sala. Sabe que a sala de passes que dirijo está aberta ao público em geral. Vem gente de todo tipo, com toda sorte de problemas. Não é fácil lidar com tanta gente perturbada espiritualmente. E, ademais, os trabalhadores da sala não me toleram.

— Não o toleram?

— Não. A Meire nunca gostou de mim. O Epaminondas também não vai muito com a minha cara. O único com quem dá para ter uma conversa agradável é o Orlando.

— Você, como dirigente, tem a responsabilidade de chegar meia hora antes do trabalho e, juntamente com os companheiros da sala, fazer a vibração e, em sintonia com os espíritos da casa, preparar o ambiente para que interferências de mentes encarnadas e desencarnadas não penetrem no recinto. Noto que tem chegado sempre às sete horas, bem em cima do horário de abertura da câmara de passes. Não há preparo adequado para o início dos trabalhos.

— Fazer o quê?

— Chegar no horário, suponho.

— Trabalho para sustentar minha família. Faço o impossível, mas ultimamente o trânsito tem piorado. Pego duas conduções para chegar do trabalho à minha casa. Mesmo o centro ficando perto de casa, não consigo chegar a tempo.

— Infelizmente temos horários a cumprir. Você sabe que os espíritos que trabalham aqui na casa são muito rígidos com os horários.

Odécio deu uma risadinha.

— Os espíritos podem se dar ao luxo de horários rígidos porque não pegam trânsito. Estou encarnado, e não é nada fácil viver nesta dimensão. Faço o que está no meu limite.

— No entanto a sala precisa ser preparada, no mínimo, meia hora antes.

— Não posso fazer nada.

— Então terei de fazer mudanças.

— Há mais de dez anos trabalho na mesma sala e nunca houve problema.

— Mas agora está havendo problema.

— Na época de seu pai, nunca levei reprimendas.

— Os tempos são outros. Eu me comprometi com a nova equipe espiritual. As coisas vão mudar por aqui.

— Não gosto de mudanças — tornou Odécio, secamente.

— Poderia trabalhar no sábado ou no domingo.

— Estou acostumado com as terças e quintas-feiras.

— Entretanto, se o trânsito o atrapalha...

— Faz muitos anos que mantenho esta rotina, Durval. Não gostaria de alterá-la.

— Mas se não está conseguindo chegar a tempo...

— Não prometo nada, mas farei o possível. Vou tentar.

Durval fitou-o com seriedade.

— Faz tempo que eu e os espíritos responsáveis pela câmara de passes estamos de olho em você.

— De olho em mim? — perguntou Odécio, surpreso.

— Sim. A interferência na sala é causada pela sua própria invigilância. Você não ora ao chegar, não se desliga das energias desagradáveis que se grudaram no seu campo ao longo do dia.

— Mas a vida aí fora não é fácil.

— Quantas vezes devo repetir que em dia de trabalho espiritual todos devemos acordar ligados com os nossos guias? Isso deveria ocorrer todos os dias, mas nos dias de trabalhos espirituais não podemos vacilar. Os mentores da casa abrem nossos canais mediúnicos. Tornamo-nos mais sensíveis. Temos de ter mais controle interno. Necessitamos manter o equilíbrio, manter somente bons pensamentos.

Odécio mordeu os lábios com raiva. Aquele pulha não entendia nada da vida. Não sabia o que era ter de sustentar uma família, labutar o dia inteiro, desdobrar-se em mil e ainda, voluntariamente, dedicar-se ao trabalho espiritual. Durval era filhinho de papai, não precisava camelar como ele. Tudo ficava mais fácil. Quanta falta de consideração, pensou.

— Eu tento ficar em equilíbrio, mas é difícil.

Durval foi categórico:

— Estamos fazendo mudanças. Os trabalhadores antigos passarão por reciclagem. Você faz parte do time antigo e portanto deve começar o curso de reciclagem espiritual.

— Curso de reciclagem espiritual...

— Sim.

— Eu não preciso estudar.

— Vai precisar.

— Quando?

— Todo sábado — tornou Durval, paciente.

— O sábado eu tiro para fazer serviços de manutenção na minha casa, fazer compras com minha esposa, lavar o quintal...

— Se quiser continuar trabalhando conosco, deverá fazer o curso.

— Quem vai dar o curso?

— Ele será dado por mim e pelo mentor da casa.

— Vai ficar difícil vir todos os sábados. Não sei se poderei cumprir.

— Lamento informar que, se não fizer o curso, não poderá mais trabalhar na casa.

— Mas como? Trabalho aqui há mais de quinze anos. Nunca faltei um dia que fosse.

— Mudança, Odécio. Outros tempos.

— E você vem me impondo uma coisa dessas? — perguntou Odécio, nervoso.

— Não estou impondo nada. Estamos simplesmente mudando, evoluindo, de acordo com a orientação da espiritualidade maior.

— Não posso concordar com isso.

Durval estava imperturbável. Seu semblante permanecia sereno, tranquilo.

— Sei que somos resistentes às mudanças, mas um dia temos de derrubar as barreiras da resistência e aceitar o novo.

Odécio levantou-se impaciente da cadeira.

— Vocês não vão mais às favelas entregar cestas de alimentos.

— É verdade. Não entregamos mais as cestas.

— O Ciro me falou, não pude acreditar. Isso é desumano.

— Esse é o seu ponto de vista.

— Fiquei revoltado.

— Eu e os espíritos da casa concordamos em parar de entregar as cestas.

— Os espíritos do bem jamais fariam uma barbaridade dessas.

— Você enxerga assim. Eu vejo por outro lado.

— E há outro lado para enxergar?

— Claro!

— Vendo essa gente humilde morrendo de fome, sem a nossa ajuda?

— Odécio, veja bem: quanto mais fazemos, mais esse pessoal da favela fica encostado. E menos fazem por si. Concordo que a ajuda aos necessitados é importante, mas eu prefiro trabalhar na promoção do ser humano. Ajudar sempre, mas que também eu receba algo em troca.

— O que pode querer em troca de um pobre-diabo favelado e desempregado?

— Reparos aqui no centro. Esta casa está sempre precisando de manutenção. Dou uma cesta de alimentos e em troca recebo um serviço de eletricidade, de encanamento, uma varrição de rua. Eu propus isso aos favelados e eles não concordaram. Querem tudo de graça, de mão beijada. Não vou mais compactuar com esse paternalismo barato, que não leva a nada.

— Isso é humilhante.

— Trabalhar é humilhante? Desde quando?

— Eles não têm culpa.

Durval sorriu.

— Não estou falando em culpa. Entretanto, tudo o que é de graça não tem valor. As pessoas carecem ser consideradas. O trabalho, qualquer que seja, dignifica o ser humano.

— Não concordo com sua linha de raciocínio.

— Mas esta é a nova linha de raciocínio do nosso centro. Estamos crescendo e mudando. E muitas outras coisas vão mudar.

— Não posso crer.

— Espero vê-lo no curso no próximo sábado — finalizou Durval.

Odécio retirou-se irritado. Nunca tinha ouvido tantas barbaridades em toda a vida. Muito provavelmente, Durval devia estar possuído por alguma entidade do mal, que queria derrubar aquele centro, tão conceituado na cidade, idolatrado por muitos e tido como exemplo por muitos espíritas.

Antes de Odécio sair, Durval sentenciou:

— Tem mais uma coisa.

— Pode dizer.

— O curso terá duração de quatro sábados, e enquanto estiver fazendo o curso não poderá trabalhar na sala de passes.

— Hã?

— Aqueles que estiverem em curso vão fazer tratamento na sala dois.

— Aquela em que pôs uma plaquinha escrito Equilíbrio Emocional?

— A própria.

— Eu não preciso disso. Não sou um desequilibrado emocional.

— São as novas ordens. Ou você as segue...

— Ou? — indagou Odécio, irritado.

— Ou procure outro lugar para trabalhar, um centro espírita que tenha mais a ver com você. Odécio, você é livre para fazer o que quiser. Agora, por favor, pode ir. Eu o espero sábado, caso escolha continuar conosco.

Odécio saiu e bateu a porta com força. Durval meneou a cabeça para os lados. As pessoas que frequentavam o centro estavam adorando as novas mudanças. Os tratamentos diferenciados, as consultas, as triagens, tudo estava agradando. Somente uma ala dos trabalhadores, a dos mais antigos, é que estava reticente e não queria mudar de jeito algum. Durval sabia disso e, amparado pelos dirigentes espirituais da casa, fez sentida prece e pediu que o ajudassem a manter o equilíbrio e conseguir fazer as mudanças tão necessárias àquele centro espírita.

Odécio estugou o passo e saiu bufando. Orlando veio correndo atrás.

— Ei, você esqueceu seu jaleco na cantina.

Odécio virou-se e apanhou o casaco a contragosto.

— Obrigado.

— Nossa! O que aconteceu?

— Nada.

— Como nada? Você está irritado, com o cenho fechado.

— Aquele miserável do Durval.

— O que deu nele?

— Ele me paga!

— O que ele fez a você? — perguntou Orlando, preocupado.

— Me tirou da sala de passe.

— Você? Não acredito!

— Nem eu — tornou Odécio, resmungando.

— Você dirige aquela sala há tantos anos...

— Pois é. Para ver a ingratidão. Disse que tenho de fazer um curso que vai começar sábado e que enquanto estiver fazendo o tal curso não poderei trabalhar.

— Isso é absurdo! Não podem fazer isso com você. E quem vai tomar conta da sala de passes?

— Não faço a mínima ideia. Mas aí tem dedo do Epaminondas. Ele sempre sonhou em dirigir aquela sala. Deve ter feito conluio com o Durval. Eles têm a mesma idade. Não respeitam os mais velhos.

— Você não está exagerando? — inquiriu Orlando em tom apaziguador. — O centro necessita passar por mudanças. É ordem dos espíritos.

Odécio iria responder, mas outro companheiro, Ismael, ao ouvir a conversa, aproximou-se e retrucou:

— Essa geração não nos respeita mesmo. Estou pensando em sair daqui e ir para outro centro. Acredita que não vão mais distribuir cestas de alimentos para os coitados da favela?

— Isso foi demais da conta. Coitadas daquelas crianças — tornou Odécio, voz pesarosa.

— Fiquei pasmado quando soube da novidade — retrucou Ismael.

Orlando meneou a cabeça para os lados.

— Não seria melhor fazer uma vibração positiva para o Durval?

— Vibração positiva? — inquiriu Ismael, notadamente em estado de revolta.

— Sim. Um dirigente de casa espírita precisa de nossa vibração. Um dirigente é alvo de espíritos perturbados e geralmente é atacado por falanges imensas. Todo dirigente que se preza em fazer o bem sofre determinados tipos de ataque. Por essa razão precisamos nos manter num estado positivo e emanar essa vibração para o Durval.

— Ele deve estar possuído — disse Ismael.

— Sinto que energias negativas o envolvem. A minha mediunidade não me engana — tornou Odécio.

Orlando nada disse. Pelo contrário, mentalmente enviou energias de equilíbrio ao dirigente do centro e aos dois companheiros que resistiam em aceitar as mudanças propostas. Odécio e Ismael saíram do centro e prosseguiram a conversa. Esqueceram-se de agradecer pelo trabalho espiritual, esqueceram-se de que estavam numa casa de oração. Ambos nem se davam conta de como eram presas fáceis da espiritualidade inferior. Enquanto dobravam a esquina, duas entidades riam a valer nas cercanias do centro.

— Esses dois estão no papo. Um vai sair e o outro nós vamos encher cada vez mais a cabeça de minhoca. Ele vai ser o nosso elo com essa casa de luz. Vamos ver quanto tempo vai durar.

— É isso mesmo. Vamos derrubar esse centro. E sem falange nenhuma. Vamos usar os próprios trabalhadores. Colocar um contra o outro...

Os dois espíritos caíram na gargalhada. O plano deles parecia ter tudo para dar certo.

***

Odécio chegou em casa, semblante carregado. Adélia estranhou:

— O que foi?

— Muito trabalho.

— Atendeu muita gente hoje, querido?

— Sim. Aquele centro consome minhas energias.

— Quer um copo de leite morno?

— Hum, hum. Estou quebrado, podre de cansado. E morrendo de dor de cabeça.

Adélia levantou-se e desligou a televisão.

— Vou pegar uma aspirina.

— Por favor.

Ela dirigiu-se até a cozinha. Voltou com um copo de leite e um comprimido. Deu-os ao marido.

— Já lhe disse para não se envolver tanto nos trabalhos espirituais.

— É minha missão, oras.

— Você dá muito de si, pobre coitado — disse Adélia, entristecida.

— Você também — retrucou ele.

— Eu vou uma vez por mês para ajudar a preparar as cestas.

— Você ia. Não vai mais.

— Por quê?

— Durval cortou as cestas aos favelados.

— Jura? — indagou Adélia, estupefata.

— Sim. Esse centro está de pernas para o ar.

— Então pare de frequentá-lo.

— Fazer o quê? Eu amo meu trabalho no centro.

— Mas está cada dia mais cansado. E essas mudanças todas... Será que Durval não está sendo vítima de perturbação espiritual?

— Acredito que sim. Ele é desumano.

Odécio engoliu o comprimido. Tomou um gole do leite morno.

— Vamos nos deitar.

— Vamos subir. Está tarde — ajuntou Adélia.

— Na cama eu lhe conto os absurdos que fui obrigado a ouvir nesta noite.

Odécio e Adélia subiram abraçados. Deitados, Odécio ia relatando à esposa a conversa áspera com Durval, os desentendimentos, as reprimendas. A esposa ouvia tudo com pena e comiseração.

— Esse menino deve estar perturbado — disse ela, enquanto acariciava a fronte do marido.

Odécio era um trabalhador incansável. Servia à espiritualidade chovesse ou fizesse sol. Estava sempre a postos. Chegava até quebrado a casa, cansado, coisa da mediunidade, de um verdadeiro seareiro de Jesus, acreditava ele.

Após a narrativa angustiante, os dois adormeceram. Tiveram uma noite de sono agitado e, logo que amanheceu, Odécio acordou cansado, corpo alquebrado e, como já vinha acontecendo havia algum tempo, esqueceu-se de fazer suas orações, deixando a mente conturbada e pronta para receber energias negativas, as mais diversas, no decorrer do dia.

14

Conforme os dias passavam, Maria Cândida sentia--se cada vez mais enamorada, atraída por Luís Carlos. Em matéria de sedução, o jovem era rápido no gatilho. Em pouco mais de três meses cumprira o prometido, e agora Maria Cândida estava caidinha por ele.

Monitorado por Guilhermina, sabia que não podia deixar que Otto desconfiasse de seu envolvimento com a garota. Ainda não. Assim, Luís Carlos combinava o local dos encontros. Podia ser um cinema, o clube, uma confeitaria, um bar dançante. Maria Cândida estava entusiasmada e, quando seus pais lhe perguntavam sobre a súbita mudança de comportamento, ela dissimulava e dava uma desculpa qualquer. Zaíra começou a preocupar-se.

Assim que se encontraram na confeitaria, no finzinho da tarde, logo após os cumprimentos, Luís Carlos solicitou:

— Gostaria de marcar um jantar para conhecer seus pais.

Maria Cândida estremeceu.

— Ainda não.

— Por que não?

— Preciso de tempo para conversar com eles.

— Estou gostando de você, Maria Cândida. Adoraria poder passar alguns momentos ao seu lado em sua casa, ficar íntimo dos seus. Afinal de contas, não somos apenas bons amigos.

Ela baixou os olhos envergonhada. Luís Carlos tomou as mãos dela e carinhosamente levantou seu queixo com o indicador. Perguntou novamente, olhando-a nos olhos:

— Acredito sermos mais que bons amigos. Ou estou errado?

Maria Cândida meneou a cabeça para os lados, em sinal negativo.

— Não está errado.

— Que bom! — suspirou ele.

— Acredito que tenhamos passado dessa fase, não?

— Parece que sim, não sei...

— Desde o momento em que a vi, sabia ser você muito especial, mais que uma simples amiga.

Antes que ela pudesse dizer qualquer coisa, Luís Carlos tomou-a em seus braços e sussurrou em seu ouvido:

— Maria Cândida, estou apaixonado. Você é a mulher da minha vida.

Ele sentiu o corpo dela estremecer levemente. Inclinou seu rosto, e seus lábios se encontraram. Beijaram-se longamente. Maria Cândida sentiu um calor apoderando-se de seu corpo. Desvencilhou-se de Luís Carlos com delicadeza.

— O que foi que aconteceu?

— Não consigo concatenar minhas emoções.

— Por quê? — perguntou ele.

— Nunca senti nada igual antes.

Luís Carlos procurou demonstrar interesse. Com ar que procurou tornar natural, disse:

— Sinto que vou explodir de felicidade, tamanho o amor.

— Eu também o amo, Luís Carlos. Contudo tenho medo, não sei dizer.

— Como assim?

— Por mais que me sinta bem ao seu lado, tenho às vezes sensação de pânico, de algo ruim que está a caminho.

— Não estou entendendo.

— Eu não sei explicar. Eu sinto algo, uma dor que oprime meu peito.

— Será que não gosta o suficiente de mim?

— Não diga isso! — protestou ela.

— Mesmo?

— Eu o adoro.

— Então o que é?

— Nunca um homem me tratou desse jeito.

— Que jeito? — inquiriu ele, procurando auferir o que ia no íntimo da jovem.

Maria Cândida suspirou emocionada. Encarando-o nos olhos, tornou:

— Você é carinhoso, amoroso, me trata com respeito, me valoriza. Você é um perfeito gentleman, o tipo de homem que qualquer mulher ficaria louca para ter nos braços. E além de tudo é muito bonito.

Ele esboçou leve sorriso. Sabia ser tudo isso e sentia orgulho de si. A ponta de remorso que sentira no início diminuíra e agora ele sentia maior desenvoltura nos galanteios. Maria Cândida continuou:

— Tenho medo de que meu pai interfira e não deixe o namoro seguir adiante.

— Por que diz isso?

— Papai sempre foi intransigente. Nunca deixou que ninguém se aproximasse de mim. Acredita que, por eu ser filha única e não ser bonita, os homens vão querer se aproveitar de mim.

— Seu pai é cego!

— Eu tenho espelho em casa, Luís Carlos. Não estou mentindo.

— Você não é uma artista de cinema americano, todavia tem lá seu charme. Gosto de seu nariz, de sua boca carnuda.

Maria Cândida suspirou emocionada. Luís Carlos a tirava dos eixos com esse blá-blá-blá.

— Eu sou rico, não preciso de seu dinheiro. É disso que tem medo?

— Talvez.

— Escute, querida. Eu a amo e me sinto atraído por você.

— Está sendo sincero?

— Claro! O que posso fazer?

Maria Cândida retrucou com voz entristecida:

— Alguns anos atrás, eu me apaixonei por um moço e papai ficou desconfiado. Contratou detetives e descobriu que a família do rapaz estava quebrada, à beira da falência. Quando o desmascaramos, ele me ofendeu tanto! Papai me prometeu que, daquele dia em diante, ficaria de olho em quem quer que se aproximasse de mim.

— Seu pai pode ir atrás de mim e botar detetive nas minhas costas. Vai descobrir que sou rico, moro com minha mãe, minha prima e estou me preparando psicologicamente para voltar a estudar. Quero montar meu próprio escritório de advocacia no futuro. E, de mais a mais, sou praticamente enteado do Ramírez, homem rico e influente. Por que precisaria de seu dinheiro?

Sua cabeça pendeu para os lados.

— Papai vai ter de aceitá-lo.

— Eu converso com ele.

— Ele sempre desejou minha felicidade. Não poderá me impedir de casar com você.

Luís Carlos fingiu cara de susto.

— Casar?!

Maria Cândida enrubesceu. Baixou os olhos envergonhada. Havia falado mais do que devia.

— Oh, desculpe! Não foi o que quis dizer...

Luís Carlos pousou delicadamente a mão em seu queixo e levantou seu rosto ainda ruborizado.

— Ei, por que ficou assim?

— Falei demais. Não deveria.

— Não deveria?

— Não. Eu o conheço há alguns meses, mas nunca senti isso antes por um homem. Eu o amo tanto que seria capaz de largar tudo e viver para sempre ao seu lado.

— É mesmo?

— Até fugir, se fosse necessário.

Isso ia contra o plano traçado por Guadalupe. Se ela fugisse, ou mesmo criasse desavenças com o pai, poderia correr o risco de ser deserdada. Maria Cândida não podia em hipótese alguma ser deserdada. Luís Carlos precisava demovê-la de uma loucura dessas e, aliado a Guadalupe, sabia que Otto não se oporia ao casamento. Mas ele tinha dificuldade em agir sozinho. Não sabia lidar com desvios no caminho. Seguia um roteiro traçado por Guadalupe e sua mãe, e se perdia quando o roteiro saía da linha.

— Quero muito conhecer seu pai e sua mãe — tornou ele, voz doce.

— Acha que está pronto para encará-los?

— Sim. Quero que tirem qualquer impressão ruim que possam ter de mim.

Maria Cândida pensou por instantes.

— Vou marcar para o próximo sábado. O que acha?

— Só lá? Temos a semana inteira.

— Preciso de tempo. Quero preparar o terreno. Preciso conversar com mamãe e ver se ela convence papai. Me dê esse tempinho. Prometo que tudo vai dar certo. E uma semana passa bem rapidinho.

— Está bem. Se é para o nosso bem, eu espero.

Luís Carlos chamou o garçom, fez o pedido e ficaram os dois, mãos dadas, fazendo planos para o futuro. Maria Cândida estava cada vez mais apaixonada. Mesmo com o ligeiro incômodo no peito, acreditava ser aquilo algum resquício das sensações desagradáveis que passara quando descobriu que Augusto nunca gostara dela mas tão somente de seu dinheiro. Maria Cândida tinha sérios problemas de aceitação, era-lhe difícil trabalhar na sua autoestima. A decepção com Augusto ainda lhe feria o coração. E agora aparecia Luís Carlos para lhe dizer que não precisava de seu dinheiro e que estava apaixonado por ela. Isso só podia ser sonho.

Ao chegar em casa, Maria Cândida encontrou Zaíra lendo uma revista de moda na sala de estar.

— O jantar será servido logo. Vá lavar as mãos.

— Obrigada, mamãe, mas venho da confeitaria e acabei de tomar um sorvete. Não sinto fome.

Zaíra levantou-se incomodada. De uma hora para outra a filha saía sem avisar, e voltava sempre com largo sorriso nos lábios. Só podia ser homem. Ela procurou investigar.

— Filha, o que está acontecendo?

— Nada.

— Como nada? Você sai quase todos os dias...

— E daí?

— Daí que volta tarde, não diz aonde vai.

— A terapia me ajudou bastante.

Zaíra irritou-se.

— Faz mais de mês que parou de fazer análise. Você mudou.

Maria Cândida procurou contemporizar.

— Novos amigos. Você e papai sempre insistiram em que eu arrumasse amigos, aumentasse meu círculo de relacionamentos.

— De fato, mas...

— Então, mamãe, pois é o que estou fazendo.

— Que amigos são esses?

— Ora, amigos, mãe!

— Por que não os traz aqui em casa?

— Para quê?

— Para que eu e seu pai os conheçamos — declarou Zaíra, preocupada.

— Ainda é cedo para isso.

— Maria Cândida, você é minha filha. Minha única filha.

— E?

— Eu a conheço como a palma de minha mão.

— Mamãe...

Zaíra deixou de rodeios. Perguntou de pronto:

— Vamos, me diga, quem é?

— Ora, mamãe, não é nada, ninguém.

— Diga-me quem é o moço.

Maria Cândida respirou fundo. Sabia que seria praticamente impossível dobrar a mãe. Zaíra não iria sossegar enquanto ela não falasse. Talvez agora fosse o momento oportuno. A jovem não teve alternativa. Puxou a mãe pelo braço e a conduziu até o sofá. Sentaram-se e recostaram-se nas almofadas. Maria Cândida pousou suas mãos na da mãe.

— Não adianta eu esconder nada de você.

— Não adianta mesmo.

— Você me conhece bem.

— E como! E por que deveria esconder?

— Não sei, talvez insegurança.

— Por quê? Está fazendo algo que pudesse me causar vergonha?

— Jamais! Não é isso.

— Então não tem com o que se preocupar.

— Pois bem.

— Me conte: o que está se passando? — perguntou Zaíra, apreensiva.

Maria Cândida baixou os olhos envergonhada e disparou:

— Bom, na verdade, eu conheci um rapaz.

Zaíra mordeu levemente os lábios. Já haviam passado por situação semelhante no passado. Maria Cândida apaixonara-se perdidamente por Augusto, rapaz bonito, de família riquíssima, porém falida. Havia sido tudo armação. O rapaz aproveitara-se da insegurança da moça e, não tivesse o detetive descoberto a trama sórdida montada pela família do rapaz, talvez Maria Cândida estivesse vivendo dias de penúria.

Zaíra sentiu uma leve pontada no peito, uma sensação desagradável. Em todo caso, não podia sentir-se assim toda vez que a filha se apaixonasse por alguém, coisa rara também de acontecer. Antes que pudesse dar continuidade ao fluxo de pensamentos, Maria Cândida interveio aflita:

— Sei no que está pensando.

— Sabe?

— Sim, mamãe. No triste episódio com Augusto.

— É disso que tenho medo. Não gostaria de vê-la novamente sofrendo por alguém que não a ama de verdade, que tripudia sobre seus sentimentos mais nobres.

— Desta vez é diferente.

— Tem certeza?

— Tenho — respondeu Maria Cândida com convicção. — Eu também pensei a mesma coisa. Achei que fosse mais um caça-dotes atrás de mim.

— Ainda sinto raiva quando me lembro de Augusto. Ele quase nos dobrou. Se seu pai não tivesse colocado um bom detetive atrás daquele moço, talvez hoje você estivesse presa a um casamento sem amor, vivendo tristemente, sustentando um pé-rapado.

— Agradeço a vocês por isso. Sei que me amam — disse a jovem, pousando delicado beijo na mão da mãe.

— Claro que a amamos. É nossa filha adorada.

— Agora é diferente, mãe. Pode acreditar.

— Quem é ele?

— O moço? — perguntou Maria Cândida, aflita.

— Sei quando está apreensiva, com medo. Boa coisa não pode ser. Quem é o rapaz, Maria Cândida?

— Luís Carlos.

— Tem sobrenome?

— Tem, sim.

— Maria Cândida, estou ficando nervosa. O nome todo, de uma vez.

A jovem respirou fundo. Por fim disparou:

— Luís Carlos do Amaral Gouveia Penteado.

Zaíra levou a mão à boca.

— Não pode ser!

— É ele, sim, mamãe.

— O filho de Guilhermina e Miguel?

— Sim, ele mesmo — tornou ela, animada.

— Não! Aquele moço é muito requestado, tem todas as mulheres aos seus pés.

Zaíra levantou-se e apanhou uma revista sobre a mesinha. Folheou e em seguida entregou-a à filha, indicando a página e a foto.

— Leia, Maria Cândida.

— O que é?

— Faça o favor de ler embaixo da foto.

Maria Cândida leu a nota. Era uma foto de Luís Carlos, e a matéria falava sobre os solteiros mais cobiçados do momento.

— Isso é fantástico. Ele pode sair da lista.

— Não, minha filha.

— O que quer dizer, mamãe?

— Eu a amo muito, e por isso não vou maneirar o tom.

— Pode falar.

— Por que esse rapaz tão rico e tão bonito iria cair de amores por você?

— Por que me ama, certo?

— Não. Lembre-se de Augusto.

— Não dá para compará-los, mamãe.

— Quer viver nova decepção?

Maria Cândida baixou os olhos. No fundo sentia a mesma coisa, sabia não ser nem um pouco atraente. Entretanto Luís Carlos era rico, não precisava de dinheiro; só podia estar mesmo interessado nela. Os contos de fada também podiam acontecer na vida real, acreditava a moça. Zaíra prosseguiu:

— Acorde, Maria Cândida.

— Ele é rico, não precisa de nosso dinheiro.

— Não sei se esse rapaz está tão bem financeiramente quanto aparenta.

— Há alguma nota depreciativa sobre ele?

— Nunca li — replicou Zaíra em tom áspero. — Você sabe que em sociedade tudo se cria, a imprensa escreve aquilo que melhor lhe convém. Guilhermina é temida por um punhado de jornalistas, isso eu sei. Ela pode pedir para colocar qualquer nota que seja sobre ela ou o filho. Quem nos garante que tudo o que esteja escrito aí seja verdade?

— Luís Carlos me garantiu ser rico. Disse-me que depois que o pai morreu...

— O pai dele se matou — disse rispidamente Zaíra.

— Certo. Entretanto, a mãe dele está para se casar com um rico empresário.

— Rico empresário? Todos sabemos da fama do Ramírez. Ele está envolvido com prostituição e jogos clandestinos. É dinheiro sujo, isso sim.

— Luís Carlos não tem nada a ver com isso. Se o dinheiro é sujo ou não, eu não sei, mas ele não está comigo por conta de meu dinheiro.

— Quem garante isso?

— Luís Carlos me garantiu ser rico. Acredito nele, mamãe.

— Quando o pai dele se matou...

Maria Cândida rompeu em soluços.

— O que tenho a ver com isso? Por que acha que os homens só se aproximam de mim por causa do dinheiro?

— Não se trata disso, minha filha.

— Eu também tenho outros atributos. Sou inteligente, culta, sensível.

Zaíra abraçou-se à filha.

— Sei disso, meu amor.

Maria Cândida chorava e falava ao mesmo tempo, as palavras entrecortadas pela comoção.

— Tenho direito a ser feliz, mamãe.

— Sim, claro.

Zaíra alisou os cabelos da filha, esperou que Maria Cândida ficasse mais calma. Depois, ajeitou-a contra o peito. Procurou dar um tom amável na voz.

— No fundo, ambas sabemos que um homem se interessa primeiramente pelos atributos físicos de uma mulher. Raríssimas são as vezes em que acontece de o homem se apaixonar sem se sentir atraído fisicamente. É a lei.

— Mas cada caso é único, não é mesmo? Eu sou boa de conversa. Como nunca fui muito de sair, fiquei muito tempo em casa lendo, estudando. Converso sobre tudo. Vai ver, Luís Carlos não gosta de garotas fúteis, que existem aí aos montes. Prefere as inteligentes, como eu.

— Pode ser, filha. Mas tanto você quanto eu sabemos que a aparência conta bastante.

— E daí?

— Infelizmente Deus não a agraciou com a beleza física.

— E terei de amargar meus dias como uma solteirona, sem direito a amar, porque Deus errou na hora de fazer a minha fôrma?

— Não estou falando isso. Claro que há homens que se interessam por outros atributos da mulher que não o físico. Mas não acredito que esse rapaz esteja apaixonado somente pelo seu intelecto.

— Não é justo.

— O quê?

— Ser rica e feia.

— Preferiria ser pobre e bonita?

— Talvez. Não sei. Nunca me imaginei sem dinheiro. Nasci e cresci rica. Às vezes tenho vontade de pegar um profissional e entregar meu rosto em suas mãos. Mas aí vem o medo de ficar pior.

— Bobagens! Eu lhe falei várias vezes sobre plástica. A cirurgia plástica hoje faz maravilhas. Eu e seu pai inclusive queríamos levá-la para a Europa.

— Não preciso de Europa. Temos no Rio de Janeiro o melhor cirurgião plástico do mundo, o doutor Ivo Pitanguy.

— Tenho amigas que fizeram plástica com ele. Elas o recomendam. Entretanto ainda prefiro os profissionais europeus. E por que então não resolve se dar valor e mudar a aparência?

— Você sabe que tenho pavor de cirurgia, não posso ver sangue. Ficar cheia de ataduras, cicatrizes, não. E, por outro lado, posso ficar pior. Não, definitivamente não me sinto segura para encarar uma cirurgia plástica. E no meu caso seria de grande porte, teria de fazer várias.

— Também não exagere. Você não é um monstro — tornou Zaíra, acariciando o rosto da filha.

— Me sinto um monstro, às vezes. E, agora que Luís Carlos apareceu, não abro mão dele.

— Seu pai vai proibir esse namoro.

— Não vai!

— Você conhece o gênio de seu pai. Ele não vai permitir, ainda mais sabendo quem é o novo pretendente.

— Pode me ajudar?

Zaíra exalou profundo suspiro.

— Posso conversar com seu pai.

— Você consegue dobrá-lo, mamãe.

— Depende. Em todo caso, vamos marcar um jantar para conhecermos melhor o rapaz.

— Sem conversar com papai?

— Faço de conta que não sei quem é. Seu pai pode ser tudo, menos grosseiro. Vai receber o rapaz em nossa casa. Qualquer comentário ficará para depois do evento, no fim de noite.

— Prefiro assim, mamãe.

— Afinal, estamos julgando-o sem direito a defesa.

— Obrigada. É isso mesmo que queremos. Marcar um jantar, e gostaria que fosse no próximo sábado.

— Rápido desse jeito?

— É. Assim você e papai verão que Luís Carlos de maneira alguma está interessado em nosso dinheiro. Ele está apaixonado por mim.

Zaíra nada disse. Continuou abraçada à filha. Sabia que essa história estava muito mal contada. De boba, Zaíra não tinha nada. Esperta e voluntariosa, sempre se mostrava mansa e pacífica às pessoas, procurando manter o tom de voz o mais sedoso possível. Todavia era ardilosa, cheia de astúcia. E quanta astúcia!

Zaíra era filha de famoso arqueólogo. Durante a Segunda Guerra Mundial, ela e seu pai estavam visitando o Cairo, a capital do Egito, em busca de novos achados arqueológicos. Durante uma escavação, o pai de Zaíra morreu soterrado. A jovem na época foi à procura da mãe, que não via fazia anos. Zaíra nunca soube o que de fato ocorrera com a mãe, se ela fora morta, se se refugiara. Com razoável quantia de dinheiro no banco — ela não tinha irmãos —, Zaíra foi à Europa, um continente combalido e enfraquecido pela Grande Guerra. Lá conheceu Otto, um prisioneiro de guerra. Otto sabia onde estavam localizadas pinturas, esculturas e tantas outras obras de arte tomadas dos judeus pelos alemães de Hitler. Assim, compraram peças valiosíssimas a preço de banana.

Zaíra e Otto se casaram e estabeleceram moradia no eixo São Paulo—Buenos Aires. Com o passar dos anos, passaram a vender as obras no mercado negro de arte. Otto depois envolveu-se com negócios ilícitos e ela era o braço direito do marido. Havia um esquema especial de proteção à filha. Seguranças à paisana estavam sempre na cola de Maria Cândida.

O casal estava com medo de que, depois de tanto esforço e maestria, um playboy qualquer aparecesse e surrupiasse a fortuna acumulada ou mesmo viesse a descobrir os negócios do casal.

Zaíra desconfiou de Augusto, e foi ela quem de fato botou detetive atrás do rapaz. Faria o mesmo com Luís Carlos. Ela sabia da fama de Guilhermina. Tinha certeza de que estavam tramando algo contra sua filha. Ela iria sair na frente e se preparar. Zaíra era capaz de tudo para proteger sua filha e seu patrimônio.

15

Ana Paula ajeitou os cabelos, sorriu para sua imagem refletida no espelho.

— Aonde vai, tão bonita? — indagou Tânia.

— Tomar um sorvete com o Fernando.

— Ele é um bocado bonito.

— Sim. Além de bonito é educado, inteligente, trabalhador e muito, muito tímido.

As duas riram.

— Estão namorando? — perguntou a amiga.

Ana Paula suspirou.

— Não sei ainda. Fernando é muito recatado, todavia sinto que há algo mais que amizade entre nós.

— Mais que amizade é namoro — retrucou Claudete, sorrindo.

— Vocês duas me tiram do sério! — exclamou Ana Paula.

— Ele está caidinho por você. Seja menos durona — sentenciou Tânia.

— Não quero forçar nada. Estamos saindo, nos conhecendo. Isso é bom.

— Melhor agora, que está empregada. Fica mais fácil, uma preocupação a menos.

Ana Paula suspirou feliz.

— Isso é verdade, Tânia. Estou tão feliz na escola... É um tanto distante daqui da pensão, mas vale a pena. Com o salário no fim do mês pagarei o aluguel e ainda poderei economizar, afinal de contas minha reserva quase se esvaiu.

— Se precisar de algum, conte comigo — tornou Claudete.

— Comigo também — completou Tânia, sorridente.

— Obrigada, meninas. Sei que posso contar com ambas.

— E aonde vai o casalzinho? — indagou Tânia, em tom de brincadeira.

— Vamos sair para comemorar meu primeiro dia de aula.

— Tenho certeza de que conseguiu por mérito — aduziu Claudete. — E também com a ajuda dos amigos espirituais. Tudo começou a dar certo depois que fez o tratamento no centro espírita.

Ana Paula concordou com a cabeça.

— Não é só isso. As palestras são elucidativas, colocam a gente lá para cima. Esse trabalho de valorização do ser humano é de suma importância. Gosto muito da maneira como abordam determinados temas. Eu estava tão para baixo, me sentindo tão mal! Culpava minha mãe por tudo de ruim que me acontecera na vida.

— Isso é um erro. Culpar alguém é cômodo — tornou Tânia.

— Parece que somos frágeis — ajuntou Claudete.

— Parece que muitos de nós gostamos de ser vítimas. Eu cresci me achando uma vítima em potencial. Uma pobre coitada que por infelicidade teve uma mãe que me castrou o tempo todo, me impedindo de ser eu mesma. Mas agora estou mais lúcida, percebo que eu sou responsável por mim, por tudo o que acontece comigo. Isso me dá um poder tão grande...

Claudete consultou o relógio e deu um gritinho.

— Estou atrasada. Hoje é meu dia de trabalhar no centro espírita.

Claudete beijou as amigas, apanhou a bolsa sobre a cômoda e saiu. Ana Paula e Tânia prosseguiram a conversa. Ana Paula estava particularmente feliz naquele dia.

— Saí de casa com tanto medo... Achava que não ia dar conta do recado. Pensei em desistir, mas você reapareceu em minha vida. Me sinto tão segura, que até encararia minha mãe e, confesso, não iria mais gaguejar.

Ambas riram a valer. Tânia prosseguiu:

— É muito bom nos sentirmos inteiras, fortes, independentes. Agora dá para perceber por que atraiu uma mãe como Guilhermina. Você precisava de alguém de temperamento forte, de pulso, bem voluntariosa, para que pudesse trazer sua força para fora. Se Guilhermina fosse uma mãe passiva e bobona, fazendo todos os seus caprichos, acredito que ainda hoje estaria lá vivendo com ela, toda insegura, cheia de medos.

— Nem me fale uma coisa dessas! — retrucou Ana Paula, batendo três vezes na madeira da mesinha de cabeceira.

— Atraímos pessoas e situações desagradáveis em nossas vidas justamente para enxergar aquilo que não queremos ver dentro de nós.

— A vida é mágica, Tânia. Nunca pensei que, quando não queremos enxergar ou mudar uma crença que está nos atrapalhando a evolução, a vida coloca alguém ou uma situação de maneira exagerada para olharmos, observarmos melhor e podermos mudar nossa atitude. Tenho aprendido muito.

— É bom pensar assim.

— E Fernando também pensa como eu.

— Acho tão engraçado!

— O quê?

— Depois que Odécio deixou o centro, Fernando e Suzana passaram a frequentá-lo amiúde.

— Parece que houve muita confusão naquele centro espírita, o que propiciava interferências negativas de toda sorte. Com o pulso forte do Durval as coisas mudaram. O centro hoje atende o dobro de pessoas que atendia no passado. E olha que já eram muitos os atendidos.

Tânia ajeitou-se na cama e inclinou a cabeça sobre o cotovelo.

— Sabe, Ana Paula, a vaidade do médium é o que mais atrapalha o andamento de um centro espírita.

— Concordo. Uns querem ser melhores que outros, mostrar que têm mediunidade mais acentuada, que recebem mentores de esferas muito mais superiores.

Tânia riu.

— E no final das contas ficam arrebentados e sugados. Também, não fazem nada por si, não mexem uma palha e nem sequer querem realizar mínima mudança interior que seja.

— Eu sinto que o passo para uma vida feliz é ter a capacidade de enxergar cada vez mais nossos pontos fracos e mudar — ajuntou Ana Paula.

— Estamos fazendo nossa parte. Tenho conversado bastante com Fernando a respeito.

— Gosto da companhia dele e da Suzana. Ela parece ser das nossas — asseverou Ana Paula.

— Sinto-me bem quando estamos os quatro juntos.

— Parece que nos conhecemos há tempos.

— Até a Lurdinha está numa amizade com a Suzana!

— Estudamos com a Lurdinha na escola. Lembra-se de como ela sempre foi ardilosa?

— E como! Lurdinha sempre foi uma garota mimada. E quando uma de nós a contrariava?

— Nem me lembre! Lurdinha chorava, batia o pé na sala de aula. Fazia escândalo por qualquer coisa.

— E agora ela reaparece no circuito.

— Esse súbito interesse dela pela Suzana... não sei, não.

— Acha que ela trama alguma coisa? — inquiriu Tânia.

— Não gosto de julgar. Em todo caso, acredito que Lurdinha esteja rodeando a Suzana para obter informações.

— Informações?

— Sim.

— De quem? — perguntou Tânia, curiosa.

— Ué? A médium vidente não é você?

— Sim, mas...

— Pois que descubra, oras!

Tânia arremessou um travesseiro na amiga. Elas riram entre si.

— Deixe eu me aproximar dela e verá que descubro tudo. O problema é a vibração. A Lurdinha vibra numa sintonia pavorosa. Dá muito trabalho ficar ao lado dela e perceber suas intenções.

— O tempo vai nos mostrar. E, de mais a mais, Suzana também é esperta. Logo ela vai perceber melhor essas investidas da Lurdinha e descobrir o porquê de ela estar todo dia à tarde esperando-a na porta da fábrica.

— Que eu saiba, a Lurdinha mora na outra extremidade da cidade.

— É, Tânia, mas aí tem alguma coisa. Logo saberemos.

Ana Paula sorriu, deu mais uma ajeitada no cabelo, despediu-se de Tânia e saiu contente, contando os minutos que restavam para se encontrar com Fernando.

***

Odécio irritou-se sobremaneira com as novas diretrizes ditadas por Durval no centro espírita. Sentiu-se achincalhado e magoado e nunca mais retornou ao centro.

Não deu satisfação; simplesmente largou os trabalhos espirituais. Nem quis saber de fazer o curso de reciclagem espiritual. Aquilo era ultrajante.

Na cabeça, Odécio brigava constantemente com Durval.

— Onde já se viu? Um moleque sem responsabilidade alguma, que não sabe nada da vida, vem me impor uma humilhação dessas? Não posso aceitar.

— Falando sozinho de novo, querido?

Odécio levantou-se da poltrona, calçou seus chinelos.

— Adélia, veja como a vida é ingrata. A gente se mata pelos outros, e olha só o que levamos: um pontapé bem grande no traseiro.

Ela entrelaçou o seu braço no do marido.

— Meu bem, não fique triste.

— Não estou triste. Estou magoado. O Durval me feriu, apunhalou-me pelas costas quando me tirou da sala de passes. Você não sabe a vergonha a qual passei.

— E de que adianta ficar brigando mentalmente com o Durval? De que vai adiantar?

— Estou muito chateado mesmo. Nunca passei por tamanha situação ultrajante. Fui dispensado dos trabalhos assim, num piscar de olhos, num estalar de dedos e pronto.

— Se fizesse aquele curso aos sábados...

Odécio levantou-se indignado. Fuzilou a esposa com os olhos.

— Adélia, você acha que eu deveria me submeter a fazer aquele curso?

— Não sei, oras...

— Pra quê?

— Os outros não fizeram?

— Esses moleques querem ser melhores que nós. Querem provar que sabem mais que os mais velhos. Não nos respeitam.

— Fique calmo. Olha a pressão.

Odécio andava impaciente de um lado para o outro da sala. Continuava resmungando:

— Quinze anos de dedicação ao próximo. Quinze anos jogados no lixo!

— Calma...

— Como calma? Toda vez que penso nisso me dá um ódio do Durval...

— Você poderia voltar lá e conversar.

— Não!

— Não seja teimoso, homem. Durval o afastou por duas semanas. Faz quase dois meses, e você não voltou mais.

— Durval vai vir até aqui na porta de casa. Vai me pedir de joelhos para voltar. Não sabe o médium precioso que perdeu para o centro. Logo as pessoas vão reclamar minha falta.

— Acha mesmo?

— Tenho certeza.

— Bom, então...

Odécio a cortou:

— E tem mais: eu tenho certeza de que os espíritos não querem que eu volte para aquele centro espírita.

Adélia mordeu levemente os lábios, apreensiva. Não gostava desses assuntos.

— Você escutou alguma coisa dos seus amigos espirituais?

— Escuto-os sempre. Meu mentor está sempre presente.

— E o que ele lhe diz?

— Que todos naquele centro estão perturbados, desequilibrados mentalmente, pobres coitados.

— Vamos orar por eles, então — tornou Adélia, em tom pesaroso.

— Orar uma ova!

— Mas a reza é uma bênção.

— Sei disso.

— Foi você quem nos ensinou isso aqui em casa.

— Adélia, se eu rezar por eles vou atrair todas as cargas negativas, todas as energias pesadas do lugar.

— É mesmo?

— Você sabe o quanto sou sensível.

— Isso é verdade, meu querido.

— Vida de médium é fogo.

— Que encarnação mais dolorida...

— É a missão — tornou Odécio, em tom dorido.

— Quanta responsabilidade em suas costas!

— Para ver como sofro, Adélia. Vejo tanta gente querendo compreender, estudar e desenvolver a mediunidade! Acho isso uma pena. Mal sabem o que terão de enfrentar pela frente.

Adélia aproximou-se do marido. Pousou delicadamente suas mãos nas dele.

— Não acha melhor reconsiderar?

— Como assim?

— Ter uma conversa com o Durval.

— Me humilhar novamente?

— Odécio, que custa?

— Custa muito, mulher.

— Afinal de contas, nós vimos o Durval crescer. Sempre nos pareceu um bom menino.

— Só se você for cega! Ele sempre foi esquisito.

— Esquisito?

— Muito dono de si.

— Nunca percebi isso.

— Porque você é ingênua, não vê a maldade que cerca o mundo. Durval é arrogante que só vendo. Ele é o responsável por eu estar deste jeito.

— Não fique assim, querido. Sua pressão não pode subir.

— Por culpa do Durval, minha mediunidade está toda destrambelhada.

— Ore e peça aos seus guias para lhe ajudarem. Você sempre foi tão bom...

— Tão bom que até agora não briguei com nossos filhos.

— E por que brigaria?

Odécio coçou a cabeça. Irritado, afirmou:

— Fernando e Suzana estão frequentando aquele antro de perdição. Foi só eu sair que Durval os atraiu para lá, de propósito.

— Acha que Durval está querendo atirar nossos filhos contra nós? — perguntou ela, mãos aflitas torcendo o avental.

— Eu não acho. Tenho certeza absoluta! Nossos filhos são bons e ingênuos. E me sinto culpado porque eu coloquei na cabeça deles que tinham de frequentar um lugar, estudar a doutrina espírita.

— Você está muito nervoso, querido.

— Claro que estou. Você vai ver que nossos filhos ainda vão nos contrariar.

— Sente-se, fique calmo. Que tal ler o Evangelho?

— Evangelho?

— É. Faz tempo que não nos sentamos e fazemos o evangelho no lar.

— O Evangelho não vai resolver nossos problemas.

— Entretanto uma leitura edificante pode nos trazer paz, conforto interior. Vejo que está muito nervoso.

— Agora não. Além de nervoso, estou muito cansado.

— Amanhã, então. O que acha?

— Pode ser. Vou pensar.

— Você é quem sabe, querido.

— Sinto o corpo todo quebrado. Trabalhei demais da conta hoje. Vou me recolher mais cedo.

Odécio despediu-se da esposa. Adélia voltou para os afazeres domésticos e ele subiu as escadas, fez o toalete e depois deitou-se. Assim que Odécio entrou em sono profundo, seu espírito desprendeu-se de seu corpo e ficou alguns palmos acima do físico. Num canto do quarto estavam aqueles mesmos dois espíritos que o acompanharam na saída do centro espírita meses antes. Um deles falou:

— Vai, Zé, manda ver.

— Já?

— Isso mesmo. Faz aquela concentração mental.

— Que quer que eu faça?

— Que apareça para ele com outro rosto.

— Não sei se vai dar.

— Claro que vai. Você se deu bem no curso de mistificação. Consegue se parecer com o que quiser.

O espírito mistificador se gabou todo. O outro enchia seu ego:

— Vamos, olhe pra foto do pai dele e se concentre.

O espírito aproximou-se do porta-retratos, fixou bem seus olhos nos do retrato. Falou algumas palavras estranhas e, em instantes, estava com a aparência do pai de Odécio. O colega ao lado, em profundo desequilíbrio, ria sem parar.

— Agora aproxime-se dele.

— Calma.

— Precisamos agir antes que apareça algum metido do bando de luz.

— Não vai aparecer ninguém.

— Como pode afirmar com tanta convicção?

— Porque eles abandonaram as leituras, não fazem mais evangelho no lar. Estão na nossa mão.

— Não se esqueça dos filhos. Aqueles dois nos têm dado muito trabalho.

— Sei disso.

— Não são de confiança.

— Só dão trabalho quando estão aqui na casa. Vamos aproveitar a ausência deles, deixar de papear e fazer o que o chefe pediu.

— Sim.

Então o espírito, com a aparência mudada, aproximou-se do corpo de Odécio ao pé da cama e cutucou levemente o seu duplo, que estava a uns dois palmos acima do corpo físico. Odécio resmungou e o espírito novamente o cutucou:

— Vamos, acorde, filho.

Odécio abriu os olhos e os fechou novamente.

O espírito insistiu. Com voz enérgica, tornou:

— Abra os olhos. Precisamos conversar.

Odécio abriu novamente os olhos e sentou-se. Assonorentado, perguntou:

— O que é?

— Sou eu, meu filho.

— Quem?

— Seu pai. Vim visitá-lo.

— Papai? — Odécio arregalou os olhos.

— Sou eu.

— É você mesmo?

O espírito procurou conter o riso e manter cadência na voz. Pigarreou e declarou:

— Sim, meu filho, sou eu.

— Que surpresa boa! O que o traz aqui?

— Estou preocupado com você.

Odécio levantou-se e aproximou-se vagarosamente do espírito disfarçado.

— Preocupado comigo?

— Bastante.

— O que foi? Fiz algo que o desagradou?

— Não, você é perfeito, nunca me desagradaria.

Odécio coçou a cabeça. Estava feliz. Qualquer elogio o deixava em estado de êxtase.

— Ah, é sobre o centro espírita?

— Sim.

— Tomei a decisão certa, não é, papai?

— Foi o melhor que podia fazer, Odécio, meu filho: sair daquele antro.

— Só de pensar no Durval me dá uma raiva danada. Desculpe.

— Nada de desculpa. É bom sentir raiva. Você está certo.

Odécio surpreendeu-se.

— É mesmo?

— Sim.

— Não estou errado?

— De maneira alguma. O novo dirigente daquele centro é prepotente e arrogante, um poço de vaidade. Não reconhece os que trabalham em nome do Cristo e está transformando o local num covil de espíritos aproveitadores.

— Vixe Santa!

— Infelizmente é o que ocorre. Quero que fique o mais longe possível daquele lugar.

— É o que tenho procurado fazer.

— Precisa convencer seus filhos a saírem de lá o mais rápido possível.

— Eles correm algum perigo?

— Acreditam cegamente em Durval. Vão sofrer muito.

— Não quero que sofram.

— Fique tranquilo, que no momento certo iremos dar outras orientações. Mas não se esqueça de que precisa ficar bem longe daquele lugar.

— Posso procurar outro centro espírita?

— Numa outra oportunidade vou lhe indicar o lugar que deve procurar.

— É mesmo?

— Claro, meu filho. Não se esqueça de que sou seu pai. Estou morto, mas ainda sou seu pai.

Uma lágrima escorreu pelo canto do olho de Odécio. Ele estava emocionado. O espírito continuou:

— Nesse lugar você vai poder doar bastante energia. Os espíritos vão precisar da sua mediunidade.

— Então eu sou bom mesmo?

— Você é médium de primeira linha. O seu dom é uma dádiva e merece ser usado num local onde tudo seja feito de maneira séria.

Odécio sentiu-se envaidecido. O espírito sabia que a forma que adquirira estava desvanecendo, iria se acabar, porquanto aprendera a manter a aparência de quem quer que fosse por apenas alguns minutos. Mais que isso era impossível. O corpo fluídico ficava debilitado. Somente os poderosos do umbral sabiam se manter por mais tempo fingindo ser outra pessoa. Zé então pousou a mão na fronte de Odécio e ele imediatamente voltou a dormir.

— Eu falei que o ponto fraco dele é a vaidade — disse o espírito, entre risos.

— Puxa, é mesmo.

— É só encher a bola do coitado, que ele fica todo prosa.

— Come direitinho na nossa mão.

Naquele momento, Zé sentiu tremenda dor na cabeça. O outro espírito assustou-se.

— O que foi?

— Ai, que dor!

O comparsa sentiu medo.

— Nunca vi você assim antes. O que aconteceu?

— Um deles chegou.

— Quem?

— O filho ou a filha. Não sei.

O outro espírito também começou a passar mal.

— Tem razão. Nossa! Que energia pavorosa!

— Vamos sair daqui agora mesmo — sentenciou Zé.

— Vamos nessa.

— O chefe vai ficar feliz em saber que o otário está em nossas mãos.

Os dois deram uma gargalhada sinistra e sumiram do quarto num segundo.

16

Suzana chegou em casa exausta nesta noite. Mal fechou a porta da sala, arrancou os sapatos e esparramou-se no sofá. Era muito responsável em sua função na metalúrgica e, todas as vezes que Roberto viajava, parecia que o serviço aumentava. Sem contar a presença desagradável de Bruno. Quando o pai viajava, Bruno se sentia mais à vontade para dar suas investidas em Suzana. Isso a incomodava profundamente. Assim que Roberto voltasse de viagem, ela iria ter com ele uma conversa séria, mesmo que custasse seu emprego. Estava cansada do assédio constante do rapaz.

Bruno insistia em convidar Suzana para sair, mas ela não aceitava. Havia vários motivos que a faziam dizer "não". Para ela, o ambiente de trabalho era sagrado. Ela sabia ser atraente e despertava a cobiça dos homens. Quantas vezes teve de recusar elegantemente os convites às vezes indiscretos de clientes do doutor Miguel? E, no caso da metalúrgica Marzolla, não tinha cabimento dar largas a uma insandice dessas.

Bruno pegava no seu pé quase que diariamente. As negativas de Suzana o deixavam louco da vida. Estava tendo comportamento similar à época em que dera suas investidas em Olga, a antiga secretária. Suzana havia sido alertada de que o rapaz tinha surtos de paixão, e que agora ela era a bola da vez, a garota com quem ele queria porque queria sair. Bruno era impetuoso, arrogante, atrevido. Estava passando dos limites.

Suzana massageou os pés e sentiu alívio. Espantou os pensamentos fazendo gesto com a mão. Sua cabeça pendeu para trás e ela fechou os olhos. Adélia veio da cozinha, torcendo as mãos no avental.

— Por que chegou tão tarde?

— Trabalho, condução, trânsito, essas coisas.

— Muito serviço?

— Bastante, mamãe. Estou cansada.

— Já vou fazer seu prato.

— Não tem necessidade.

— Num instante, e trago seu prato.

— Estou sem fome — disse Suzana, voz cansada.

— Não pode ficar sem comer. Que tal um copo de leite e algumas bolachinhas?

— Pode ser.

— Vou preparar.

— Obrigada.

— Não gosto de vê-la assim. Há algo mais que a esteja incomodando?

— São coisas do trabalho — dissimulou. — Quero tomar um leite morno e deitar meu corpo cansado na cama.

***

Passava da meia-noite quando Bruno entrou num bar na região da Boca do Lixo. Estava irritado. Precisava beber. Suzana não podia ser tão dura assim.

Ele aproximou-se do balcão e pediu um uísque. Tomou de um gole só e pediu outro. Precisava diminuir a tensão. Lembrou-se de meses atrás, quando a viu pela primeira vez na empresa. Suzana lhe despertara o desejo. Bruno sentia-se um garanhão, um dom-juan desvairado que adorava contar aos amigos quantas mulheres havia conquistado. E a beleza de Suzana lhe tirava do sério. Não conseguia dormir direito, somente pensando em tê-la nos braços. E, quanto mais difícil fosse a mulher, mais prazeroso se tornava esse jogo de conquista, a qualquer preço.

Bruno não estava disposto a esperar mais. Acreditou que nesta noite iria realizar seu sonho. Seu pai viajara a negócios, e isso facilitava o acesso à sala da secretária quantas vezes fossem necessárias, sem chamar atenção. Suzana estava sozinha em sua sala. Ele entrou devagarinho, pé ante pé, aproveitando um momento de concentração dela. Aproximou-se por detrás e encostou seu lábio na nuca dela. Suzana deu um pulo.

— O que pensa estar fazendo?

— Não resisti e vim vê-la.

— Isso não são modos.

— Está sozinha. Precisa de alguma coisa?

— Não.

— Mesmo?

Suzana bufou de raiva. Estava cansada daquele olhar petulante e seboso.

— Pode ir. Estou quase de saída.

— É tarde.

— Quando o doutor Roberto viaja, eu gosto de ficar até mais tarde e ajeitar a agenda dele, deixar tudo em ordem.

— Vou esperá-la e a levarei para casa.

— Não será necessário. Vou de ônibus, como faço todos os dias.

— Vou esperá-la mesmo assim.

— Azar o seu. Vai perder seu tempo.

Ele aproximou-se tentando intimidá-la. Suzana prendeu a respiração.

— Vou para o carro.

— Não adianta...

Ele foi seco:

— Hoje vamos jantar juntos.

Bruno saiu e dirigiu-se ao estacionamento. Entrou e acomodou-se no banco do carro, aguardando a saída de Suzana. Lá pelas nove da noite, ela saiu pela porta de saída dos operários, dobrou célere a esquina e por sorte seu ônibus se aproximava. Fez sinal e subiu. Ao sentar-se no banco, sentiu-se extremamente aliviada.

Bruno deu uma cochilada no carro. Quando acordou, olhou espantado para o relógio. Eram dez e trinta. Ele correu apressado até a sala e rangeu os dentes de raiva ao notar que Suzana havia ido embora. Ele respirou fundo, bateu a porta com força, estugou o passo e alcançou o carro. Entrou fulo da vida, deu partida e saiu em direção ao centro.

Estava ele perdido em pensamentos quando foi abordado por uma mulher de aparência agradável.

— Está esperando alguém?

— Não.

— Quer companhia?

Bruno olhou bem nos olhos da moça. Depois, forçou um beijo. Ela procurou se desvencilhar com delicadeza.

— Devagar. Vamos devagar.

— Você será minha esta noite.

— Pagando adiantado...

Bruno tirou a carteira do bolso, abriu-a e retirou algumas notas. Dobrou o dinheiro e colocou-o na alça do sutiã.

— Isso basta?

Ela pegou o dinheiro e conferiu. Deu uma risadinha.

— Basta.

— Mas tem uma condição — disse ele.

— Qual é?

— Quero chamá-la de Suzana.

— Mas...

— Nem mas, nem meio mas. Eu estou pagando adiantado e tenho o direito de exigir isso.

A moça sentiu terrível calafrio. Se não fosse a noite minguada, descartaria o cliente. Mas estava tão dura, precisava tanto do dinheiro, que, mesmo sentindo medo daquele homem, topou fazer o serviço e entregar-se a ele por algumas horas. Ela procurou dar à voz um tom natural:

— Está certo.

— Ótimo. Vou chamá-la de Suzana.

— Se isso o conforta, meu nome é Suzana.

Bruno respirou fundo, pagou a conta do bar. Abraçou-se à moça, conduziu-a até o carro e dirigiram-se para um hotelzinho ali nas proximidades.

Desde a adolescência Bruno sofria esses tipos de surtos. Era algo incontrolável. Ele mantinha, há algumas vidas, um comportamento impetuoso em relação ao sexo oposto. Ao avistar alguma mulher que o interessasse, ele enchia os olhos de cobiça e volúpia. Paquerava, galanteava, dava em cima, fazia de tudo. Quando tinha a mulher em seus braços, aproveitava, se saciava e em seguida a descartava. Não havia sentimento, era somente satisfação dos seus desejos, mais nada.

Caso uma mulher tentasse segurá-lo, Bruno tornava-se irascível, um brutamontes sem igual. Ele batia, cometia loucuras. Por essa razão, muitas mulheres tinham medo dele só pela aproximação. Sua aura estava carregada dessa energia de brutalidade.

Os espíritos largados e perdidos por nossa dimensão, ao avistarem o rapaz pela aura, imediatamente colavam-se a seu corpo físico, potencializando o desejo e consequentemente os desatinos do rapaz.

Na verdade, a obsessão acontecia porquanto Bruno era invigilante. Não queria e não tomava conta de seus pensamentos. A emoção vinha e ele se deixava levar, sem parar para sentir. Os tratamentos psiquiátricos e os passes ajudavam o rapaz. Bruno voltava a si, o tratamento de desobsessão afastava os espíritos colados nele e tudo voltava ao normal.

Entretanto, era só aparecer um belo rabo de saia que tudo voltava como antes. Bruno não se controlava, espíritos do astral inferior se juntavam a ele e novamente o ciclo recomeçava.

O rapaz estava novamente perturbado, como no tempo de Olga. Nesta noite, porém, devido à presença de companhias do astral inferior coladas a seu corpo, o tormento era indescritível. Qualquer mulher poderia lhe servir naquele momento.

A noite estava perdida. Entretanto, haveria o dia em que Suzana iria implorar para ser sua. Isso um dia iria acontecer, e Bruno não iria descansar enquanto não conseguisse o que tanto desejava.

***

Naquela mesma noite, horas antes, Ana Paula chegava à tinturaria. Estava saudosa de Fernando e haviam combinado para logo mais um passeio ou mesmo um sorvete numa confeitaria ali perto. Ao dobrar a esquina ela o avistou fechando as portas do estabelecimento. A jovem estugou o passo. Ao se aproximar de Fernando, diminuiu o passo. Respirou fundo.

— Boa noite.

— Olá — respondeu ele sorridente, procurando ocultar seu nervosismo.

— Está um pouco tarde — arriscou Ana Paula.

Fernando voltou as costas para ela e respirou fundo. Respondeu com voz amável:

— Só um pouquinho.

— Quer mesmo tomar um sorvete? Desmarcamos tantas vezes... E o tempo não está lá essas coisas.

— Aceito sugestões — replicou ele, mostrando os dentes alvos e perfeitamente enfileirados.

— Parece que vai esfriar logo mais.

— Podemos fazer outro programa.

— Na verdade, preferia jantar — sugeriu Ana Paula.

— Ótima ideia.

— Estou morrendo de fome.

— Eu também — disse ele, sorrindo.

— Não estou vestida de acordo. Não se importa?

— De maneira alguma.

— Então, o que sugere? — indagou Ana Paula, olhos expressivos.

— Sugiro um restaurante japonês aqui perto. Além de aconchegante, é bom e barato.

— Excelente ideia!

— Podemos ir.

— Espere. Primeiro vou avisar dona Guiomar.

— Por quê?

— Ela agora virou minha mãe. Apegou-se a mim, Claudete e Tânia. Quer saber passo por passo de cada uma de nós — disse Ana Paula, sorriso maroto.

— Vai controlar sua vida!

— Não sinto isso. Há uma afinidade muito grande entre nós todas.

— É como se a vida lhe tivesse dado uma mãe, não?

— Sim. Tenho tido uma relação com dona Guiomar que nunca tive com minha mãe. É tudo novo e muito bom ao mesmo tempo. E, para falar a verdade, estou adorando ser controlada.

— Ótimo, pois sou excelente dominador.

Ana Paula enrubesceu. Disfarçou o tom de voz.

— Vou avisá-la e volto logo.

— Posso acompanhá-la — disse o rapaz, hesitante.

— Será um prazer.

Foram caminhando lentamente até a pensão, conversando amenidades. Quando adentraram a pensão, Guiomar estava dando algumas instruções a Tânia.

— Boa noite, dona Guiomar.

— Boa noite, criança.

Guiomar olhou por cima do ombro de Ana Paula e avistou Fernando. Esboçou leve sorriso. Guiomar simpatizava muito com o rapaz.

— Como vai, Fernando?

— Muito bem. E a senhora?

— Bem, obrigada. Atarefada como sempre...

Fernando olhou para cima do balcão. Admirou-se com o bordado no tecido.

— Trabalho na tinturaria e vejo peças e peças de roupas todos os dias. Nunca vi um bordado tão bem-feito. Está de parabéns, dona Guiomar.

Ela riu-se.

— Oras, não deve parabenizar a mim.

— Não?

— Não. A responsável por esse trabalho tão esmerado é a Ana Paula.

Ele não conteve a interrogação no semblante. Virou-se para Ana Paula surpreso:

— Você fez isso?

— Foi.

Fernando aproximou-se do balcão. Pegou o tecido e olhou melhor o bordado.

— Isso é coisa de profissional! — disse espantado.

— Ana Paula costura e borda como ninguém — tornou Tânia.

— Nem tanto.

— Ora, Ana Paula, não se faça de humilde. As meninas da pensão correm para lhe pedir ajuda. Uma barra, uma saia desfiada, um bordado numa camiseta para dar mais realce...

— E eu com uma mina de ouro ao meu lado e nunca percebi — comentou Fernando.

— Aprecio trabalhos manuais. Desde pequena gosto de costurar, bordar. Minha mãe odiava me ver bordando. Ficava fula da vida. Então, para não contrariá-la, eu ia até a casa de minha avó Albertina e passávamos a tarde juntas, costurando, bordando. Aprendi muito com minha avó. Ela era ótima nos bordados.

— Pois está de parabéns.

Ana Paula ficou sem graça. Procurou mudar o tom da conversa. Sorriu e comunicou a Guiomar:

— Vim até aqui para avisá-la que eu e Fernando vamos jantar aqui perto.

— Que agradável!

— Ana Paula gosta de lhe comunicar aonde vai — retrucou Fernando.

— Faz ela muito bem. As meninas aqui da pensão são como filhas para mim. Entretanto, Ana Paula, Tânia e Claudete são especiais, e sabem disso — disse ela emocionada.

Tânia ajuntou:

— Dona Guiomar nos trata como filhas queridas.

Guiomar interveio:

— Por isso sou referência no país todo. As famílias têm muita confiança em mim. Claro — ela pigarreou —, há meninas com quem sinto mais afinidade, maior simpatia, como no caso das minhas três pequenas. — Guiomar baixou o tom de voz. — Devo admitir que faço diferença entre as meninas.

— Vai ver, foi nossa mãe em outra vida — brincou Tânia.

Guiomar suspirou:

— Ah, antes fosse! Quisera eu acreditar em vidas passadas.

— Por que não acredita? — perguntou Fernando.

— Não sei lhe responder. Fui educada num ambiente católico; o mundo espiritual ficou longe demais de minha realidade. Uma vez eu quis ir a um centro espírita, mas minha mãe me meteu tanto medo, dizia que o local era frequentado por pessoas ignorantes, sem cultura.

— Mas sabe que tudo isso é fantasia, não é mesmo? Eu, Claudete e Ana Paula, bem como o Fernando, frequentamos o centro espírita e não somos ignorantes.

Guiomar meneou a cabeça para cima e para baixo.

— Vocês são moças cultas, inteligentes. Fui obrigada a olhar para dentro de mim e mexer com os meus preconceitos. Entretanto, não tenho ainda coragem de ir com vocês.

— Tudo leva tempo certo, dona Guiomar — redarguiu Fernando. — Eu mesmo deixei de ir ao centro por muito tempo. Passei a frequentá-lo quando a diretoria fez uma série de mudanças. Mudaram o estilo no atendimento, as palestras são mais elucidativas e nos promovem paz, levantam a nossa autoestima, fazem com que paremos para refletir mais sobre a vida.

— E tem outra coisa — ajuntou Ana Paula. — Eu mesma não gostava e não queria me aproximar do espiritismo, e olhe só: hoje me sinto muito melhor. O tratamento a que fui submetida me ajudou a rever uma série de pontos e mudar minha vida para melhor. Tenho a plena certeza de que aquele lugar está ligado às correntes do mais alto bem.

— Sei disso. Confio em vocês e sinto que cada vez que vão lá, seja para um passe ou para assistir a uma palestra, voltam com os olhos mais vivos, mais expressivos. Uma suavidade no rosto, não sei explicar. Todavia, para mim ainda é duro. A crença na reencarnação às vezes me faz sentido.

— Para quem não teve a vida nada fácil, como a senhora... — tornou Tânia.

— Isso é verdade. Tenho tantos porquês que não me foram respondidos!

— Ana Paula contou-me alguma coisa sobre seu passado — disse Fernando. — Isso não reforça a crença na reencarnação?

— Não sei ao certo. Tenho medo. Justamente eu, uma mulher que sempre sonhou ser mãe, ter filhos... De repente fiquei viúva, logo no primeiro ano de casada. Gostaria de entender melhor o porquê de passar por determinadas situações nem tão agradáveis durante minha vida. E estou velha para aprender novos conceitos.

Fernando replicou:

— A idade não conta. O que vale é sua vontade em querer aprender. Se desejar, posso lhe emprestar uns livros.

— Faria essa gentileza?

— Seria um prazer. Lá no centro temos direito a pegar alguns livros por mês. Vou escolher livros básicos, de leitura agradável e simples, para que entenda melhor os mecanismos da vida.

Guiomar meneou a cabeça para os lados, apreensiva.

— Fico agradecida. Mas sinto que não estou preparada ainda para ir com vocês. Irei no momento certo. Quem sabe, tendo contato com o mundo espiritual através dos livros, eu não sinta curiosidade e iremos todos juntos? — Guiomar baixou o tom na voz e, aos risos, comentou com Fernando: — Eu já sei de algumas coisas sobre o mundo espiritual. Essas meninas falam pelos cotovelos!

— Nós? — perguntou Tânia em tom de surpresa.

— Sim, principalmente você e Ana Paula — retrucou Guiomar.

— Como sabe?

— Oras — Guiomar riu. — As paredes aqui nesta pensão têm ouvidos. Pensa que nunca escutei as conversas de vocês à noite?

— Dona Guiomar! — exclamou Ana Paula em tom de censura.

— Ninguém mandou vocês conversarem alto. Já pedi que falem baixinho ao se deitarem, mas não me ouvem. Então a pensão toda sabe que vocês ficam falando sobre espiritualidade ao se deitarem.

Ana Paula riu.

— Confesso que o assunto me fascina, mas tenho tanto medo quanto a senhora. E olha que fiz tratamento e tudo o mais.

— Podemos conversar mais, se quiser — ajuntou Fernando.

— Deve haver uma explicação para tudo isso. Mas não sei... — suspirou Guiomar.

— A senhora poderia se casar de novo — brincou Tânia.

— Poderia, mas escolhi não me casar mais. Amava meu marido e ainda o amo muito. Sei que vamos nos encontrar um dia. Infelizmente eu nunca pude lhe dar filhos. Nasci seca, o que fazer?

— Não fale assim. Olhe como a vida a encheu de filhas — disse Ana Paula abraçando-a e beijando-a na fronte.

Guiomar emocionou-se. Uma lágrima escorreu pelo canto de seu olho.

— Adoro vocês. — E, para se refazer da emoção súbita que a acometera, disse séria: — Vamos, vamos ao trabalho. Preciso passar algumas instruções a Tânia, e vocês dois tratem de ir jantar. Mas, Fernando, não demore muito com minha Ana Paula. Minhas meninas especiais dormem cedo, principalmente durante a semana. Mesmo que fiquem tagarelando até altas horas. O fato é que me conforta saber que estão aqui dentro, sob minhas asas!

Ele a beijou na fronte.

— Pode deixar comigo. Trarei sua pequena antes da meia-noite. Não se preocupe.

Despediram-se e Ana Paula e Fernando, ao saírem da pensão, dobraram a esquina e foram conversando animados. Andaram algumas quadras e logo adentraram o restaurante. Fernando pediu uma mesa num canto, separada por um biombo, a fim de que ficassem à vontade. Ele pediu uma porção de peixe cru e uma pequena dose de saquê para ambos. O garçom prontamente os serviu. Quando se afastou, Fernando tornou, sorridente:

— Sua companhia me faz muito bem.

Ela baixou os olhos, um tanto envergonhada. Em seguida fixou seus olhos nos de Fernando.

— Eu também prezo muito sua companhia.

— Temos muito em comum.

— Isso sem dúvida! — tornou ela entre sorrisos. — Temos tantas afinidades, falamos sobre assuntos de interesse mútuo.

— Até mesmo sobre espiritualidade.

Ana Paula sorriu.

— É verdade. Muito embora seja novata no assunto, confesso que estou fascinada. Tive cada conversa com a Claudete e com a Tânia! Mas às vezes me dá muito medo.

— Medo de quê?

— Sabe, há um lado bom e outro ruim que me assusta. Veja se me entende.

— Sou todo ouvidos — respondeu Fernando com largo sorriso.

Neste momento ele tomou a iniciativa e tocou levemente sua mão na dela. Sentiram um choquinho.

Ana Paula suspirou, remexeu-se na cadeira e procurou prosseguir no assunto.

— Parece loucura, mas sinto que o espírito de minha avó Albertina me acompanha.

— Por que diz isso?

— Outra noite senti seu perfume perto do meu travesseiro.

— Ela estava lá ao seu lado — respondeu ele, com naturalidade.

— Como pode afirmar? Acho que deve ser imaginação minha.

— Só porque não a viu com os olhos do corpo?

— É.

— Mas sentiu muito forte sua presença, inclusive sentiu seu perfume.

— Sim.

— Imaginação tem cheiro? — brincou ele.

— É verdade. Isso me intriga.

— Por quê?

— Se tudo for mesmo verdade, se a vida não cessa após a morte do corpo físico, então...

— Então?

Ana Paula suspirou.

— Aí vem a outra parte, a que me dá medo, que me deixa insegura. Uma parte de mim que se recusa a crer na continuidade da vida.

Fernando pigarreou. Pegou na mão dela e carinhosamente lhe disse:

— É por conta de seu pai, certo?

Ana Paula assentiu com a cabeça.

— O que a aflige? Estou aqui para elucidá-la, e, se for preciso, podemos conversar com o Durval. Tenho certeza de que ele teria o maior prazer em conversar com você a respeito.

— Fico aflita em saber como estará meu pai. Se a vida continua após a morte, como será que ele está? Isso me preocupa bastante. Eu o amava e o amo muito.

— Depende do estado emocional em que seu pai se encontra. Ele acreditava na continuidade da vida?

— Não. Era católico não praticante. Acreditava em purgatório.

— Então pode ser que ele esteja vivendo mesmo num purgatório.

— Como assim?

— A realidade no mundo astral se dá com o poder de nossas impressões, de nossa imaginação. Se seu pai acredita que após a morte o mundo é tal qual um purgatório, um local de julgamentos e sentenças, estará vivendo essa realidade à qual ele deu força a vida toda.

— Gostaria de conversar com o Durval. Às vezes sinto que papai não está muito bem. Tenho tido alguns sonhos.

— E o que sonha?

Ana Paula procurou se esquivar. Não queria tocar no assunto naquela noite.

— Preferiria falar numa outra oportunidade. Temos tantos outros assuntos mais interessantes para falar!

Fernando olhou bem nos olhos dela e, sustentando o olhar, perguntou:

— Que outros assuntos mais interessantes?

Ana Paula sentiu frio no estômago. Procurou ocultar o que ia no coração. Mudou totalmente o rumo da conversa.

— As palestras ministradas por Durval são maravilhosas. Ele fala com simplicidade e ao mesmo tempo toca tão fundo meu coração...

— A verdade nos toca a alma.

— Ele é um sábio. Mas tenho percebido certa inquietação ao chegar no centro — tornou ela, apreensiva.

— Eu também tenho sentido isso.

— Pensei que fosse só eu a perceber esse fato — replicou Fernando. — Faz algumas semanas que tenho notado como se uma onda desagradável estivesse tentando adentrar o local.

— Bom, se você pensa assim como eu, e está sentindo as mesmas coisas, o que acha de falarmos com Durval a respeito?

— Conheço Durval há anos. Temos praticamente a mesma idade. Ele é excelente pessoa; vai nos ouvir. E, ademais, se estamos tocando nesse assunto, não acha que devemos levar em consideração que a vida está nos usando de instrumento para chegarmos até Durval?

— Pode ser. Mas ele é dirigente do centro, sabe muito mais que nós e tem uma equipe espiritual que está sempre a seu lado. Por que a espiritualidade nos usaria?

— Ora, porque talvez ele esteja sentindo as mesmas ondas e precise que nós cheguemos até ele para saber que se trata de perturbação mesmo. Ou você acredita que os espíritos estão à nossa mercê, nos trazendo tudo de bandeja, servindo-nos como empregados?

Ana Paula sorriu.

— Você está certo. Entretanto, o que devemos fazer?

— Falar com ele.

Nisso ouviram uma voz familiar. Era Lurdinha, parada à frente do casal. Fernando e Ana Paula levantaram-se para cumprimentá-la.

— Que coincidência! — exclamou Ana Paula.

— Como conseguiu nos encontrar neste restaurante?

— Adivinhem — disse Lurdinha em tom maroto.

— Foi o faro? — perguntou Fernando.

Lurdinha riu.

— Estive no abrigo.

Fernando não entendeu.

— Abrigo?

Ana Paula disse séria:

— Lurdinha se refere à pensão de dona Guiomar.

Lurdinha foi se acomodando numa cadeira, sem pedir licença.

— Ora, aquilo pra mim é um abrigo, pois não é como uma casa de assistência social onde se recolhem pobres, órfãos ou desamparados?

— Pois para mim aquele local se parece mais como uma pensão, ou seja, espécie de hotel pequeno e de caráter familiar, de preços mais baixos que os de um hotel comum. Muito diferente de um abrigo, que é de caráter assistencial e geralmente não cobra por isso.

— Você leva tudo muito a sério, Ana Paula. Não precisa me dar aula — tornou ela, animada e sorridente.

— Não ia sair com a Suzana?

— Ela está cansada hoje. Falei com ela agora há pouco. Estava nervosa porque o Bruno não larga do seu pé.

— Aquele rapaz está me preocupando — tornou Fernando.

— Só porque ela é sua irmã? Ora, deixe de machismo.

— Não se trata disso.

— Então o que é?

— Bruno é desagradável, parece que tem dificuldade em ouvir um "não". Além de parecer ser muito violento. Não serve para minha irmã.

— Quem tem de decidir isso é ela, não você.

— Suzana não gosta dele.

— O que fazer, Fernando? Ele é apaixonado por ela — tornou ela, com muxoxo.

— Infelizmente apaixonou-se pela mulher errada. Caso contrário, Suzana teria cedido aos encantos dele. Mas não é o que acontece. A cada investida dele, mais ela fica distante.

— Pois acho sua irmã muito boba. Eu daria tudo pra ficar com ele.

— Você? — admirou-se Ana Paula.

— Sim! — exclamou Lurdinha.

— Não posso acreditar!

— E por que o espanto?

— Nada, mas não estava de namorico com o Valter?

Lurdinha fez ar de mofa.

— Deus que me livre! Aquele grude! Eu quero um homem de verdade. Sou uma mulher como qualquer outra. Sinto, tenho desejos.

— Não estava namorando sério um tal de Ciro?

— E isso é gente para namorar?

— Não é? — inquiriu Ana Paula, surpresa.

— Ele é muito bobinho, muito doce para o meu gosto. Prefiro e gosto de homens de temperamento violento, com sangue italiano correndo nas veias, como o Bruno. E, convenhamos, além de bonito e valentão, ele é rico, podre de rico. O que mais posso querer?

— Que ele se interesse por você, em vez de se interessar por Suzana — ajuntou Fernando, rindo.

Lurdinha mordeu os lábios com força.

— Ainda o faço mudar de ideia. Eu sou super-honesta e conversei com Suzana. Ela me assegurou que o caminho está livre.

— Bruno tem um temperamento muito volúvel. Não confio em homens assim — ajuntou Ana Paula.

Lurdinha irritou-se.

— Ainda vou fazer esse homem gostar de mim, vocês vão ver.

— Acho que nem com reza braba — asseverou Ana Paula.

— Ele é fascinado por Suzana. Enquanto esse encanto não acabar, você não tem a menor chance — assegurou Fernando.

Ele e Ana Paula começaram a rir, e Lurdinha deu de ombros.

— Sei como fazer Bruno se interessar por mim.

— Qual a arma? — perguntou Fernando, em tom de brincadeira.

Lurdinha baixou o tom de voz. Olhou ao redor para se certificar de que não seria ouvida nas mesas próximas.

— Vou contratar os serviços de um terreiro.

Ana Paula levou a mão à boca para evitar o susto.

— Terreiro?

— Por que o espanto? Isso é coisa corriqueira neste país — tornou Lurdinha com naturalidade.

— Cuidado com isso — advertiu Fernando.

— Com macumba não se brinca — ajuntou Ana Paula.

— Bobagem. Eu não tenho medo.

— Lurdinha — advertiu novamente Fernando —, você vai mexer com forças do invisível. Não acha melhor estudar, aprender como agem as forças da natureza, e depois ver o que é melhor?

— Não. Eu quero o Bruno. E, se tiver de fazer magia, por que não? É um serviço como outro qualquer.

— Gosto de você — disse Ana Paula com sinceridade.

— Sei disso — respondeu Lurdinha, pousando as suas mãos na dela.

— Não gostaria que se metesse em encrenca. O Bruno pode ser um tipo interessante, mas é muito estouvado.

— Sei lidar com tipos assim. Fique sossegada. Tudo vai dar certo.

Lurdinha levantou-se, beijou-os na testa e saiu do restaurante sorridente.

Entrou no carro, e, no caminho, foi concatenando os pensamentos.

— Quero ter o Bruno em minhas mãos. Mas tudo bem, vou fazer algo para separá-lo de Suzana. Não vai ser difícil. A Suzana não está interessada mesmo nele. Eu sei que Pai Thomas vai poder me ajudar nessa tarefa. Nesta semana mesmo vou começar a mexer meus pauzinhos.

Lurdinha dirigia costurando o trânsito em zigue-zague, animada e excitada com a ideia. Dirigia perigosamente. Não observou que nuvens escuras estavam envolvendo-a, alimentando-se do teor de seus pensamentos.

17

No restaurante, Ana Paula não tinha palavras para expressar seu estupor.

— Eu me preocupo com essa paixão repentina da Lurdinha. Sempre a achei meio doidivanas na escola, a mais irrequieta, e sempre adorou chamar atenção.

— Parece que ela também não gosta de ouvir um "não" — brincou Fernando. — Pode ser que a vida permita a união de ambos.

— Como assim? Mesmo se usando de magia, feitiçaria? — protestou Ana Paula.

— E por que não? Se as forças da natureza existem, podemos usá-las a nosso bel-prazer.

— Não concordo. Não gosto de prejudicar as pessoas ou mesmo obrigá-las a fazer o que não querem.

— Ninguém faz o que não quer. Já aprendemos que no mundo não existem vítimas, entretanto as pessoas se unem por afinidades, por padrões semelhantes de pensamentos. Não percebe que Lurdinha e Bruno são parecidos na essência?

— Não havia pensado assim.

— Pois bem, ambos têm temperamentos fortes, são impetuosos, não medem esforços para conseguir o que querem. E também odeiam ouvir um "não". Talvez Lurdinha não precise gastar muito com os tais serviços que tenciona utilizar.

— O que acha que ela está tramando? — inquiriu Ana Paula, apreensiva.

— Pelo teor da conversa, acredito que ela vá atrás de um pai de santo, daqueles que fazem de tudo, seja para o bem ou para o mal. Só visam ao lucro, ao ganho. Pelo pouco que conheço a Lurdinha, logo ela vai ter o Bruno na palma de sua mão.

— Todavia Bruno se sente atraído pela sua irmã.

— Suzana não sente nada por Bruno, a não ser asco.

— Interessante isso.

— Interessante o quê? — inquiriu Fernando.

— Sua irmã vai trabalhar numa empresa onde justamente o filho do dono fica caidinho por ela.

— Caído, não; eu diria cismado.

— Que seja. Suzana está sendo assediada. Não acredita que possa haver relação de vidas passadas entre ambos?

— Você tem dúvida em crer na continuidade da vida e me sai com essa? — brincou ele.

Ana Paula riu-se.

— A minha boca vai e fala. Depois do tratamento no centro, dos estudos, tudo tem ficado mais claro para mim. Só afirmo que há uma parte minha que se recusa a aceitar a verdade, porquanto temo pelo estado emocional de meu pai, mais nada. Em relação à sua irmã e ao Bruno, você, que estuda espiritismo e sabe mais que eu, não acredita que haja algo que os liga pelo passado?

— Não.

— Por quê?

— Porque nem sempre as pessoas com as quais nos encontramos nesta vida têm algo a ver com nossas ligações passadas. Geralmente reencarnamos próximo de pessoas que amamos e também junto aos nossos desafetos, a fim de que possamos mudar nossas crenças, tomar novas atitudes diante de situações que se repetem com as mesmas pessoas. Contudo, no caso de Suzana, não percebo isso. Bruno está mesmo fixado na imagem dela, cismado. Não sei se você sabe, mas ele já passou por isso antes.

— Como assim?

— A história está se repetindo.

— É mesmo? — perguntou Ana Paula interessada.

— Há alguns anos, o doutor Roberto tinha outra secretária, a Olga.

— Não foi a moça que indicou sua irmã para ocupar seu cargo?

— Ela mesma. Um doce de criatura. Boa, generosa.

— E o que há na cisma de seu irmão com Suzana e a Olga?

— Logo que Olga entrou na empresa, Bruno também "cismou" com ela.

— Não diga!

— Foi um deus nos acuda. Olga já namorava o Helinho. E, sabe, Helinho é um homem bom, mas tem o pavio curto. Chegou a intimidar Bruno, e só sossegou quando papai sugeriu que Bruno fizesse um tratamento espiritual lá no centro. Depois Bruno se ausentou por um bom tempo, passando longas férias na Europa.

— E ajudou na época?

— Ajudou. Tinha algumas entidades desencarnadas coladas energeticamente ao Bruno. Ele sempre foi invigilante nos pensamentos, muito arrogante, sempre quis tudo o que queria. E sempre achou que as mulheres também são como brinquedos. Quando ele cisma com uma, tem de tê-la de qualquer jeito.

— Mas então a culpa não foi dele. Se havia entidades ao seu redor, interferindo na sua maneira de ser...

— Aí você se engana, Ana Paula. Os espíritos, sejam do bem ou do mal, só podem se aproximar de nós com a nossa permissão. Ninguém pode chegar e encostar, como se diz, na gente. Só com nossa permissão. E isso acontece através de atitudes, crenças, padrões semelhantes.

— Então nem mesmo nesse caso há vítimas?

— Não. Isso é criação da Igreja, para diminuir o poder do homem. Concordo e recomendo que uma pessoa espiritualmente perturbada mereça tratamento espiritual adequado. Mas é tudo temporário. A cura efetiva vem no momento em que o obsedado passa a mudar seu comportamento, procura rever atitudes e padrões de pensamento que atraíram situações desagradáveis ou entidades infelizes ao seu lado. Não se esqueça de que, do mesmo jeito que atraímos os infelizes, também podemos atrair os espíritos de esferas superiores, que muito podem nos inspirar e nos orientar nesta vida.

— Isso é verdade. Há espíritos de toda sorte no mundo.

— Nos diversos mundos que coexistem com o nosso. O mesmo ocorre aqui na Terra. Estamos próximos às pessoas por afinidades, por sintonia. E este mundo está cheio de todo tipo de gente, seja boa, ruim, arrogante, prepotente, generosa, simpática...

— Seu raciocínio parece ter lógica. Então há algo em Suzana que permite ao Bruno assediá-la? Seria isso?

— Sim. Suzana não atraiu o Bruno em seu caminho por acaso. Há algum tipo de pensamento, de crença, que faz minha irmã ficar presa no campo energético do rapaz.

— O que seria? Tem alguma ideia?

— Não. Mas, como vamos conversar com Durval a respeito das energias que estamos percebendo ao nosso redor, podemos tocar no assunto e falar de Suzana.

— Prezo muito a amizade de sua irmã. Gostaria muito que ela se visse livre daquele calhorda.

— Eu também — assentiu Fernando, esboçando leve sorriso.

A conversa fluiu agradável. Após o jantar, Fernando acompanhou Ana Paula até a porta da pensão.

— A noite foi deliciosa. Estar ao seu lado é muito bom.

— Sinto o mesmo.

— Gostaria de sair mais vezes com você — tornou ele.

— Não prometo todos os dias. Há vezes que chego muito cansada, mas podemos aproveitar o fim de semana. O que acha?

— Não atrapalharia você?

— De maneira alguma. Adoraria estar mais tempo ao seu lado.

Fernando sentiu as pernas falsearem, o coração disparar. Era muito tímido no trato com as garotas, e a maneira direta de Ana Paula, ao mesmo tempo que o perturbava, dava-lhe largas à paixão. Era algo diferente de tudo que sentira até então. Nunca mulher alguma havia tocado assim seu coração. Ele procurou recompor-se. Beijou-a delicadamente no rosto.

— Boa noite.

Assim que a beijou, saiu passos rápidos até a outra esquina, onde estava seu carro. Entrou, acomodou-se no banco, deu partida e logo desapareceu na esquina.

Ana Paula riu, balançou graciosamente a cabeça para os lados e entrou. Encontrou Guiomar na recepção.

— Cada vez gosto mais de Fernando. Ele a trouxe antes da meia-noite, conforme o combinado.

— Nem havia percebido o horário.

— Mas eu, sim, criança. Gosto dele.

— Eu também.

Guiomar exibiu delicioso sorriso, de onde se viam seus dentes alvos e perfeitamente enfileirados.

— Estão namorando?

— Ainda não... Acho que não.

— Como assim?

Ana Paula meneou a cabeça para os lados.

— Quer dizer, não sei ao certo. Fernando se mostrou bastante tímido.

— Ele ainda não se declarou?

— Ainda não.

— E por que você não se declara?

— Eu?! — perguntou a jovem, tomada de surpresa.

— E qual o problema?

— Estou esperando que ele tome a iniciativa. Não quero passar por oferecida.

— Quem disse que o homem deve tomar a iniciativa? Isso não passa de convenção social. Só porque é homem, tem de tomar as rédeas da situação? Ora, Ana Paula, os tempos são outros, vivemos num mundo de grandes mudanças, grandes transformações.

— Isso é verdade.

Guiomar continuou, animada e exaltada:

— O homem está com o pé quase lá na Lua!

— Sim, um sonho que está prestes a se tornar realidade.

— Então, menina, não seja como a média das pessoas. Não seja medíocre. Seja você.

— Não sei... Fico em dúvida.

— Você chegou aqui de cabeça baixa, sentindo-se inferior, machucada, porque sua mãe a colocou para fora de casa. Estava com baixa autoestima, sentindo-se a última das criaturas. De repente travou amizade com

Claudete e Tânia, ficamos eu e você amigas, e ainda, de brinde, Deus lhe colocou Fernando no caminho.

— Dou graças à vida. Sou outra pessoa.

— Sim! Hoje você é outra pessoa. Foi até o centro espírita, tomou passes, ficou melhor, aprendeu a enxergar a vida com outros olhos. Mudou alguns padrões de pensamento que a impediam de ser feliz. Agora que aparece um homem bom, honesto e atraente — ela riu — você vai deixar a oportunidade passar? Vai deixar de dizer o que sente, porque na nossa sociedade a mulher não deve tomar partido? Isso não faz parte mais da atualidade. Seja você mesma. Vá à luta, minha filha.

— Ir à luta...

— Claro! Menina, você conseguiu superar-se e enfrentou sua mãe. Para quem enfrentou uma mãe como Guilhermina, não acha que Fernando é um prato bem mais simples de ser degustado?

Ana Paula emocionou-se. Abraçou Guiomar com carinho e beijou-lhe delicadamente a testa.

— Você é a mãe que eu sempre quis ter.

— Pois já tem há muito tempo.

— Não me falta mais nada nesta vida.

— Só falta ir atrás dele — disse Guiomar, enérgica.

— Vou pensar a respeito.

Despediram-se e cada uma foi para seu quarto. Deitada, com o coração transbordando de felicidade, Ana Paula adormeceu. Teve uma noite de sono agradável e tranquila.

O espírito de Albertina estava bem próximo da cama. Contemplou o corpo da neta, dormindo serenamente, e ministrou-lhe energias de coragem e firmeza. Com certeza, Ana Paula iria acordar revigorada e tomaria atitudes bem diferentes das quais estava habituada.

Na manhã seguinte, Ana Paula acordou bem-disposta. Levantou-se, espreguiçou-se e foi fazer a toalete. Desceu para a saleta de refeições com um largo sorriso. Tânia estava terminando seu desjejum e notou o semblante radiante da amiga.

— Bom dia!

— Bom dia, Tânia.

— Está com um sorriso tão encantador!

Ana Paula serviu-se de alguns pedaços de frutas. Sentou-se defronte a Tânia.

— Você não imagina o quanto estou feliz!

— Fernando se declarou? — inquiriu a amiga, curiosa.

— Ainda não.

— E por que esse sorriso estampado no rosto?

— Estou apaixonada. Descobri isso ontem à noite.

— Pelo Fernando, é claro.

— Sim, sem dúvida.

— Mas, se ele não se declarou...

— Fui dormir pensando no que sinto pelo Fernando. Acordei hoje com uma força, com um bem-estar sem igual, como havia muito eu não sentia. Parece que meu corpo recebeu alta dose de ânimo. Sinto-me revigorada, pronta para assumir o que sinto pelo Fernando.

— Meu Deus! — exclamou Tânia. — Você está mudada mesmo. Vai saber com quem você se encontrou fora do corpo esta noite...

— Não me lembro de nada. Acordei com esta sensação, este bem-estar. Ao acordar, lembrei-me de minha avó Albertina.

— Aí tem dedo dela — disparou Tânia. — Sua avó deve estar lhe ministrando passes revigorantes, enviando energias de equilíbrio e bem-estar ao seu corpo físico.

— Será?

— Claro! Os espíritos do bem que nos circundam estão sempre nos enviando esse tipo de energia. Tais energias penetram pelo nosso corpo físico e nos dão essa sensação de bem-estar, ânimo, otimismo, firmeza, etc.

— Fica cada vez mais claro para mim a constatação de que a morte do corpo não é o fim.

Tânia riu.

— Depois de meses frequentando o centro do Durval e conversando sobre espiritualidade noite após noite comigo, ainda não se convenceu?

— Claro que me convenci. Mas a cada dia me surpreendo com essa descoberta. A vida tornou-se diferente para mim desde então.

— Mais leve e fácil de ser compreendida.

— Isso mesmo. Tudo fica mais claro. Inclusive o que sinto por Fernando.

Tânia pousou suas mãos nas de Ana Paula.

— Minha amiga, não perca tempo. Declare-se.

— É o que tenciono fazer.

— Quando?

— Agora mesmo.

Ana Paula levantou-se, voltou ao banheiro e escovou os dentes. Aspergiu suave e delicado perfume sobre sua pele acetinada, ajeitou os cabelos, piscou para sua imagem refletida no espelho e desceu as escadas, com a intenção de expressar livremente o que ia em seu coração.

Tânia desejou-lhe boa sorte. Ana Paula apanhou a bolsa, despediram-se. A jovem contornou a esquina e chegou num instante à tinturaria de seu Hiroshi. Tocou a sineta, e em seguida Fernando apareceu atrás do balcão.

— Que surpresa agradável — tornou o moço.

— Bom dia — disse Ana Paula, sorridente.

— Bom dia — respondeu ele.

— Como dormiu?

— Muito bem. Parece que flutuei, ou algo parecido, tamanha a leveza. Acordei muito bem-disposto.

— Eu também — tornou Ana Paula, olhos fixos nos de Fernando.

O jovem sentiu novamente as pernas falsearem. O olhar de Ana Paula o perturbava sobremaneira. Ela percebeu, aproximou-se do balcão, seus lábios ficaram muito próximos. Fernando sentiu a saliva desaparecer da boca e o sangue sumir das faces. Ana Paula baixou o tom de voz:

— Acordei hoje decidida a lhe fazer um pedido.

Fernando suspirou e ajuntou:

— Pois que faça.

— Quer me namorar?

Fernando precisou segurar-se na beirada do balcão para não cair. Ele deu uma pequena escorregada e procurou recompor-se rapidamente. Ana Paula riu, aproximou-se e o enlaçou pela cintura. Ela novamente fez a pergunta.

— Hum, hum — respondeu ele, olhos fechados.

Os seus rostos se aproximaram e Ana Paula tascou-lhe um delicioso beijo nos lábios. Fernando sentiu o chão sumir. Uma onda de calor invadiu-lhe o corpo, subindo e descendo numa velocidade impressionante. Ele correspondeu ao beijo e, assim que ela se afastou, ele procurou se recompor.

— Meu coração parece que vai saltar pela boca.

— Estou apaixonada por você.

— Eu também estou apaixonado por você.

— E por que razão não me pediu em namoro?

— Queria lhe fazer o pedido ontem à noite, mas fiquei sem coragem.

— Por quê?

— Senti medo de que você estivesse somente interessada em minha amizade, nada mais.

Ana Paula sorriu.

— Nunca percebeu o brilho nos meus olhos todas as vezes que nos encontrávamos?

— Percebi, mas fiquei confuso. — Ele pigarreou. — Sou muito tímido. Namorei muito pouco e, desde que a vi no funeral de seu pai, senti algo diferente. Acho que sempre a amei, desde aquele dia.

Ambos se abraçaram e se beijaram. Estavam felizes. Amavam-se de verdade. Seu Hiroshi apareceu na soleira da porta, perto do balcão. Deu uma tossidinha.

— Agola ao tlabalho, né? — sugeriu o simpático velhinho, no sotaque característico.

Fernando sorriu e Ana Paula respondeu:

— Desculpe, seu Hiroshi. Não quis atrapalhar o serviço. Vim só dar bom-dia ao meu namorado.

Ela beijou levemente os lábios de Fernando. Aproximou-se de Hiroshi e beijou-lhe a face. Saiu sorridente e cantarolando. Hiroshi cutucou Fernando:

— Boa moça. Vislumblo muita felicidade pala os dois.

— Tenho certeza.

— Que Buda lhes conceda muitos anos de felicidade.

18

O sábado chegou rápido e Guilhermina mostrava-se bastante ansiosa. Guadalupe, meio a contragosto, procurou acalmá-la.

— Vai dar tudo certo.

— Sei, sei, mas estou preocupada com meu filho.

— Calma.

Guilhermina torcia as mãos, impaciente.

— Luís Carlos pode cometer um deslize.

— E daí?

— Ora, Guadalupe, ele pode botar todos os nossos planos por água abaixo.

— Seu filho vai conseguir.

— Não sei, estou nervosa. Ramírez me passou a ficha completa de Otto. Esse homem é um monstro; tenho medo do que possa fazer contra meu filho.

— Bobagens de mãe.

— Não! Posso estar ansiosa e preocupada, mas meu coração de mãe não me engana. Há algo de estranho nisso tudo. Temo pela integridade de meu filho.

Guadalupe sorriu maliciosamente. Após rodopiar com sua saia pela sala, como se estivesse bailando, asseverou:

— Otto não fará nada, eu lhe prometo.

— Você é muito segura de tudo.

— Com certeza absoluta.

— Mesmo? — inquiriu Guilhermina, impaciente.

— Não disse que tenho as cartas escondidas na manga?

— E quais são essas cartas? Por que me esconde o que sabe?

— Isso é problema meu. Eu disse para confiar em mim, Guilhermina. Caso Otto não aceite a união de Luís Carlos e Maria Cândida, eu mesma entro em ação.

— Preciso me recompor. Vou subir e tomar um banho, me acalmar.

— Faça isso. Tome um banho, descanse na banheira, deixe os sais acalmarem seus nervos.

Guilhermina subiu e Guadalupe sentou-se na beira do sofá. Estava impaciente. Conseguira se segurar enquanto Guilhermina estava lá dando seus chiliques. Afinal, Guilhermina era temperamental e não media esforços para conseguir o que fosse. Entretanto, quando alguma situação envolvia seu filho Luís Carlos, ela se descompensava inteira. Sua altivez ia ao chão, e era difícil de aturá-la. Guadalupe exalou profundo suspiro de contrariedade.

— Estou farta desta casa e desta gente. Não vejo a hora de me livrar desta família.

Ela ficou remoendo seus pensamentos no sofá. Havia prometido para si mesma que não ficaria um minuto a mais naquela casa quando o plano fosse concretizado. Guadalupe contava nos dedos os dias que faltavam para se livrar da mãe e do filho borra-botas.

Enquanto isso Guilhermina, no andar de cima, preparava-se para seu banho. Ela entrou no banheiro, tirou suas joias e despiu-se para entrar na banheira. Ajeitou o corpo, encostou a cabeça na beirada e adormeceu rapidamente. O espírito de Guilhermina desprendeu-se de seu corpo e o seu perispírito levantou-se, caminhando pelo banheiro e remoendo seus pensamentos.

Foi nesse instante que ela viu aquelas duas criaturas paradas na soleira da porta. Guilhermina deu um grito histérico e voltou com tremenda rapidez ao corpo. Acordou sobressaltada, suando, o suor escorrendo pela fronte. Continuou gritando, debatendo-se dentro da banheira.

Guadalupe, ao ouvir o grito, subiu correndo as escadas. Maria e mais outra empregada vieram da cozinha aflitas e assustadas. Guadalupe aproximou-se de Guilhermina.

— O que foi? O que aconteceu?

— Tive um pesadelo — disse, voz entrecortada pelo susto.

— Um pesadelo?

— Horrível! — exclamou ela, aos berros.

— E precisava gritar tanto assim?

— Você não imagina o que eu vi, Guadalupe.

— O quê?

— Não quero falar...

— Fale, mulher, o que você sonhou?

— Vi dois homens ali — ela apontou na direção da porta do banheiro.

Guadalupe virou-se para lá e nada viu. As duas empregadas também se viraram para o local indicado. Maria, mais sensível, sentiu um arrepio pelo corpo e imediatamente fez o sinal da cruz.

— Que homens? — inquiriu Guadalupe.

— Um era grande, alto, tinha uma capa vermelha, careca, moreno, barba e os olhos levemente puxados. Seus olhos expeliam chispas de fogo. Trazia um tridente na não direita. O outro estava maltrapilho, aparência horrível, os cabelos em desalinho.

— Você se impressionou com as imagens — retrucou Guadalupe.

— Não! — bramiu Guilhermina. — Ele apontou o dedo para mim e disse que ia acabar comigo.

— Ele quem?

— Não sei ao certo. Foi tudo muito rápido. O rosto não me era estranho.

— Ora, isso é alucinação!

— Não pode ser. Foi tão real!

— Você está tensa, muito nervosa.

— Eu juro que vi!

— Acalme-se.

Guadalupe apanhou uma toalha e a estendeu para Guilhermina. Ela saiu da banheira, enxugou-se e colocou o roupão. Encarou as empregadas.

— O que estão fazendo aqui ainda?

As duas se entreolharam sem saber o que perguntar ou o que fazer.

— Vamos... O espetáculo já terminou.

As duas baixaram a cabeça e saíram apressadas. Guadalupe estava cismada.

— O que de fato aconteceu?

Guilhermina esperou que as empregadas saíssem e encostou a porta do banheiro. Baixou o tom de voz. Confessou, aturdida:

— Eu vi o Miguel.

— Viu!?

— Era ele, pude reconhecer. Embora estivesse sujo, maltrapilho, era ele.

— Tem certeza?

— Absoluta! Tenho tido pesadelos com ele nos últimos tempos, mas hoje foi tudo tão real!

— E o que ele lhe fez?

— Não fez nada, só disse que vai acabar comigo.

— Você está nervosa — declarou Guadalupe, a fim de acalmá-la. — Estamos quase chegando ao fim de nosso plano. Logo mais Luís Carlos vai pedir a mão de Maria Cândida e tudo vai se resolver. Precisa se acalmar.

— Isso não tem nada a ver! Eu juro que um dos homens que vi era o Miguel. Eles riam de mim.

— Quem morre não volta. Isso nada mais é do que alucinação. Por favor, recomponha-se.

Guilhermina tremia dos pés à cabeça. Terminou de se enxugar com a ajuda de Guadalupe. Vestiu uma camisola e ajeitou-se na cama.

— Quer que eu lhe providencie um copo de água com açúcar?

— Não será necessário.

— Tem certeza?

— Sim, estou melhor. Sinto um pouco de enjoo e dor de cabeça. Prefiro que me dê um comprimido para aliviar esta dor. Por favor, pegue a caixinha na cômoda ao seu lado.

Guadalupe foi até a mesinha de cabeceira e pegou a caixinha. Tirou dois comprimidos e os entregou a Guilhermina. Num tom que procurou tornar amável, ofereceu:

— Vou pegar um copo de água.

Guilhermina assentiu com a cabeça. Estava apavorada. Havia tempos sonhava com Miguel atrás dela. Não entendia direito; só o via nervoso, alterado, irritado, cobrando-lhe satisfações. Às vezes ela se recordava do sonho e espantava os pensamentos desagradáveis com as mãos. Mas nas últimas semanas estava diariamente sonhando ou tendo pesadelos com ele. O desta tarde foi impressionante. Ela podia jurar que era ele ali no banheiro.

De fato, fazia algum tempo que o espírito de Miguel a rondava. Com a ajuda de João, ele saiu do cemitério e tornou-se um protegido do espírito mais lúcido. Viver em outra dimensão, embora no mesmo espaço dos encarnados, era uma arte, pois havia muitos espíritos zombeteiros, aproveitadores, e muitos também que mal sabiam estar mortos. Havia outros que, desesperados ao ter consciência de seu novo estado, eram escravizados por espíritos mais espertos. João dava proteção a Miguel, e foi assim que ele chegou até a casa de Guilhermina.

Num primeiro momento ele quis atacá-la. Quando tinha chance, Miguel avançava sobre seu pescoço e exigia-lhe satisfações do romance com Ramírez, da trama em que estava metendo o filho. Guilhermina sentia-se mal, tinha enjoos, dores de cabeça. Tomava comprimidos, e logo a sensação desagradável passava.

Miguel não ia sossegar até fazer com que Guilhermina e Ramírez pagassem pela traição. O orgulho ferido cegava seu coração. Nos últimos tempos chegou ao cúmulo de atribuir à esposa e ao amante a culpa pelo ato tresloucado que ceifara sua vida. Por essa razão, Miguel desejava ardentemente que ambos pagassem caro pela sua morte. Não arredaria pé daquela casa enquanto não acabasse com a felicidade aparente do casal.

Guadalupe voltou com o copo de água e delicadamente o entregou a Guilhermina.

— Tome os comprimidos e descanse.

— Hum, hum.

— Tenho certeza de que a noite será proveitosa.

— Assim espero.

— Teremos excelentes notícias logo mais à noite.

— Está muito confiante.

— Você sempre foi confiante. De uns tempos para cá tem mudado de ideia constantemente, mostra-se insegura.

— Trata-se de Miguel. Ele está me assombrando.

Guadalupe deu uma gargalhada.

— Isso é patético. Os mortos não voltam jamais.

— Não sei, não sei. Nunca gostei do assunto de vida após a morte, reencarnação. Sempre odiei os espíritas. Mas e se esses loucos tiverem razão?

— Como assim?

— E se depois da morte tudo continua?

— Guilhermina, francamente! Quem morre é enterrado a sete palmos e ponto final. Miguel já deve ter virado comida de bichinho.

— Será?

— Esqueça isso.

— Era ele. Voltou para me cobrar — disse Guilhermina em tom desesperador.

— Ele tem motivos pra isso?

Guilhermina hesitou. Lembrou-se da época em que conheceu Ramírez, de seu envolvimento, da paixão desenfreada. Será que Miguel chegou a desconfiar de sua traição? Não, isso não era possível. Ela fora muito discreta, reservada. E se Miguel tivesse colocado detetives atrás dela?

— O que está pensando, Guilhermina?

— Hã? Nada, nada.

— Você não me respondeu. Miguel teria motivos para assombrá-la?

Guilhermina procurou desconversar. Manteve modulação firme na voz:

— Miguel sempre foi fraco. Tirou a própria vida. Acho que está mais é penando por aí, vagando sem eira nem beira.

Conversaram mais um pouco e Guilhermina adormeceu. Como seus comprimidos eram muito fortes, seu espírito desprendeu-se e permaneceu adormecido alguns palmos acima do corpo físico. Miguel tentava acordá-la, mas em vão. João o segurou pelo braço.

— Deixe-a em paz.

— Ah, não! — protestou ele.

— Agora não vai adiantar nada.

— Não saio daqui, João.

— O remédio anestesiou seu perispírito. Ela não vai acordar de jeito nenhum.

— Você a viu caçoando de mim?

— Ela não tem noção do que diz.

— Como não?

— Está perturbada. Sente medo e está apavorada. Isso cria um ambiente propício para que continuemos aqui mais um tempo.

— Mais um tempo, não! Quero descobrir tudo.

— Descobrir o quê, homem?

— Ora, tudo, ué! — respondeu Miguel, hesitante.

João o encarou firme:

— Quer descobrir mais o quê? Que ela lhe passou a perna? Que ela o traiu num piscar de olhos, sem remorso algum? Está na cara.

— Por isso eles têm de pagar.

— Isso é diferente. Tem certeza de que é isso mesmo que quer?

— Eles me apunhalaram pelas costas. E ela nem se importou com minha morte.

— A vingança não é boa amiga.

Miguel rangia os dentes, tamanho o ódio.

— E vou deixar os dois aproveitarem e viverem felizes para sempre? Uma ova!

João balançou a cabeça para os lados.

— Você sabe o que faz. E não se esqueça de que é responsável pelo que pratica.

— Cadê Deus? Eu tenho de ficar de mãos atadas, e eles vão sacaneando com todo mundo? Tenho muita pena do Luís Carlos; você reparou o quanto Guilhermina e Guadalupe o manipulam?

— Vi.

— Viu o que Luís Carlos vai fazer com Maria Cândida, influenciado por essas duas víboras? Pobre moça...

— Isso não é problema nosso. Cada um cria seu destino. Deixe que Luís Carlos responda pela lei.

— Lei? — perguntou Miguel.

— Sim, a lei. Pensa que o mundo, tão perfeito, é regido pelo quê?

— Por forças inteligentes.

— E essas forças inteligentes seguem uma ordem, dentro de uma grande lei cósmica. E a lei nunca falha.

— Falhou comigo.

— Aguardemos. Não vamos discutir isso agora. Fique sentadinho aí no canto, que tenho assuntos a tratar. Se permanecer quieto, eu lhe prometo que o levo até sua filha.

— Jura mesmo?

— Cumpro com minha palavra, sempre.

João Caveira falou e logo desapareceu pela parede do quarto. Miguel deixou que uma lágrima escorresse pelo canto do olho. Lembrou-se de Ana Paula. Sua filha amada, querida. Estava por aí talvez perdida, sem o apoio e amor da família. Quisera Deus ela estivesse bem. Estava louco de saudade. Embora tentasse mentalizar o rosto da filha, não conseguia achegar-se dela. Ainda não dominava técnicas de manipulação de determinadas energias para se transportar com facilidade de um lugar a outro. Naquele exato momento só conseguia ficar perto de Guilhermina. Mas Miguel estava determinado: assim que se vingasse da esposa, iria atrás da filha que tanto amava.

19

Luís Carlos arrumou-se com apuro. Tinha certeza de que a noite estaria ganha. Conquistara o coração de Maria Cândida muito rapidamente. Guadalupe ajeitou delicadamente o nó da gravata.

— Está estupendo!

— E se der errado?

— Como assim?

— E se algo sair do planejado?

— Nada vai sair do planejado, *corazón*.

— Tem certeza?

— Absoluta!

O jovem estava visivelmente apreensivo. Guadalupe percebeu e perguntou:

— O que é?

— Estou me sentindo meio calhorda. Não gosto de tripudiar sobre os sentimentos das pessoas. Maria Cândida tem se mostrado uma excelente pessoa.

— Não me diga que está com pena do patinho feio?

— Não é isso, Guadalupe — tornou ele, sério. — Você não tem sentimentos?

Ela disfarçou:

— Claro que sim.

— Então perceba o quanto estamos sendo cruéis. Espero que tudo acabe bem.

— Vai acabar bem. Maria Cândida vai superar. Agora não é momento para se preocupar.

— Vou ter de dobrar o velho Otto. Sabe que o pai de Maria Cândida é osso duro de roer. Não vai me aceitar tão facilmente.

— Ele vai ter de aceitar todas as condições.

— Mesmo? — inquiriu Luís Carlos, hesitante.

Guadalupe procurou tranquilizá-lo:

— Esqueceu-se da carta que tenho sob as mangas?

— E essa carta pode ser tão poderosa assim?

Guadalupe sorriu maliciosa.

— Otto vai permitir que a filha se case com você. Ele não tem outra saída.

— Assim espero. Torça por mim.

Despediram-se e Luís Carlos foi à garagem. Entrou no carro, deu partida e tomou o rumo da casa de Maria Cândida. Lá chegando, foi conduzido pelo mordomo até a sala de estar. A mãe da jovem o aguardava.

— Boa noite, dona Zaíra.

— Boa noite — replicou ela, visivelmente irritada.

— E Maria Cândida?

— Descerá logo. Está terminando de se arrumar. Afinal de contas, a data é muito especial para ela.

— Tenho certeza disso — tornou Luís Carlos, cortês.

— Sente-se, por favor.

O jovem sentou-se em elegante poltrona. Procurou continuar o tom cortês com Zaíra.

— E Otto?

— Está numa reunião de negócios. Deverá chegar em breve.

Luís Carlos procurou manter conversa agradável, entretanto percebeu o quanto Zaíra estava perturbada com sua presença. Ele ia lhe dirigir a palavra, quando naquele momento Maria Cândida adentrou a sala em grande estilo. Trajava lindo vestido em tons de azul, o cabelo preso em coque. A maquiagem estava um tanto exagerada. A jovem sentia-se insegura em relação à sua beleza, e por esse motivo carregara bastante a maquiagem nas maçãs do rosto, que ela julgava serem defeituosas. Luís Carlos levantou-se e beijou-lhe a mão.

— Boa noite.

— Como vai, Luís Carlos?

— Bem. Você está linda.

Ela corou.

— Obrigada. Você também está muito bonito. Desculpe tê-lo feito esperar. Estava indecisa quanto ao vestido...

— Este lhe caiu muito bem — completou Zaíra.

— Sim, mamãe. Foi um presente que trouxeram da última viagem a Buenos Aires.

— Seus olhos estão brilhantes — comentou Luís Carlos.

— Estou feliz.

Uma simpática empregada serviu-lhes champanhe, e, no momento em que iam fazer o brinde, Otto chegou. Zaíra olhou o marido de esguelha e não gostou do que viu. Conhecia-o muito bem e sabia que aquela expressão no semblante do marido não era bom sinal. Procurou manter a calma.

— Olá, querido. Chegou bem na hora.

— Junte-se a nós no brinde — convidou Maria Cândida.

Luís Carlos nada disse. Uma fina camada de suor escorreu pelo canto esquerdo de seu rosto. Tentava sobremaneira manter a calma. Otto aproximou-se, pegou uma taça e a contragosto tocou-a na da filha e esposa. Evitou fazer o mesmo com a taça de Luís Carlos.

— Gostaria que as duas se retirassem. Preciso ter uma conversa séria com esse rapaz.

— Depois do jantar, papai.

— Não, agora.

— Por favor, papai — tornou Maria Cândida, em tom de súplica. — Após o jantar vocês conversam.

Otto foi categórico.

— Agora!

Quando Otto dizia fria e secamente "agora", não havia o que discutir. Ele estava seguro, e nada iria demovê-lo do intento. Ia conversar agora com Luís Carlos. Zaíra conduziu a filha até outra sala e cerrou as portas da saleta a fim de que ambos ficassem à vontade.

Sozinhos na sala, Otto fez sinal com a mão, apontando uma poltrona para o moço.

— Sente-se.

Luís Carlos não emitiu som. Tomou a champanhe de um gole só e sentou-se rapidamente na poltrona, de frente para Otto.

O pai de Maria Cândida foi direto e incisivo:

— Chega de rodeios.

— Como assim, senhor?

— O que quer com minha filha?

Luís Carlos pigarreou. Por fim, disse:

— Quero me casar com Maria Cândida.

— Por quê?

— Porque a amo.

Otto sentiu o sangue subir-lhe as faces. Ele possuía a pele bem alva, e logo seu rosto ficou transtornado, vermelho, os olhos parecendo saltar das órbitas. Luís Carlos exalou profundo suspiro. Começava a sentir medo do velho. Otto prosseguiu:

— Se disser isso mais uma vez, eu juro que vou perder as estribeiras e cometer uma loucura.

Luís Carlos sentiu o corpo gelar. O olhar de Otto era profundamente assustador. Sabia que o alemão não estava para brincadeiras. Tentou imprimir firmeza à voz:

— Quero me casar com sua filha. E ela também quer se casar comigo.

— Nem por cima de meu cadáver! — bramiu Otto, que se levantou de um salto e percorreu a saleta de um lado ao outro, impaciente.

— O senhor vai ter de aceitar nossa união.

— Nunca.

— Por quê?

— Se ao menos amasse minha filha... Mas não a ama.

— Eu vou fazê-la feliz — tornou Luís Carlos, pacientemente.

— Isso é mentira. Sei do seu envolvimento com aquela tal de Guadalupe.

Luís Carlos mordeu os lábios com força. Otto parecia saber de muitas coisas. O plano estava saindo dos eixos. Se pudesse conversar com Guadalupe nesse exato momento, tudo estaria bem. Mas o que fazer? Procurou mentir.

— Foi caso passageiro. Não temos mais nada.

Otto aproximou-se e meteu-lhe o dedo em riste.

— Você não passa de um charlatão, um ator de quinta categoria. Não me convence. Sei que Guadalupe mora com você e sua mãe. Aliás, aposto como Guilhermina deve estar por trás de tudo isso.

Luís Carlos levantou-se da poltrona.

— Não fale de minha mãe o que não sabe. Estamos aqui para discutir o casamento de sua filha comigo.

— Maldito! Pensa que podem me enganar? Você, sua amante rameira e sua mãe golpista? Vocês três não valem nada. Já lidei com gente de espécie muito pior. Sei lidar facilmente com tipos como vocês. Querem dinheiro? Pois bem, eu lhes dou.

— Não quero dinheiro, quero casar-me com sua filha.

— Nem que eu tenha de matar, vocês não se casam.

Luís Carlos sentiu medo no tom ameaçador com que Otto lhe dirigiu a palavra. Procurou contemporizar.

— Por que tem tanto medo de que sua filha se case comigo?

— Eu não tenho medo de que Maria Cândida se case. Tipos como você, eu quero longe de minha filha.

Luís Carlos ia abrir a boca, mas Otto o encostou na parede, apertando-lhe a garganta com fúria descomunal nas mãos.

— Largue minha filha! Saia de nossas vidas, enquanto é tempo. Vocês estão procurando sarna para se coçar. Querem nos dar um golpe, mas podem trazer muitos dissabores às suas vidas. Afaste-se de nós, você e sua maldita corja!

Luís Carlos nada disse. Sentia o ar lhe faltar, as faces vermelhas, o suor escorrendo por todos os poros de seu corpo. Sentiu muito medo. Não sabia como reagir, o que dizer. Otto o encarava com olhos ameaçadores. Ele precisava sair de lá o quanto antes e conversar com Guadalupe. Essa noite estava definitivamente perdida.

— Me solte, Otto.

O alemão estava possesso. Rangia os dentes, tamanha a raiva.

— Tenho vontade de matá-lo.

Luís Carlos tremia dos pés à cabeça.

— Entendi o recado.

— Então suma daqui.

— Sim, Otto. Deixe-me ir.

— Saia sem fazer cenas. Ou então acabo com vocês três e com quem mais se meter no meu caminho.

— Está certo.

— Despeça-se de minha filha e nunca mais ouse nos dirigir palavra.

Luís Carlos assentiu com a cabeça. Assim que Otto o largou, seu corpo balançou para os lados. Ele procurou recompor-se. Ajeitou o paletó, a gravata, passou as mãos pelos cabelos e pela testa. Antes de sair, ouviu de Otto:

— Se ama mesmo minha filha, pode se casar.

Luís Carlos não entendeu. Rodou nos calcanhares, semblante assombrado.

— Perdão. O que foi que disse?

— Isso mesmo — respondeu Otto, sorriso malicioso nos lábios.

— Então posso pedir a mão de sua filha em casamento? — indagou Luís Carlos, surpreso.

— Pode, desde que saiba, de antemão, que, casando-se com Maria Cândida, ela não vai herdar absolutamente nada de mim. Eu vou remeter todo o meu dinheiro para a Suíça e vou transferir os bens para um primo de Zaíra que mora em Minas Gerais. A papelada está pronta, só falta registrar em cartório.

Luís Carlos não esperava por essa. O velho Otto havia armado tudo, se antecipado, e agora sentia o sabor da vitória. Sem saber o que responder, surpreso com essa novidade que destruía por completo seus planos de se tornar milionário à custa do alemão, Luís Carlos ajeitou novamente o nó da gravata e saiu de olhos baixos, sentindo-se completamente vencido. Correu a porta da saleta e foi ao encontro de Maria Cândida.

— Conversaremos outra hora.

— O que aconteceu? — perguntou ela, voz chorosa.

— Preciso ir.

— Mas como? — inquiriu ela, aflita.

— Preciso ir. Até mais.

Luís Carlos despediu-se e fez aceno com a cabeça, despedindo-se de Zaíra. Ela fez sinal com a cabeça e abraçou-se à filha. Assim que entrou no carro, Luís Carlos deu partida e saiu em disparada para casa. Maria Cândida, sentada no sofá, não sabia o que dizer.

— O que aconteceu? Por que ele foi embora assim de repente?

Otto entrou no escritório e sentou-se ao lado da filha. Zaíra procurou manter-se calada. Conhecia muito bem o marido e sabia que Otto provavelmente ameaçara Luís Carlos. Maria Cândida fitava o pai com rancor.

— O que disse a ele?

— Nada.

— Como nada?

— Nada de mais.

— O que disse a ele? Por que Luís Carlos saiu assim em disparada?

— Não sei ao certo, filha.

— E o jantar?

— Só jantaremos os três: eu, você e sua mãe.

— Como assim?

— Só os três.

— Papai, você está arruinando minha felicidade.

— Não, filha. Você não tem como entender isso agora. Pode me massacrar, mas ainda vai me agradecer.

— Como posso agradecer-lhe?

— Você está cega pela paixão. Quando voltar a si, vai compreender e me perdoar.

— Perdoar você? Por afastar de mim o homem que amo?

— Você não o ama — tornou Otto enraivecido. — Você se encantou com ele porque foi paparicada, mais nada.

— Como pôde fazer isso comigo?

— Filha, eu a amo.

— Mentira!

Maria Cândida deu um grito histérico e correu célere para o quarto. Zaíra tentou acompanhar a filha, mas Otto a impediu.

— Deixe, Zaíra, deixe. Maria Cândida está cega pelo orgulho ferido e não vai nos perdoar de imediato.

— O que aconteceu?

Otto levantou-se, foi até a sala. Voltou com um envelope pardo e o entregou à esposa.

— Abra e veja.

Zaíra abriu o envelope. Ao ver as fotos, levou a mão à boca.

— Não é possível.

— É, sim.

— Quem tirou essas fotos?

— O mesmo detetive que trabalhou para nós no caso do Augusto. Lembra-se?

Zaíra estava perplexa.

— Como não poderia me lembrar disso? Eu mesma o contratei para seguir o Augusto. Pensei que Luís Carlos estivesse mesmo nadando em dinheiro, com aquele desclassificado do Ramírez pagando todos os seus luxos. Deixei de lado a ideia de contratar o Dantas.

— Ramírez está querendo se livrar de Luís Carlos. Fui informado de que o espanhol está por aqui com o rapaz. — Otto fez um gesto com a mão passando pelo pescoço.

— De quando são essas fotos?

— Foram tiradas esta semana.

— Luís Carlos tem outra?

— Sim. Uma amante. Ele e a mãe dizem a todos que a amante é uma prima distante que veio do estrangeiro. Entretanto é tudo mentira.

— Guadalupe! — exclamou Zaíra.

— Sim.

— Mas ela é vidrada no Ramírez.

Otto coçou a cabeça.

— Sei disso. É esta a peça do quebra-cabeças que não quer se encaixar. Não entendo como Guadalupe possa estar de amores pelo Luís Carlos. Mas isso não vem ao caso. Nos livramos de mais um pulha.

— Como soube de tudo isso?

— Fiquei desconfiado. Quando Maria Cândida disse que estava sendo assediada por esse caça-dotes, resolvi agir por debaixo do pano.

— E por que razão não contou comigo? — perguntou Zaíra, entristecida e decepcionada.

Otto aproximou-se da esposa, passou delicadamente os braços pelos ombros dela. Beijou-a numa das faces.

— Não queria que você se preocupasse. Você fez tudo na época que desconfiamos do Augusto. Não queria que se desgastasse emocionalmente de novo. Enquanto pudesse dar apoio à nossa filha, sem saber o que estava acontecendo, eu poderia rapidamente descobrir a verdade.

— Então você os contratou e...?

— Contratei a equipe de detetives do Dantas e os botei na cola de Luís Carlos e da mãe. Deu no que deu. Relatórios e mais relatórios que mostram o cotidiano dessa família de morféticos!

— Otto!

— Ora, Zaíra, são um bando de sanguessugas. Querem se aproveitar da baixa autoestima de nossa filha e tomar tudo o que é nosso.

— Você acha que Luís Carlos vai sossegar?

— Não sei, todavia tomei providências. Se ele se aproximar de nossa filha, vai levar chumbo.

Zaíra levou a mão à boca.

— Morte, não! Você prometeu que não iria mais...

— Matar? — perguntou o alemão, em tom enérgico.

Zaíra baixou a cabeça. Disse timidamente:

— Sim. Você prometeu...

— Não sou eu quem vai fazer o serviço. Contratei aquele capanga lá do Ceará. Dei-lhe uma boa soma em dinheiro.

— Por favor, Otto. Tenho medo.

— Eu juro que esse canalha não encosta mais um dedo em nossa filha, tampouco em nosso dinheiro. Luís Carlos não nos dará trabalho.

— O que disse a ele para sair tão cabisbaixo e atônito?

Otto riu-se.

— Disse que iria deserdar nossa filha caso ele se casasse com ela.

Zaíra moveu a cabeça para os lados.

— Estou pasmada com a sua astúcia.

— Luís Carlos é café pequeno. Não vai nos incomodar. Minhas energias e minha mira estão voltadas para Ramírez.

— Ele ainda não se convenceu de que você não vai largar o posto?

— Não. Alguns compadres lhe ofereceram a chefia do tráfico de toda a região sul.

— Ele não quer?

— Quer tudo. Você o conhece. Vamos ter de nos preparar para uma guerra.

Zaíra abraçou-se ao marido.

— Tenho sentido muito medo ultimamente. Não acha que está na hora de largarmos tudo isso e fixarmos residência na Argentina?

— Ainda não — tornou Otto, convicto.

— Podemos nos mudar, recomeçar nossas vidas. Temos muito dinheiro. Temo por Maria Cândida. E se ela uma hora descobre?

— Ela não vai descobrir.

— E se tentarem nos atingir fazendo algum mal à nossa filha?

Otto sentiu novamente o sangue subir-lhe pelas faces. Amava demais a filha e não permitiria que alguém encostasse o dedo na menina. Entretanto estava começando a sentir medo. O controle do tráfico de drogas começava a gerar disputa entre os internos. Alguns queriam que Otto passasse o comando a Ramírez, o que ele se recusava a fazer. Sabia que nesse tipo de negócio o cargo tinha duração limitada e era inconstante. Otto chegara ao Brasil e conseguira tirar o controle do tráfico, ainda muito pequeno, das mãos de Tião Chulapa, um negro que metia medo em meio mundo. Quatro tiros à queima-roupa dados por Otto foram suficientes para derrubar e acabar com a raça de Tião.

Zaíra ficara muito nervosa naquela época e tinha medo de que o marido tentasse matar novamente alguém. O tráfico agora era algo que enchia de cobiça os olhos de muita gente. A polícia estava fechando o cerco sobre os cassinos clandestinos e a prostituição informal. Não havia ainda preocupação com o tráfico de drogas.

Entretanto as drogas químicas começavam a dar muito dinheiro para quem as comercializava, e muita gente começa a se viciar de fato. Ramírez perdera seus cassinos, e a prostituição não lhe dava mais tanto dinheiro assim. O espanhol queria o trono. Estava fazendo todo tipo de pressão. Otto sabia que não poderia resistir por muito mais tempo. Pensou na filha. E se ela fosse alvo de algum desses calhordas que fazem de tudo para conseguir projeção no meio marginal?

Zaíra tocou levemente o braço do marido, chamando-o à realidade.

— E Maria Cândida?

— Vou tomar algumas providências. Vou botar mais seguranças à paisana atrás dela.

— Não falo de sua segurança, mas de seu coração. Ela deve estar arrasada.

— Suba e vá acalmá-la.

— O que será dela?

— Ela vai se recuperar. O tempo se encarrega de tudo.

Zaíra baixou os olhos, virou-se e foi ter com Maria Cândida. Sabia que precisaria ter paciência para os dias que viriam. Temia sinceramente pelo estado emocional da filha. Pensou em seu primo Ernani. Talvez estivesse na hora de ele ajudar Maria Cândida.

***

Luís Carlos chegou tão nervoso que raspou toda a lateral do carro na parede da garagem.

— Droga! — bramiu ele.

Bateu a porta do carro com força e entrou em casa soltando ódio pelas ventas. Guilhermina e Guadalupe levantaram-se de um salto. A mãe abraçou-se ao filho.

— Graças a Deus! Pensei que uma desgraça fosse se abater sobre sua cabeça.

— Quase, mãe. Quase!

— O que aconteceu? — perguntou Guadalupe, apreensiva.

— O idiota do pai me ameaçou. Otto me disse que somos um bando de calhordas e que, se eu me aproximar de Maria Cândida, ele acaba comigo.

— Oh, não! — desesperou-se Guilhermina.

— Sim, mãe. Ele assegurou que acaba com a minha vida. Acho que o plano foi por água abaixo. Estamos perdidos. Está tudo acabado.

— Não acabou ainda — sentenciou Guadalupe.

— Como não? O homem parecia o diabo encarnado. Você não estava lá para ver.

— Conheço esses tipos violentos. Sei como lidar com eles.

Luís Carlos explodiu:

— E o que vamos fazer? Fiz o que me foi pedido, brinquei com os sentimentos da menina. E agora? No final das contas, fiz papel de otário, de bobo.

— Calma, calma, *corazón*. Esse velho patético não vai dar a última cartada.

— Você está muito segura — replicou Guilhermina.

— Fiquem sossegados. Preciso falar com Ramírez.

— Acho melhor pararmos por aqui. Otto parece ser do tipo que cumpre com o que promete.

Guadalupe riu histérica.

— Eu também cumpro o prometido. Me deem alguns dias. Prometo que Otto vai mudar de ideia mais rápido do que imaginam.

— Impossível — tornou Luís Carlos.

— Confie em mim, *corazón*.

20

Lurdinha passara dias e mais dias pensando numa maneira de se aproximar de Bruno. Em vão. Marcou nova consulta com Pai Thomas.

— E então? Ele vai ser meu ou não?

— Assim está difícil — tornou o pai de santo, sincero. — Bruno está cismado com outra garota.

— Não dá para fazer um trabalho em que ele fique com os olhos voltados somente para mim?

Pai Thomas suspirou.

— Poder, eu posso. É arriscado.

— Arriscado? Como assim?

— Arriscado. Posso entrar em contato com alguns espíritos, manipular algumas energias e fazer o moço ficar a seu lado.

— Isso é maravilhoso! — exclamou a moça, eufórica.

— Entretanto, caso ele se encante por você, em razão do meu trabalho...

— Continue — suplicou Lurdinha.

— Ele não irá mais largar do seu pé.

— É isso que quero.

— Fiz esse trabalho para duas moças somente, em toda a minha vida profissional. Uma delas veio reclamar tempos depois, pedir para desfazer o trabalho. Esse tipo de magia não dá para desfazer, compreende?

Lurdinha riu satisfeita.

— Claro que compreendo. Não sou burra. Quero o Bruno para mim, não importa como. Se seu trabalho funcionar para valer, eu lhe pago muito mais que o prometido. Pode ficar tranquilo, que não voltarei aqui implorando para afastá-lo de mim. Nunca!

— É bom que pense assim. Eu não tenho como desamarrar esse tipo de energia. Quer mesmo esse moço?

— Sim.

— Tem certeza de que o quer a seu lado para sempre?

— Tenho! — disse ela, segura de si.

— Está bem. Aguarde um instante.

Pai Thomas ajeitou-se na cadeira. Acendeu uma vela sobre sua mesa. Lurdinha pôde ver melhor a sala em que o pai de santo dava atendimento. Era simples, as paredes em tons claros. Figuras de santos misturadas a outras divindades estavam espalhadas por estantes e oratórios fixados na parede, atrás da mesa de Pai Thomas. Sobre esta, algumas flores esparramadas e colares de várias cores.

O homem pegou alguns daqueles colares e os meteu ao redor do pescoço. Apanhou alguns búzios, chacoalhou-os juntando as duas mãos e os atirou sobre um cesto à sua frente. Ele se concentrou por instantes. Respirou fundo e respondeu em seguida:

— Os espíritos dizem que dá para fazer o serviço.

Lurdinha deu um gritinho de satisfação.

— Oba!

— Mas estão lhe alertando que, se fizermos o feitiço, não poderemos desfazê-lo.

Lurdinha irritou-se:

— Eu disse que não quero que seja desfeito. Vim aqui segura do que desejo. Eu quero que amarrem o Bruno para mim. Quero que esse homem seja enfeitiçado e não desgrude os olhos de mim. Quero que ele se esqueça de toda e qualquer mulher que haja no mundo. Quero que ele tenha olhos somente para mim.

Pai Thomas fechou novamente os olhos. Concentrou-se e jogou os búzios mais uma vez. Abriu os olhos, olhou para as conchinhas e determinou:

— Meus guias pedem algo para que o serviço não falhe.

— O que é? — indagou ela, surpresa.

— Preciso de uma roupa íntima desse moço.

— Roupa íntima?

— Sim, uma roupa íntima. Sabe se ele usa ceroula ou cueca?

Lurdinha sentiu as faces vermelhas.

— Pai Thomas, quanta indiscrição! Como vou saber o que Bruno usa por baixo das calças? Faça-me o favor...

Pai Thomas riu-se.

— O moço é jovem, deve usar cueca.

— Pode ser.

— Preciso de uma cueca dele, e tem de ser usada.

Lurdinha levou a mão à boca, para evitar o gritinho de repulsa.

— Oh, Pai Thomas! Uma cueca, e ainda por cima usada?

— Sim.

— Mas como? — indagou aflita.

— Só assim os meus guias poderão fazer uma amarração para valer, da pesada. Preciso de uma cueca usada.

— Mas por quê?

— Porque a peça íntima de uma pessoa carrega suas energias sexuais, mesmo estando limpa. Caso esteja usada, sem lavar, as energias ficam impregnadas de maneira mais forte no tecido. Assim, tenho condições de fazer um trabalho perfeito, que garanto que vai funcionar.

— Mas como vou fazer isso?

— Não sei.

— Só se eu for à casa dele.

— Então vá.

— Mas não tem como. Ele mal olha para mim.

— Do jeito que as coisas andam, ele não vai olhar para você mesmo. Está perturbado espiritualmente e só tem olhos para outra.

Lurdinha rangeu os dentes de raiva.

— O que dá para fazer, então?

— Não sei ao certo.

— Você é o melhor pai de santo da atualidade. E se fizer um trabalho para afastá-la dele?

— Com essa sua amiga não posso mexer, não.

— Como não?

— Ela é protegida.

— E você não tem força?

— Tenho, mas ela é protegida por espíritos de luz. Você vai ter de se aproximar dela, ficar amiga de verdade, fingir, sei lá. Precisa ter acesso à casa do rapaz. Sem a cueca, nada feito.

Lurdinha suspirou. Bruno era seu sonho de consumo. Acreditava ser ele o homem de sua vida. Além de bonito, ele era rico, muito rico. Não podia perder esse homem de vista. Tinha de traçar um plano, achar uma maneira de conseguir chegar até a casa do rapaz.

— Seus guias não podem me ajudar a me aproximar da casa dele?

— Posso pedir para que façam esse servicinho.

— Então faça! — sentenciou ela.

— Mas vai custar um bocado de dinheiro.

Ela levantou-se de um salto. Correu até o canto da salinha, pegou sua bolsa e voltou com o talão de cheques na mão.

— Não importa.

— Você está pedindo por dois serviços: aproximação e amarração de homem.

— Isso mesmo.

— É caro.

— Eu pago. Quanto?

— Dois mil para começar.

Lurdinha nem pestanejou. Pegou uma caneta, fez o cheque e o entregou a Pai Thomas.

— Você me deu três mil, Lurdinha. Eu lhe pedi dois.

— Não importa. Quero que me ajude a chegar até a casa de Bruno. O resto é gratificação. Compre bastante cachaça para os seus amigos invisíveis. Faça uma festa. Vamos comemorar.

Lurdinha e Pai Thomas gargalharam até que lágrimas rolassem pelos seus olhos. Ela saiu do terreiro determinada. Sentia-se protegida pelas entidades e sabia que logo chegaria até Bruno.

Eram quase seis horas da tarde quando lhe deu um estalo. Por que não ir esperar Suzana na porta da fábrica? Afinal de contas, fazia um bom tempo que ela colara na jovem, fingindo amizade apenas para chegar até Bruno. Pensando assim, Lurdinha desviou o caminho de casa, dobrou a rua, pegou uma movimentada avenida e em pouco mais de vinte minutos estacionou o carro próximo à saída da metalúrgica. Ao avistar Suzana, saiu do automóvel e correu a cumprimentá-la.

— Oiê!

Suzana estava surpresa.

— Você, aqui? Está perdida? — brincou.

— Não. Me deu saudades — mentiu Lurdinha.

Suzana estava desconfiada da súbita e crescente amizade de Lurdinha nas últimas semanas. Particularmente nesta tarde, sentiu um torpor ao abraçá-la. Não sabia identificar ao certo o que era. Suzana não tinha vidência.

Embora seu corpo registrasse as sensações, ela não podia ver que duas entidades, a mando de Pai Thomas, estavam seguindo Lurdinha, ajudando-a e facilitando a sua aproximação de Bruno. Essas entidades sabiam que Suzana era protegida por outros espíritos e puderam somente inspirá-la a fazer breve comentário, nada mais:

— De certa maneira, acho ótimo ter vindo até aqui. Preciso ir à Rua Augusta.

— Agora?

— Sim, Lurdinha. Aluguei e preciso pegar meu vestido.

— Mas as butiques, mesmo as de aluguel, fecham agora às seis da tarde. Não vai dar tempo, nem que faça o carro voar.

— Falei com a recepcionista agora há pouco e ela vai me esperar até as sete.

— Estou de carro e posso levá-la.

— Agradeço — tornou Suzana.

No trajeto, foram conversando banalidades, até que Lurdinha perguntou sem rodeios:

— Tem algum encontro especial?

— Não.

— Se vai alugar um vestido numa butique na Rua Augusta, não é para qualquer evento. Vá, me conte. O que é?

Suzana riu da maneira despretensiosa de Lurdinha. Respondeu com naturalidade.

— Vou à uma festa.

— Festa?

— Meu chefe faz anos amanhã. Vai dar uma festa em sua residência.

Lurdinha mordeu os lábios para não gritar de alegria.

— O pai do Bruno vai dar uma festa?

— E que festa! Com orquestra, serviço de buffet... Vai até ter jornalistas.

— Mentira!

— Verdade — disse Suzana em tom de desdém.

— Você não me parece muito animada.

— Não estou.

— E por que vai a essa festa?

— Porque sou muito grata ao doutor Roberto. Meus pais também foram convidados. Meu pai está fazendo uma pressão danada para irmos à festa. Não quero decepcioná-lo. Mas, por mim, eu não iria.

— Você está com uma cara!

— A minha vontade era de não ir à festa. Estou indo por obrigação, para ser sociável. Papai acha que não pega bem a secretária do chefe faltar à festa de seu aniversário.

— Seu pai está certo. Precisamos ceder de vez em quando. Em sociedade não podemos nos isolar; temos de cumprir com determinadas obrigações.

— Isso me cansa sobremaneira. Odeio fazer tipo. Entretanto ainda tenho receio de dizer "não". Me sinto culpada.

— Mas vai a uma festa do pessoal da classe A, com requinte, luxo e gente bonita. Eu não acho isso sacrifício, muito pelo contrário — tornou Lurdinha, olhos brilhantes.

Suzana exalou profundo suspiro.

— Estou cansada dos assédios do Bruno. Tenho feito tratamento no centro e já percebi o quanto tenho de mudar algumas crenças para que ele se afaste de mim.

— Como assim?

— Está na hora de eu mudar a maneira de lidar com esse assédio. Preciso aprender a ser firme e a não dar importância às investidas do Bruno. Conseguindo chegar nesse nível de firmeza interior, mudando posturas, crenças e mudando principalmente a minha maneira de pensar, Bruno naturalmente vai se afastar de mim.

— Entretanto ouvi dizer que ele está perturbado espiritualmente. O coitado não tem culpa, já que espíritos malfeitores o assediam.

— Isso é mentira — retrucou Suzana, voz firme.

— É?

— Sem dúvida. Bruno é o responsável por estar preso à energia dessas entidades. O mal só entra em nossas vidas pelo mal que há em nós. O mesmo acontece com o bem. Então me responda: por que ele não atrai espíritos de luz, espíritos elevados?

— Não sei. Não faço ideia.

— Porque tudo é por meio de atração, de sintonia, afinidade. Quem está ligado no bem vai atrair bons espíritos ao seu lado. Já quem está ligado na maldade, na maledicência, vai atrair esses infelizes.

Lurdinha balançou a cabeça para os lados. Para ela não importava se Bruno estava ou não em companhia de entidades inferiores. Isso depois Pai Thomas resolveria, com um novo trabalho. Perguntou novamente:

— E por que se obriga a ir a essa festa?

— Vou pelo social. Como já lhe disse, não quero decepcionar meu pai. Voltamos a nos harmonizar lá em casa. Papai estava fulo da vida porquanto eu e meu irmão estamos indo a um centro espírita com o qual ele teve alguns desentendimentos. E, por outro lado, eu adoro meu chefe e será uma oportunidade de conhecer dona Rafaela, sua esposa. Eu a conheço somente por telefone.

— Mas você vai se divertir, tenho certeza. Vai acompanhada dos seus pais...

Suzana deu de ombros.

— Pode ser. Entretanto meus pais conversam entre si. Não temos muito assunto. Temo ficar deslocada na festa, dar chance para o Bruno vir me atacar.

— E seu irmão?

— Fernando vai levar a namorada, e eu vou ter de aturar o pulha do Bruno. A não ser...

Nesse momento, as entidades, sentadas no banco de trás do carro de Lurdinha, aproveitaram a oportunidade e lançaram a ideia. Suzana, muito insegura e sentindo-se obrigada a ir à festa, ou seja, indo contra sua vontade, acatou o pensamento como sendo seu e disparou à queima-roupa:

— Não quer ir comigo à festa?

Lurdinha precisou encostar o carro próximo à guia da calçada para não causar um acidente, tamanha a excitação. Procurou manter tom natural na voz:

— Gostaria de minha companhia?

— Sim. O doutor Roberto disse que eu poderia levar quem quisesse. Tomei a liberdade de chamar a Tânia e a Claudete. Assim me sinto mais à vontade.

Lurdinha fez muxoxo.

— Você poderia ter me convidado também. Não preza minha amizade?

Suzana sorriu.

— Não é isso, de maneira alguma. Você está sempre envolvida com rapazes, vai sempre a festas, e eu jamais poderia imaginar que estaria livre na sexta-feira à noite.

— Pois para essa festa estou. Ah, Suzana, adoraria ir. Não tenho nenhum compromisso para amanhã à noite.

— Por que tanta vontade de ir à festa?

— Você sabe o porquê.

— Bruno, estou certa?

— Sim.

Suzana exalou suspiro de contrariedade.

— Não se envolva com esse homem. Ele não inspira confiança.

— Mas o que fazer? Eu gosto dele.

— Como pode afirmar?

— Eu gosto, oras.

— Entretanto você o viu somente duas vezes. Ele mal lhe dirigiu a palavra. Sabe que anda cismado comigo.

— Sei, claro que sei. Como também sei que você não o suporta.

— Isso é verdade.

— Não seria ótimo ele parar de assediá-la e apaixonar-se por mim?

Suzana deu de ombros.

— Adoraria que ele largasse do meu pé de uma hora para outra. Mas Bruno está perturbado. E eu não gostaria de vê-la ao lado de um homem como ele.

— Bobagens. Eu mudo esse homem. Toda mulher muda o marido, e eu não serei exceção. Bruno vai comer na palma da minha mão.

— Você é quem sabe. Se quer ir atrás dele, mesmo sabendo do seu temperamento impetuoso, só posso lhe desejar boa sorte.

Lurdinha abraçou-se à amiga e beijou-lhe a face.

— Obrigada, amiga. Então vai me deixar ir a essa festa?

— Acho bom, porquanto Tânia e Claudete vão direto da pensão para a festa. Papai e mamãe irão com Fernando e Ana Paula. Eu iria amassar meu vestido, apertada no banco de trás.

— Não! Imagine chegar com o vestido amassado numa festa desse porte! Eu venho apanhá-la. Que tal às oito e meia?

— Perfeito. Combinado.

Lurdinha deu partida novamente e seguiram até a Rua Augusta. A loja alugava e também vendia roupas lindíssimas, de corte e caimento perfeitos. Lurdinha aproveitou e comprou um lindo vestido de alças, verde-esmeralda, bem como os sapatos e bolsa no mesmo tom. A vendedora jurou que faria os ajustes necessários naquela mesma noite e que Lurdinha poderia pegar o vestido na manhã seguinte. A generosidade da vendedora não tinha nada a ver com assédio das entidades enviadas por Pai Thomas. Lurdinha comprou o vestido mais caro da loja, o que dava à vendedora uma comissão equivalente a um mês de trabalho...

Depois das compras, ambas foram a uma confeitaria nos Jardins, e passava das dez da noite quando Lurdinha deixou Suzana à porta de casa.

— Amanhã às oito e meia em ponto.

— Combinado — respondeu Suzana.

— Boa noite.

— Até amanhã.

Suzana entrou em casa e Lurdinha acelerou, dobrou a esquina e foi em direção a sua casa. No caminho, cantarolava e ria, tamanha a satisfação. Disse em alto e bom tom:

— Esse pai de santo é porreta mesmo! Amanhã eu consigo o material de que ele tanto precisa para que Bruno definitivamente não desgrude mais os olhos de mim. Dou um jeito de, durante a festa, apanhar essa cueca, custe o que custar!

21

Guadalupe não aguentava mais esperar. Fazia mais de um mês que o plano traçado com maestria para unir Luís Carlos a Maria Cândida fracassara. Percebeu que Otto não estava para brincadeira. O alemão sustentara a sua decisão. Na primeira semana Luís Carlos ainda pensou numa maneira de se reaproximar de Maria Cândida. Entretanto, depois de pensar sobre a encrenca que poderia arrumar para sua vida, voltou à jogatina, à velha vida de sempre e logo se esqueceu da família Henermann.

Guadalupe estava farta. Havia muito tempo cansara do papel de amante comportada. Tinha entrado num jogo cujas cartas foram lançadas alguns anos atrás. Agora estava na hora de botar um ponto final nessa história.

— Preciso de ajuda. Ele vai ter de me ouvir e vamos ter de alterar os planos — disse para si, num tom desesperador.

Guadalupe se arrumou, botou um lindo vestido com amplo decote que ostentava o colo bem-feito; escovou os longos e sedosos cabelos, aspergiu suave perfume sobre o corpo alvo, pegou a bolsa, tomou um táxi e foi para a região dos Campos Elísios. Ela pediu que o motorista a deixasse no cruzamento da Duque de Caxias com Rua dos Andradas. Saiu do táxi, ajeitou os cabelos, dobrou a esquina e parou defronte a um antigo casarão, bastante danificado pelo tempo. Assim que um dos seguranças a viu, foi logo abrindo a porta. Guadalupe agradeceu fazendo gracioso movimento com a cabeça, entrou e dirigiu-se até os fundos do palacete. Desceu as escadas e parou diante de uma grande porta de ferro que dava acesso ao porão. Guadalupe respirou fundo, ajeitou os cabelos e entrou sem bater.

— O que faz aqui? — indagou Ramírez, visivelmente surpreso.

— Não aguento mais, *corazón*. Estou farta.

— Você precisa continuar nesta farsa.

Guadalupe aproximou-se até a mesa. Colocou as mãos sobre os papéis e praticamente encostou os seios no rosto dele. Ela sabia como seduzi-lo, como tirá-lo do eixo.

— Estou tão chateada! Ficamos tanto tempo idealizando o plano, traçando tudo direitinho. Chegamos ao topo, você conseguiu fazer suas ligações com figurões da classe A. Por que tenho de continuar fingindo que gosto daquele bolha do Luís Carlos?

— Por mais um tempinho somente. Se Otto não fosse tão cabeça-dura, tudo estaria resolvido.

— Faz um mês, e Luís Carlos não está interessado em procurar Maria Cândida — tornou ela, voz cansada. — O que faremos?

— Aguardar.

— Não posso e não quero. Sei como dobrar o Otto. Vamos deixar Luís Carlos e Guilhermina para trás. Eles não nos servem mais. Já os usamos, e agora podemos seguir adiante, só nós dois.

Guadalupe terminou de falar e esfregou o colo no rosto dele. Ele não resistiu. Levantou-se, respiração arfante, o corpo tomado pela excitação e desejo. Agarrou-a de maneira brusca e a possuiu ali mesmo sobre a escrivaninha, rasgando a alça do vestido de Guadalupe, tamanha a vontade de amá-la. A jovem entregou-se com volúpia a um prazer que havia muito tempo não sentia.

Após se amarem, mais calmo, ele a beijou nos lábios, afastou-se e dirigiu-se a uma mesinha. Pegou um cigarro, acendeu-o, deu umas baforadas. Guadalupe abriu a bolsa, pegou um espelhinho e passou a retocar a maquiagem toda borrada. O homem sorriu malicioso.

— Não me lembrava o quanto era gostoso amar você. Desde que a conheci, nunca mulher alguma me deu tanto prazer.

Guadalupe sorriu vitoriosa. Ela sabia que o tinha na palma da mão. E, por outro lado, era violentamente apaixonada por ele. Ela terminou de retocar o batom, aproximou-se dele, inclinou a cabeça e tragou do cigarro. Depois de expelir a fumaça, ela o abraçou e falou, em tom apaixonante:

— Ramírez, meu amor, desde que o conheci, nunca mais senti nada por homem algum. Só me deitei com aqueles que você me obrigava, por questões profissionais.

Ele riu.

— Eu morro de ciúmes de você. Preciso controlar a minha ira toda vez que a vejo com aquele pulha do Luís Carlos.

— Ciúmes daquele bêbado?

— Sim.

— Ramírez, ele mal consegue ter ereção. Ultimamente só bebe. Ele tem um rosto bonito e mais nada. Ele é um traste, um nada.

— Ele e sua mãe. Também estou farto de Guilhermina. Tenho pretextado trabalho para não chegar em casa a tempo de cumprir com minhas obrigações de marido.

Guadalupe o abraçou com força.

— Você não é marido dela — protestou.

— Maneira de dizer, oras.

— Tenho ódio toda vez que o vejo abraçado àquela velha. É repugnante.

— Isso é ciúmes — riu ele.

— Claro que é!

Ramírez a beijou longamente nos lábios.

— Você sabe que entramos nessa para chegar no topo.

— Claro que sei — tornou ela.

— Tivemos de disfarçar, controlar nosso ciúme, mudar nossa maneira de ser para conseguir o que tanto queremos.

— Eu não consigo mais controlar meu ciúme. Sou louca por você, não aguento mais ouvir Guilhermina falar do amor que sente por você.

— Guilhermina foi só uma escada para eu chegar aonde quero.

— Tem certeza de que não sente nadinha por ela?

— Está louca? — inquiriu Ramírez, surpreso. — Acredita que eu a trocaria por aquela velha? Fiz esse sacrifício para chegar ao poder, mais nada.

— Você é diabólico. Isso me excita!

Ramírez desprendeu-se dela e rodou nos calcanhares. Foi até o arquivo, abriu uma das gavetas, pegou uma pasta bem volumosa. Jogou-a sobre a escrivaninha.

— Aí está todo o relatório sobre o caso da Companhia Paulista.

Guadalupe passou as mãos pelo rico volume. Ramírez prosseguiu:

— Foi muito fácil enganar o Miguel e fazê-lo torrar todo o dinheiro nas ações.

— Você sabia que o governo iria estatizá-la, não?

Ramírez deu uma gargalhada.

— Sabia de tudo. Lembra-se de que a mulher daquele ministro ficou caidinha por mim?

— Tive de me segurar para não avançar sobre ela. Que mulher despudorada!

— Despudorada mas eficiente. Uma semana ininterrupta de amor com ela e fiquei sabendo de tudo. Daí a fazer o Miguel comprar as ações foi trabalho fácil. Consegui persuadi-lo sem fazer muita força.

Guadalupe balançou a cabeça para os lados.

— Fazer com que ele perdesse tudo e Guilhermina se sentisse insegura! Você foi brilhante. Como tinha certeza de que ela iria ficar com você?

— Ora, eu me conheço. Sou um sedutor de primeira. Ela estava apaixonada. Uma mulher apaixonada é capaz de loucuras.

— Ainda bem que isso está no fim. Não quero mais representar esse papel de boa moça. Guilhermina está cada vez mais insuportável.

— Continua sonhando com o defunto do Miguel?

— Ela afirma que o vê sempre acompanhado de um homem com uma capa vermelha.

— É mesmo? Será possível?

— Bobagens. Ela está ficando gagá, isso sim. No momento em que você a chutar de lado, quero ver como ela vai se destroçar.

Ramírez foi categórico.

— Posso ser malandro e fazer de tudo para conseguir o que quero, mas não vou deixar Guilhermina à míngua.

Guadalupe arregalou os olhos.

— Isso não estava em nossos planos. Não vai me dizer que está com pena dela?

— Ela me foi útil, e acho justo recompensá-la. Vou lhe dar a casa do Pacaembu e uma gorda conta na poupança.

— Você é louco — gritou ela, estupefata.

— Não sou, não.

— Ramírez, por favor — ela suplicou. — Nem que você quisesse, poderia deixar a casa para Guilhermina. Não se esqueça de que Miguel faliu e os credores sossegaram, mas, se descobrirem que ela possui um imóvel, vão tomá-lo dela.

Ramírez riu. Caminhou até o cinzeiro no canto do escritório, apagou a bituca de cigarro e concluiu:

— Não vou deixar nada para ela.

— Não entendo...

— Quer dizer, diretamente. Eu tratei desse assunto com meus advogados e legalmente posso passar a casa para o nome de Ana Paula.

— A filha tartamuda?

— A própria. Vou deixar a casa no nome de Ana Paula e a poupança também, suficiente para amparar Guilhermina por anos. Isso não é nada, perto do que estamos prestes a alcançar.

— Guilhermina não se dá bem com a filha. Você não está sendo cruel, fazendo a mãe depender dela?

— Não.

— Entretanto Ana Paula pode querer se vingar da mãe e tomar-lhe tudo, deixando Guilhermina na sarjeta.

— Não acredito nisso — tornou Ramírez. — Ana Paula é uma menina de bom coração.

— Como pode afirmar isso? Ela o detesta.

— Por conta das circunstâncias. Mal o pai morreu e Guilhermina quis me colocar dentro da casa. Se eu fosse Ana Paula, teria feito o mesmo, agido de maneira parecida.

— Não posso crer que esteja defendendo aquela tonta.

Ramírez deu uma risadinha.

— Ana Paula pode ser tudo, menos tonta. Naquela casa, ela é a que mais tem chances de se dar bem, viver uma vida tranquila. Vou deixar a casa e a poupança no nome dela. Tenho certeza de que, mesmo não se dando bem com a mãe, Ana Paula vai ampará-la.

— Como pode ter tanta certeza?

— Porque há algo nela que me inspira confiança, mais nada. Esse assunto está encerrado, Guadalupe. Já decidi e está tudo acertado. Estou mais preocupado com o alemão, isso sim.

— Otto Henermann não nos causará problemas.

— Ele é perigoso. Está cercado de capangas.

— Ele botou dois capangas na cola do Luís Carlos. Está perdendo o tempo, porquanto aquele bêbado inútil não vai mais procurar o monstrinho.

— Não sei, Guadalupe, estive pensando numa maneira de perturbar o Otto. Preciso que me ajude a encontrar uma forma de afastá-lo por uns tempos daqui.

— Posso matá-lo.

Ramírez foi enérgico.

— Não! Se o matarmos, vamos perder tudo. Otto é poderoso, e você sabe que neste mundo do tráfico precisamos ser diplomatas. Temos de armar uma cilada para ele.

— Se eu dobrar o Otto, você me propõe metade do negócio?

— Nossa meta é tomar o lugar de Otto. Ele é o mandachuva, o responsável pela comercialização e distribuição da cocaína na América do Sul. Ele está ficando velho e teme pela segurança da filha. Eu só quero chegar até ele, ficar próximo. Quando ele me passar o que quero, me livro dele.

— E se eu o ajudar a conseguir tudo mais rápido do que imagina?

— Ora, o que é meu é seu, meu amor. Assim que assumir o controle dos negócios, tirando Otto da jogada, vou me casar com você de papel passado e tudo, em comunhão de bens. Eu jamais a trairia, Guadalupe.

Guadalupe exalou agradável suspiro. Era louca por Ramírez. Antes de deitar-se novamente com ele e entregar-se novamente ao amor, ela balbuciou:

— Você é o homem da minha vida!

22

Odécio recostou-se na poltrona. Estava visivelmente cansado, corpo alquebrado. Adélia entrou na sala com um copo de água e um comprimido.

— Tome, meu querido.

— Obrigado.

— Vou fazer um chá de cidreira.

— Não é necessário — redarguiu ele, voz cansada.

— Desde que deixou o centro espírita está assim. Não acha que há alguma perturbação em especial?

Odécio tentou levantar-se, mas não conseguiu. Sentia o corpo pesado. Entretanto irritou-se sobremaneira:

— Eu nunca mais coloco meus pés naquele centro, Adélia. O Durval é um mistificador, um homem sem escrúpulos. Está mancomunado com espíritos das trevas.

Adélia mordeu os lábios. Estava apreensiva.

— Eu também parei de ir lá. Entretanto nossos filhos frequentam aquele centro. E parece que adoram o lugar.

Odécio fez força e levantou-se, irado.

— Pois é, para você ver como a vida é ingrata! Meus próprios filhos me apunhalando as costas.

— Não sei...

— O que foi, mulher? Está desconfiada de mim?

— Não é isso — tentou ela em tom apaziguador —, mas Suzana está ótima e Fernando tem melhorado bastante em todos os níveis. O seu Hiroshi lhe propôs sociedade e ele está de namoro firme com a Ana Paula, uma graça de menina.

— Não admito que ele namore essa garota. Ela é filha daquele suicida, daquele fraco.

— Não fale assim. Rezemos por ele.

— Ora, Adélia, só você! Rezar por um espírito de porco como o do Miguel? Isso é gastar vela boa com defunto ruim.

— Você é espírita!

— Fui! — gritou ele, exaltado.

— Não pode ser! O que está acontecendo?

— Nada, Adélia, nada. Eu não quero mais saber de espiritismo, de nada. É tudo obra do demônio. Me arrependo de ter me dedicado tantos anos a uma causa fajuta. Os espíritas são demônios encarnados.

Adélia levou a mão à boca. Nunca vira o marido tão transtornado assim.

— Você está mudado. Desde que... — ela parou de falar.

— Desde quê? Anda, diga!

— Aquela igrcja o transformou, Odécio. Você não é mais o mesmo desde que passou a frequentar aquela igreja. Irrita-se com qualquer coisa, não conversa com seus filhos, está distante de todos nós.

— Porque todos vocês estão perdidos. Jesus é a salvação!

— Pelo amor de Deus, o que é isso?

— O pastor disse que sim.

— E você desse jeito, corpo alquebrado? Infeliz e chateado, com desarmonia no lar, como pode afirmar que essa igreja o está ajudando?

— Eles tiraram os encostos que me cercavam. Agora é que estou enxergando a realidade. Fiquei cego por anos. Odeio os espíritas. Espíritos não existem!

— Mas, Odécio...

— É tudo balela, Adélia, tudo balela!

— Deixemos isso de lado e vamos nos concentrar na festa. Estamos em cima da hora para nos aprontarmos.

— Não vou a essa festa.

— Como não? — inquiriu ela, apreensiva.

— Não quero.

— Por quê?

— Vou ficar em casa.

— Mas o doutor Roberto preza muito a sua amizade.

— Cale a boca!

— O que disse? — perguntou ela, aterrorizada.

— Não vou e pronto.

Enquanto Odécio discutia com a esposa, os dois espíritos que havia meses o assediavam sorriam felizes. Zé, aquele mesmo que costumava se passar por pai de Odécio, riu com gosto.

— O chefe vai ficar muito contente com nossa competência. Conseguimos afastar mais um.

— Sei não, Zé. Acha que manter esse homem lá na igreja vai ser boa coisa? Sabe que ele paga o dízimo meio a contragosto. Ele é meio muquirana.

— Ele se acostuma. Daqui por diante os próprios pastores vão fazer a nossa parte. Não precisamos mais ficar aqui.

— Acabamos o serviço?

— Só falta uma coisa.

Zé aproximou-se de Odécio e lançou sobre o homem uma espécie de pó com coloração enegrecida que se misturou à sua aura.

— O que é isso? — perguntou o comparsa.

— Um pouco de irritação. Essa energia que lancei vai se misturar às dele.

— E se ele tiver uma recaída?

— Odécio é osso duro de roer. Vai absorver essas energias que joguei como se fossem dele. Ele não está em condições de identificar o que é dele e o que não é. É presa fácil. Vai brigar com a família toda e vai gerar mais energia de desarmonia ao seu redor. Esse lar está condenado. E, de mais a mais, tínhamos de tirá-lo e afastá-lo do centro espírita, certo?

— É.

— Conseguimos. Agora vamos atrás de outro.

Os dois espíritos riram a valer e num instante sumiram do ambiente feito fumaça, deixando energias perturbadoras espalhadas pela casa.

Odécio sentiu raiva.

— Pare de se meter na minha vida.

— Você nunca falou nesse tom comigo — protestou a esposa.

— Agora falo — gritou Odécio.

Adélia não sabia o que fazer. Nunca vira o marido comportar-se daquela maneira. De repente, Odécio passou a ficar histérico e agressivo. Chutou cadeiras, quebrou móveis, atirou objetos pela sala. Adélia, estupefata, correu até a cozinha, aos prantos. Sem saber o que fazer, correu para o quintal e trancou-se nos fundos da casa, com medo de sofrer agressão física do marido. Chorando copiosamente, fez uma sentida prece a Deus, pedindo para que o marido não a agredisse.

Odécio chegava a espumar, tamanho o ódio que sentia. Descontrolado, alcançou a escada e subiu para o quarto. Arrancou os sapatos e jogou-se pesadamente na cama. Exalou profundo suspiro, acendeu o abajur sobre a mesinha de cabeceira e procurou descansar. Por mais que tentasse, estava difícil conciliar o sono. Uma irritação profunda apoderara-se dele. Revirou-se na cama várias vezes e, meia hora depois, com fortes dores na cabeça, adormeceu profundamente.

Suzana chegou a casa e, ao deparar com o estado lastimável em que se encontrava a sala, sentiu pavor desigual. Começou a gritar, andando sobre os cacos de vidro, os móveis arrebentados:

— Pai, mãe! Alguém em casa?

Nenhuma resposta. Suzana sentiu medo e adentrou a cozinha. Viu escancarada a porta que dava para o quintal. Ouviu um choro baixinho vindo lá de fora. Ela correu e encontrou a mãe abaixada, de joelhos, chorando copiosamente.

— Mãe!

Adélia limpou as lágrimas com as costas das mãos. Esticou os braços para que Suzana a ajudasse a se levantar.

— Me ajude. Estou sem forças.

— O que aconteceu?

— Seu pai.

— O que ele fez?

— Seu pai teve uma crise de nervos. Desta vez foi feia.

— Não pode ser.

— Veja o estado em que se encontra nossa casa, filha. Ele arrebentou tudo, teve uma crise e tanto. Ele não anda bem. Seu pai está doente...

Adélia falava e chorava ao mesmo tempo. Estava desesperada. Em quase trinta anos de casados, nunca vira o marido se comportar daquela maneira. Odécio tinha gênio forte, mas, desde que começara a trabalhar no centro, anos atrás, melhorou bastante. De uns tempos para cá, depois de largar os trabalhos espirituais, as coisas começaram a piorar.

Suzana abraçou-se à mãe.

— Não fique assim. Estou aqui. Está tudo bem.

Ouviram um barulho na porta. Era Fernando quem chegava. Ele deixou o terno sobre o sofá e correu até o quintal.

— Santo Deus! O que aconteceu?

Suzana abraçou-se a ele.

— Papai teve uma crise nervosa.

— Não pode ser! — exclamou ele.

— Sim, filho — ajuntou Adélia. — Seu pai teve um ataque de nervos, gritou comigo, quebrou quase a sala toda.

— Onde ele está?

— Deve estar no quarto. Estou com medo.

Fernando abraçou a mãe com carinho.

— Calma, mãe. Tudo vai se resolver.

Suzana interveio:

— Creio que papai esteja muito perturbado. Vou subir.

— Não! — protestou Fernando. — Eu vou.

— Pode deixar. Algo me diz que papai está dormindo. Dê um copo de água para mamãe.

Fernando concordou, e os três entraram na cozinha. Adélia sentou-se numa cadeira e apoiou os cotovelos sobre a mesa, chorosa. Fernando encheu um copo de água e misturou uma colher de açúcar bem cheia.

— Tome, mãe. Isso vai lhe acalmar.

Adélia meneou a cabeça para cima e para baixo e sorveu o líquido aos poucos. Enquanto isso, Suzana deixou a bolsa sobre uma mesinha ao lado do pé da escada e subiu os degraus com rapidez. Dobrou o corredor e abriu a porta do quarto dos pais. Odécio dormia profundamente, respiração pesada, ronco forte. A jovem aproximou-se pé ante pé até a cama. Sentou-se delicadamente próxima do pai. Afagou-lhe os cabelos com ternura.

Suzana não soube identificar, mas naquele momento sentiu forte torpor. Seus pelos se eriçaram e ela precisou fazer força para se sustentar. Respirou profundamente e sentiu que alguma energia desagradável estava rodeando seu pai. Intimamente fez sentida prece. Depois, levantou-se, saiu do quarto e desceu correndo as escadas.

Fernando estava parado no pé da escada.

— E então?

— Minhas suspeitas se confirmaram — tornou Suzana apreensiva.

— Acha que papai está com perturbação espiritual?

— Sim. Entrei no quarto e senti enjoo, um peso na cabeça sem igual. Tenho certeza de que há alguma energia desagradável ao redor de papai.

— O que podemos fazer?

— Pensei em ligar para o Durval.

— O centro está fechado hoje.

— Poderíamos localizá-lo, ir até a casa dele. O que acha?

— Posso fazer isso.

— Então faça. Vou ligar para Tânia e ver se ela pode dar um pulo aqui em casa. Ela pode dar um passe no papai, e juntos faremos uma oração.

— Acredita que possa ficar aqui sozinha por alguns minutos?

Suzana sorriu.

— Está tudo bem. Confiemos no bem. Nada de mau vai nos acontecer. Vá procurar por Durval.

Fernando assentiu com a cabeça e saiu. Adélia sentou-se no sofá.

— Mamãe, vamos entrar em sintonia com os amigos espirituais do bem.

— Tenho dificuldade. Estou muito nervosa.

— Então reze. Procure mentalizar coisas boas.

— É difícil. Depois do que aconteceu, não consigo pensar outra coisa.

Suzana foi firme:

— Se não ajudar, vai ficar difícil para todos nós. Papai precisa de ajuda, e o que temos de fazer neste momento é fortalecer nosso pensamento no bem. Vamos, colabore.

Adélia pendeu a cabeça afirmativamente e em seguida fechou os olhos e fez uma sentida prece.

Suzana tirou o fone do gancho e discou.

— Alô.

— É da pensão da dona Guiomar? — perguntou Suzana.

— Sim.

— Gostaria de falar com a Tânia. Ela está?

— Um momento.

Alguns instantes depois, Tânia atendeu o telefone.

— Quem é?

— Sou eu, Suzana.

— Estava aguardando sua ligação.

— Como assim? — perguntou Suzana, perplexa.

— Recebi informação dos nossos amigos espirituais. Seu pai não está nada bem.

Suzana estava perplexa.

— Isso é inacreditável!

— Não é. Quando estamos em sintonia com o bem, nossos amigos espirituais têm condições de nos inspirar, nos dar orientação, ajudando no que for preciso. Em todo caso, deixe a perplexidade de lado.

— O que podemos fazer? — perguntou Suzana, apreensiva.

Tânia fechou os olhos e em seguida respondeu:

— Seu pai está dormindo profundamente?

— Sim.

— Ao se aproximar dele sentiu enjoo, tontura, ar pesado ou os pelos se eriçarem?

Suzana balançava a cabeça para cima e para baixo.

— Como sabe disso?

— Essas sensações são típicas de perturbação espiritual. Você está frequentando o centro, participando do grupo de estudos, e consequentemente a sua sensibilidade está acentuada.

— Eu fiz uma prece agora há pouco. Mamãe está aqui ao lado, tentando rezar.

— Dona Adélia não está bem. Está emocionalmente abalada com o que aconteceu. Por mais que tenha boa intenção, não vai conseguir se concentrar para acalmar o ambiente.

— Fernando foi atrás de Durval.

— Isso é bom. Mas Durval vai precisar de mais gente.

— Para quê?

— A fim de que possamos fazer uma transfusão de energia, ministrar alguns passes em seu pai.

— Temos a festa do doutor Roberto daqui a pouco. Estou pensando em adiar.

Tânia pensou rápido.

— Não haverá necessidade. Se tudo correr conforme estou imaginando, vamos todos à festa.

— Você não imagina como está esta casa. A sala está quase toda destruída.

— Imagino, sim. Entretanto, com a nossa presença aí logo mais, tudo voltará ao normal. Estou terminando de me arrumar. Vou levar a Claudete. Precisamos ter um número bom de médiuns no local.

— Ana Paula vem também?

— Ela está a caminho de sua casa. Saiu agora há pouco. Também precisaremos dos fluidos dela. Não se deixe influenciar pelas ondas perturbadoras, pelas interferências de mentes desencarnadas que circundam o ambiente da sua casa. Fixe seus pensamentos no bem. Somente o bem é real. O mal é ilusão. Faça nova prece, concentre-se em algo bom, tenha somente bons pensamentos. Aguente as pontas. Chegaremos rápido.

— Está bem. Obrigada.

Suzana desligou o telefone, ajeitou-se numa poltrona e, após fechar os olhos, concentrou-se em oração. Adélia estava mais calma.

— Suas amigas virão até aqui?

— Sim, mãe.

— E a festa?

— Depois pensamos nisso. Agora precisamos ajudar o papai.

— O que está acontecendo com ele, filha?

— Perturbação espiritual.

— Mas seu pai é homem bom. Como pode ser vítima de um assédio negativo como esse?

Suzana pousou suas mãos nas da mãe.

— Mãe, não há vítimas no mundo. Papai não sofreu esse assédio à toa.

— Ele é bom.

— Ele é bom para você, para mim. Será que é bom para ele mesmo?

— Como assim?

— De que adianta ser bom para os outros e não ser bom para si mesmo? Como podemos ajudar ou gostar de alguém se não ajudamos ou gostamos de nós mesmos? Primeiro de tudo, precisamos estar de bem conosco. Papai anda muito contrariado, reclamando da vida, das pessoas. Está rabugento.

— Não fale assim de seu pai.

— É a realidade. Em vez de se dedicar aos estudos espirituais, ele preferiu abandonar tudo e frequentar essa igreja, como se isso fosse ajudar. Papai está perdido, precisa de ajuda. E nós vamos ajudá-lo. Ele vai melhorar, mãe. Confie.

Adélia fez o sinal da cruz.

— Assim seja.

23

Desde a noite fatídica em que perdera o seu amor, Maria Cândida mal saia do quarto. Não queria comer, recusava-se a conversar. Entrou num estado de depressão profunda. A vida perdera o sentido.

Otto nem podia chegar perto da filha, tamanha a raiva que ela sentia. Culpava o pai pela sua situação. Ficava esparramada na cama, alternando choro e sono.

Zaíra bateu levemente na porta e colocou a cabeça para dentro do quarto.

— Quer comer alguma coisa?

— Não.

— Mandei fazer sopa de legumes com macarrão. Do jeito que você gosta.

— Estou sem fome.

— Não é possível, filha. Como está sem fome?

— Não quero comer.

— Mal se alimenta. Está visivelmente magra.

— Não quero comer, já disse.

— Pode adoecer.

Maria Cândida fixou os olhos injetados de fúria sobre a mãe.

— Quero ficar doente, adoraria ficar doente. Assim eu morro logo.

Zaíra levou a mão à boca.

— Não diga isso! — exclamou ela, aflita.

— O que quer que eu faça? Perdi meu amor, quero morrer. Papai acabou com minha felicidade. Nunca mais na vida vou amar e ser amada.

— Não fale assim, minha filha.

— Sou feia. Quem vai querer se aproximar de mim?

— Logo aparece um bom moço e...

Maria Cândida a repreendeu:

— Luís Carlos me amava. Por que não me deixaram casar com ele?

— Mesmo?

— Sim.

Zaíra adentrou o quarto e sentou-se próxima da cama.

— Ele não apareceu mais, não ligou.

— E papai deixaria? Luís Carlos foi ameaçado. Como quer que me procure?

— Você pode esquecer essa história. Se Luís Carlos estivesse mesmo interessado em você, teria arrumado uma maneira de procurá-la.

— Ele vai voltar.

— Acorde para a realidade, filha. Ele não vai voltar.

Os olhos de Maria Cândida marejaram.

— Por que tenho de sofrer tanto?

— Tudo passa. Logo você vai arrumar um bom partido, amar e ser amada de verdade.

— Ilusão! Pura ilusão. Oh, mamãe, nunca mais terei alguém na vida.

Maria Cândida falou a abraçou-se à mãe, chorando copiosamente. Zaíra acariciou delicadamente os cabelos da filha.

— Mamãe vai lhe ajudar.

— Como? É tão difícil...

— Eu liguei para o Ernani.

Maria Cândida desgrudou-se violentamente da mãe. Levantou-se e gritou, atônita:

— Ernani?! Você ligou para o seu primo?

— Li... liguei, sim. Por que ficou tão nervosa?

— Ele é psiquiatra. O que você quer fazer comigo?

— Nada, filha. Só quero ajudá-la.

— Isso é coisa do papai. Vocês querem me internar, querem se ver livres de mim. É isso!

Zaíra levantou-se e procurou abraçar a filha. Maria Cândida a empurrou com força.

— Não se aproxime de mim! Vocês querem me internar e se livrar de mim.

— Não, filha. Não diga uma coisa dessas. Nós a amamos.

— Mentira! — bramiu a jovem.

Otto apareceu na soleira. Carregava preocupação no semblante.

— Que gritaria é essa?

Maria Cândida avançou sobre o pai.

— Você quer me internar, quer se ver livre de mim!

Otto procurava se esquivar dos tapas da filha.

— Nunca! Eu a amo. Mais do que tudo nesta vida, eu a amo!

Maria Cândida perdeu as forças e desmaiou. Otto a carregou até a cama. Zaíra não conseguiu segurar as lágrimas.

— Meus Deus! O que será de nossa filha, Otto?

— Não sei. Nunca a vi assim antes. Aquele canalha bagunçou de vez a cabeça de Maria Cândida.

— Liguei para o Ernani.

Otto a encarou surpreso.

— Ligou para seu primo em Uberaba?

— Liguei. Estou desesperada. Não sei mais o que fazer.

— Você jurou que não falaria mais com ele.

— Mas o que fazer? Não sei a quem mais recorrer.

Otto passou a mão nervosamente pela fronte.

— Eu não queria pedir ajudar ao Ernani. Tenho medo de que ele possa estragar a nossa filha de vez.

— Não acredito nisso. Há tempos que penso em ligar. Meu peito se abre toda vez que penso nele.

Otto deixou-se cair pesadamente sobre o sofá. Sentia-se no limite de suas forças.

— Acredita que ele possa ajudar nossa filha?

Zaíra balançou a cabeça para os lados.

— Estou cansada de ver Maria Cândida nesse estado depressivo.

— Mesmo não concordando com as ideias dele? Seu primo trabalha num sanatório espírita.

— Otto, não temos mais o que fazer. Ernani vai fazer algo por nossa filha. Meu coração de mãe não se engana. Tenho sonhado com ele nos últimos dias. E hoje, não sei por quê, me deu uma vontade louca de ligar. Graças a Deus ele me atendeu.

— Foi gentil? — inquiriu o marido, preocupado.

— Sim. Me senti envergonhada. Eu praticamente o expulsei daqui quando veio com essa história de unir espiritismo com medicina. Julguei-o um louco, paranoico. Entretanto li uma nota nos jornais algumas semanas atrás, afirmando a cura de pacientes desenganados pelos médicos. Deixei meu orgulho de lado. Estava tão nervosa...

— Se acredita que Ernani vá fazer algo de bom por nossa filha...

— Ele vai, tenho certeza. Confio em Deus.

Maria Cândida remexeu-se na cama. Abriu vagarosamente os olhos, virou-se de lado e avistou a mãe. Suplicou:

— Me ajudem...

Otto e Zaíra abraçaram-se comovidos. Deram as mãos para a filha e desejaram que Ernani chegasse o mais rápido possível até a casa deles.

***

Fernando chegou célere à casa de Durval. Tocou a campainha arfante, desejoso de que o amigo estivesse por lá. A empregada o atendeu e solicitou que entrasse. Fernando assentiu com a cabeça, acompanhou a empregada. Uns dez minutos depois, Durval apareceu na sala.

— Fiz uma oração agora há pouco. Meus guias disseram que seu pai está perturbado e precisa de nossos fluidos para arrancarem a energia que o circunda.

— Como sabe disso? Vim lhe pedir ajuda e...

Durval o interrompeu:

— Estava desconfiado havia algum tempo. Desde que seu pai saiu do centro, fomos recentemente atacados por grande falange do umbral.

— Por que resolveram atacar o centro?

— Porque fizemos mudanças, passamos a promover o ser humano. A partir do momento em que você ensina a pessoa a assumir o seu próprio poder, a olhar para dentro de si e ver o que pode melhorar, os espíritos inferiores ficam muito bravos. Perdem a mamata, não conseguem mais se aproximar de quem é dono de si e sugar suas energias.

— Impressionante!

— Alguns trabalhadores infelizmente captaram as ideias desses espíritos infelizes e debandaram, foram embora e cortaram sua ligação com os espíritos de luz, perdendo assim a proteção espiritual. Seu pai foi invigilante nos pensamentos, atraiu essas entidades infelizes e agora colhe o resultado.

— Mas, Durval, ele nunca fez nada a ninguém. Nem mesmo a uma mosca.

Durval sorriu.

— Não importam os atos, mas o pensamento que produzimos. De nada adianta parecermos ser bons e aqui

— fez gesto apontando para a cabeça — alimentarmos pensamentos negativos ou desagradáveis. O pensamento é energia plasmada, que por conseguinte entra em sintonia com outras correntes de pensamento do mesmo teor.

— Quer dizer que se eu tiver um bom pensamento estarei ligado a correntes do bem, e vice-versa?

— Isso mesmo — tornou Durval. — Por isso somos responsáveis pelo que atraímos. Precisamos estar constantemente em vigilância, evitando que pensamentos desagradáveis apoderem-se de nossas mentes. Agora precisamos ajudar seu pai. Odécio está pronto para mudar. Por essa razão os espíritos amigos me avisaram e poderemos fazer algo.

— Ele está dormindo, teve uma crise de nervos.

— Seu pai está sendo influenciado por ondas de irritação, que, somadas às dele próprio, propiciaram esse estado emocional. Precisamos retirar essas energias pesadas o quanto antes.

— Vamos rápido.

Durval apanhou algumas ervas, um livro, e foram rápidos para a casa de Fernando. Quando chegaram, Ana Paula e Tânia já estavam na sala, em oração. Durval foi categórico:

— Tânia, quero você e Ana Paula comigo, agora.

— Nós? — inquiriu Ana Paula.

— Sim. Enquanto isso, Fernando e Suzana permaneçam aqui na sala com dona Adélia, em oração.

— Tenho dificuldade de rezar — admitiu Adélia.

— Procure pensar nas épocas boas que viveu ao lado de seu marido. O início do casamento, a lua de mel, a chegada dos filhos.

Adélia emocionou-se.

— Só em lembrar desse tempo, me dá uma saudade! Foram tempos tão bons!

— Então concentre-se nesses tempos — solicitou Durval.

Tânia e Ana Paula levantaram-se e dirigiram-se até o pé da escada. Tânia disse:

— Fui informada de que Odécio está com sua aura imantada de energias negativas. Precisamos arrancá-las antes que elas penetrem o seu corpo físico e ele adoeça.

Durval fez sinal afirmativo com a cabeça.

— Seu mentor está ao seu lado. Aliás, todos estamos acompanhados de amigos espirituais do bem maior. Não temos o que temer.

Os três subiram. Suzana e Fernando sentaram-se ao lado da mãe e a ajudaram a se recordar dos bons tempos de casamento.

Durval adentrou o quarto. Entregou a Ana Paula o livro que carregava sob os braços e ordenou:

— Enquanto eu e Tânia fazemos a limpeza energética, leia em voz alta o salmo 91.

Ana Paula pegou o livro, abriu e começou a proferir o salmo em voz alta, com firmeza e segurança. Enquanto isso, Tânia ficou de um lado da cama e Durval de outro. Esfregaram suas mãos, levantaram-nas para o alto a fim de captar energias puras do universo. Quando sentiram suas mãos formigar, passaram-nas por todo o corpo de Odécio, sem o tocar, fazendo movimentos vigorosos da cabeça em direção aos pés, como se estivessem efetivamente arrancando alguma coisa de seu corpo.

Odécio, olhos fechados, remexeu-se nervosamente na cama. Imediatamente, o espírito que havia imantado seu corpo com aquelas energias apareceu, soltando ódio pelas ventas.

— Vocês não podem fazer isso — bradou ele.

Durval dirigiu-se telepaticamente ao espírito:

— Já estamos fazendo. Ele merece ajuda e a está recebendo.

— Meu chefe vai ficar fulo da vida.

— Problema do seu chefe. Vocês não vão mais encostar em Odécio.

O espírito deu uma gargalhada.

— Imagine! Esse velho é presa fácil. Não toma conta de seus pensamentos. Podemos jogar o pensamento, a ideia que for. Ele capta como sendo dele. É fácil de ser manipulado.

— Ele está mudando. Seu espírito pede por renovação nas posturas. Vocês não estão com autorização para continuar a atacá-lo.

— E desde quando precisamos de autorização? Eu entro e saio desta casa a hora que quiser. Este lar não tem proteção.

— Pois agora tem.

Durval afirmou com segurança e em instantes uma forte luz se fez crescer no quarto. Não podia ser vista a olho nu, entretanto Tânia, com mediunidade aguçada, pôde vislumbrar alguns raios luminosos no ambiente. Ela sorriu e continuou na limpeza energética de Odécio. Ana Paula respirou fundo e leu novamente o salmo. Espíritos amigos adentraram o recinto e ministraram energias de equilíbrio em todos os presentes. O espírito rebelde acuou-se num canto do quarto, suplicando:

— Por favor, não me façam nada. Eu não tive culpa. Fui mandado.

Os espíritos do bem nada disseram. Pacientemente pegaram-lhe pelo braço e o retiraram de lá. Um dos guias espirituais de Durval se aproximou e tocou em seu ombro.

— Pronto. O serviço está terminado por ora. Odécio logo vai restabelecer o equilíbrio de seu corpo físico. Peça que mantenha uma jarra com água na cabeceira. Toda noite, um de nós virá até aqui ministrar o medicamento necessário na água. Peça que Odécio tome um pouco do líquido ao se levantar, por sete dias seguidos. E, para que possamos terminar a higienização energética do lar, seria bom que todos se retirassem por algumas horas. A festa do doutor Roberto veio bem a calhar.

Durval fez sinal afirmativo com a cabeça. Tânia estava maravilhada.

— Como é bom saber que podemos contar com amigos espirituais.

— Se todos pensassem assim e procurassem se ligar a entidades de luz, o mundo seria bem diferente — sentenciou Durval.

— Não vi nada, não escutei nada também. Entretanto percebi uma grande mudança no ar, no ambiente. Quando entrei, pensei que fosse sufocar, tamanho o peso que senti. Agora estou me sentindo tão leve... Parece que o ar foi trocado!

Durval riu.

— Quase isso. Os espíritos amigos estão limpando o ambiente.

— E por que você trouxe essas ervas? — apontou ela.

— As plantas possuem poderes espetaculares. A ciência ainda vai descobrir isso e se beneficiar muito estudando o poder das plantas. Meus guias pediram que eu as trouxesse para que delas fossem retiradas substâncias que ajudam a limpar o ambiente.

— Estou impressionada. Nunca pensei que pudéssemos ter tanta ajuda do astral.

— Claro que podemos. Basta estarmos sintonizados com os amigos do bem.

Nesse instante, Odécio remexeu-se novamente na cama. Abriu os olhos assustado.

— O que aconteceu?

— Nada de mais, seu Odécio — disse amorosamente Tânia. — Viemos lhe dar um passe, mais nada.

— Um passe? Por quê?

— O senhor estava sendo assediado por entidades do astral inferior. Agora está tudo bem.

Odécio tateou a cama. Passou nervosamente as mãos pelos cabelos em desalinho.

— Como vim parar aqui?

— O senhor não se lembra? — inquiriu Ana Paula.

— Não. Nem sei como cheguei até em casa. Não me recordo.

Durval interveio.

— Agora está tudo em paz, Odécio. Precisa descansar e se restabelecer. Seu corpo está bastante cansado.

Odécio ficou surpreso ao ver Durval em seu quarto.

— Você aqui, também?

— Vim na paz. Fui orientado pelos amigos espirituais a lhe prestar auxílio.

Odécio não sabia o que dizer. Havia tanto tempo xingava e maldizia Durval, que sentiu vergonha de vê-lo ali na sua frente e lhe prestando ajuda. Baixou a cabeça sem saber o que dizer.

— Desculpe. Talvez não merecesse ajuda.

— Todos somos merecedores, Odécio — salientou Durval. — Somos muito resistentes às mudanças. Sei que, quando trouxe novas ideias para o centro, muitos não gostaram, acreditando que eu estivesse querendo me promover.

— Pensei assim.

— Mas tínhamos de mudar. O centro não podia mais funcionar daquela maneira. Por essa razão estávamos sofrendo os ataques espirituais das trevas. Estava na hora de parar de praticar o assistencialismo. Precisávamos educar nosso espírito para o bem. O meu papel naquele centro espírita é o de ajudar as pessoas a melhorar o padrão de pensamento e por conseguinte elevar o padrão energético, ficando imunes aos assédios inferiores. Saiba que o mal só pode entrar na nossa vida através da nossa própria maldade. Por isso tenho dado cursos, ensinado às pessoas a parar e tomar conta de seus pensamentos.

Odécio estava envergonhado.

— Não sabia que estava fazendo o bem. Pensei mesmo que quisesse se promover. Eu sempre acreditei que a caridade é a salvação. Pensei que ajudando os necessitados estava fazendo o bem.

— E não deixou de fazê-lo. Entretanto de que adianta ajudar nesse sentido? De que adianta darmos comida e roupa? Essas pessoas querem mais que isso, elas querem oportunidade de crescer, de evoluir.

— Eu detestaria ter de viver de esmola.

— Está certo. O sentimento de realização é indescritível. Conseguir algo através de nosso próprio esforço não tem preço. A ajuda dos outros sempre será bem-vinda, mas nada como fazer por si.

— Eu concordo — disse Tânia.

— Bom, parece que o senhor melhorou bastante — tornou Ana Paula.

— Sim. Estou me sentindo mais tranquilo.

— Odécio — tornou Durval —, não esqueça de colocar uma jarra de água ao lado de sua cama. Os médicos do astral vão manipular energeticamente a água para o seu bem-estar. Não pode esquecer de tomar um pouco da água ao se levantar, durante sete dias seguidos.

— Pode deixar. Vou providenciar isso agora.

— Não é necessário. Precisa descansar.

— Não posso, Durval. Tenho a festa de meu patrão. Não posso perdê-la de jeito nenhum.

Todos sorriram. Odécio estava bem melhor. Pediu licença para se arrumar. Os três jovens desceram as escadas esboçando leve sorriso. Adélia correu até eles aflita:

— E então?

— Seu marido está bem — afirmou Durval. — Está se preparando para a festa.

— Não posso acreditar. Ele está bem?

— Muito bem — tornou Tânia.

Durval aquiesceu:

— Odécio está ótimo. Fizemos uma boa limpeza energética e de agora em diante ele precisará tomar conta de seus pensamentos.

— Só isso? — indagou Adélia, num misto de surpresa e incredulidade.

Durval fez sinal e todos se sentaram ao redor. Odécio desceu as escadas e naturalmente sentou-se ao lado deles. Durval continuou:

— Toda a intenção do pensamento está plasmada na aura. E tudo o que você pensa e sente fica na aura.

— Tenho dificuldade de entender. Às vezes pego um livro do Fernando e procuro estudar. Entretanto, o que é aura? — perguntou Adélia, interessada.

— Basicamente, a aura é o envoltório mental e emocional do corpo físico. Trata-se da manifestação de substância etérea que irradia de todos os seres vivos, perceptível por pessoas de sensibilidade especial, ou seja, pessoas que possuem mediunidade bem educada. Vou procurar ser o mais claro possível — ponderou Durval.

Todos assentiram com a cabeça, inclusive Odécio. O jovem prosseguiu:

— O pensamento dá forma física. A nossa vontade imprime tudo; logo, tudo acontece com a nossa permissão.

— Quer dizer que eu mesma crio a situação que vou encontrar? — perguntou Suzana, curiosa.

— Isso mesmo. A capacidade do indivíduo de organizar seus pensamentos, suas emoções, as suas atitudes denomina-se equilíbrio. E o desequilíbrio nada mais é do que a sobrecarga dessas emoções. Quem não tem direção mental positiva fica perturbado espiritualmente. Por isso precisamos comandar nosso pensamento mais a nossa vontade, liberando culpas e dúvidas que nos cercam a mente.

— E tendo o pensamento ordenado, organizado, eu sei o que é meu, certo?

— Sim, Tânia — concordou Durval.

— A energia segue o pensamento; logo, o que você pensa cria forma.

— Tive tantos pensamentos ruins e negativos — retrucou Odécio.

— Por isso atraiu entidades que mantinham o mesmo teor de pensamentos. Havia afinidade entre vocês. Esses espíritos se alimentavam de seus pensamentos. Ao estancar o fluxo de pensamentos negativos, a fonte seca e as entidades se afastam.

— Oh, Durval, como é simples! — sentenciou Odécio.

— Simples, mas difícil. Vivemos num mundo conturbado, onde as pessoas irradiam toda sorte de pensamentos. Precisamos estar sempre vigilantes e procurar manter o equilíbrio, para saber o que é pensamento nosso e o que vem dos outros. Daí a necessidade de criarmos um campo de proteção ao nosso redor, estando sempre em sintonia com os amigos espirituais do bem.

— Estou fascinada — ajuntou Ana Paula.

Durval iria dar continuidade, entretanto a campainha soou. Adélia correu a atender. Era Lurdinha. Ela entrou sem cerimônia. Beijou delicadamente a face de Adélia e surpreendeu-se com aquela gente toda reunida na sala.

— A festa mudou de endereço? — brincou ela.

Suzana consultou o relógio.

— Meu Deus! Esquecemos a festa! Se você não chegasse, Lurdinha, estaríamos aqui papeando.

— Não é de bom-tom chegar cedo à festa de grã-fino. Sei dessas coisas. Temos todo o tempo do mundo.

Todos se levantaram. Fernando, Odécio e Adélia subiram para se arrumar. Ana Paula foi até a cozinha com Tânia, a fim de preparar um suco. Suzana ficou na sala com Durval e Lurdinha.

— Sou grata pelo que fez pelo meu pai — disse Suzana, emocionada.

— Não precisa agradecer. Nada fiz a não ser canalizar boas energias e direcioná-las para seu pai. Agora tudo vai depender dele.

— Tenho certeza de que tudo vai melhorar.

— O que aconteceu nesta sala? Um tornado passou por aqui? — indagou Lurdinha, olhar investigativo pelo ambiente.

— Depois lhe explico melhor — respondeu Suzana.

Lurdinha teve um lampejo.

— Por que não convida o Durval para a festa?

— Durval?!

— Claro, Suzana. Estando acompanhada de um homem bonitão assim, tenho certeza de que o Bruno não vai se aproximar.

— Não quero meter o Durval nesta história.

— Que história? — perguntou o jovem com interesse.

Suzana baixou os olhos.

— O filho do meu chefe não larga do meu pé. Diz estar apaixonado, contudo está cismado comigo. Já procurei me esquivar de tudo quanto foi jeito, mas ele não larga do meu pé.

— Adoraria acompanhá-la — replicou Durval, olhos brilhantes.

Suzana enrubesceu. Lurdinha cutucou a amiga.

— Eu vou levar Tânia. Você se incomodaria de levar a Suzana?

Suzana ia responder, mas Durval foi rápido:

— Em absoluto. Vai ser um prazer acompanhar Suzana nesta festa.

24

A noite estrelada e a brisa suave contribuíram positivamente para tornar a festa de Roberto bem-sucedida. As mesas estavam dispostas umas perto das outras, sobre o gramado do vasto jardim. A orquestra, próxima à piscina, tocava uma música envolvente, que convidava os pares a dançar.

Roberto e Rafaela recebiam os convidados e os conduziam até as mesas. Passava das dez quando Odécio chegou acompanhado de Adélia, Fernando e Ana Paula. Logo atrás vinham Lurdinha e Tânia.

— Onde está sua filha? — indagou Roberto.

— Chegará num instante — respondeu Odécio.

— Estou louca para conhecê-la — tornou Rafaela, animada. — Bruno fala tanto de Suzana, que mal vejo a hora de vê-la. Ao telefone ela me parece encantadora.

— Suzana é um primor de moça. Vai chegar logo — ajuntou Fernando.

Enquanto eram conduzidos para suas mesas, Adélia cutucou o marido.

— Estou apreensiva.

— O que é?

— Suzana vem acompanhada do Durval. Não acha que pode atiçar os ciúmes do Bruno?

— Ora, mulher, a Suzana não dá a mínima para o Bruno. Nunca houve nada entre eles.

— Mas a mulher do doutor Roberto falou de nossa filha como se ela estivesse prometida ao filho dela.

— Coisas de mulher. Vamos nos sentar e aproveitar. Hoje é uma noite especial. Estou me sentindo tão bem!

Adélia sorriu feliz.

— Que bom! Você está parecendo o Odécio que conheci há anos. Está até com a aparência mais jovem!

— Me concederia esta dança?

Adélia emocionou-se. Fazia tempos que não saíam e não se divertiam. Viviam uma rotina estafante. O casamento andava meio morno. A atitude de Odécio, de convidar a esposa para dançar, reacendeu nela a chama do prazer.

— Aceito. Há anos não danço.

Odécio lhe deu o braço e foram para o palco, onde outros casais dançavam embalados por uma doce melodia.

Lurdinha estava eufórica. Tânia sentia uns arrepios ao lado da amiga.

— Há algo de estranho por aqui. O que você está tramando, Lurdinha?

— Eu?! — exclamou a jovem.

— Sim. Você não veio a esta festa à toa. Qual a intenção? Vamos, diga logo.

— Não preciso esconder nada de ninguém.

— Nem precisa me dizer. Veio aqui por causa do Bruno.

Lurdinha bateu palmas.

— Absolutamente certo! Estou tão ansiosa! Não vejo a hora de vê-lo.

— Não sei se ele vai lhe dar trela. Sabe o quanto está interessado na Suzana.

Lurdinha deu de ombros.

— Não estou nem aí. Ele vai ser meu, tenho certeza.

Tânia sentiu forte torpor. Afastou-se de Lurdinha e foi para um canto do imenso jardim, a fim de aspirar o ar puro das flores e manter-se afastada daquelas ondas pesadas.

Bruno estava impecavelmente bem-vestido. Chamava a atenção das mulheres em geral. Muitas suspiravam pelo moço, mas Bruno mal as notava. Olhava impaciente para os lados, procurando por Suzana.

Lurdinha aproximou-se e o cumprimentou.

— Como vai?

— Boa noite — disse ele secamente.

Lurdinha adiantou:

— Sou amiga de Suzana. Ela vem logo.

Bruno animou-se e se interessou.

— Ela ainda não chegou?

— Não. Está se arrumando.

Bruno mal a olhava. Lurdinha puxou conversa.

— Sua casa é grande, não?

— É. Grande demais para nós três. Mas papai sempre sonhou com um casarão desse porte.

— Onde você dorme?

— Ali — apontou Bruno.

A jovem olhou para o alto. Viu pequena janela na direção que Bruno apontara.

— Lá é seu banheiro?

— É. Todos os quartos são suítes.

— E você está tão cheiroso! Tomou um banhão daqueles, né?

— Claro.

— E a roupa suja? Os empregados a recolhem para a lavanderia?

— Não. As roupas ficam no banheiro mesmo, num cesto próprio. Quando a camareira vai arrumar o quarto na manhã seguinte, ela recolhe as roupas sujas.

— Interessante.

— Por que me pergunta isso?

— Por nada. Curiosidade. É que a casa é tão grande... Fico imaginando como fazem para deixar tudo em ordem, impecável.

— Sei... — tornou Bruno, sem interesse na conversa.

Lurdinha procurou fixar a janela.

— Que ótimo ter o quarto voltado para o jardim e para a piscina.

— Nas noites quentes é muito bom. Eu deixo as janelas do quarto abertas. Dá para sentir o perfume das flores. O jasmineiro fica próximo do meu quarto.

— Adoro o cheiro de jasmim — retrucou Lurdinha.

— Eu também, mas estou ansioso. Quero ver logo a Suzana.

Lurdinha franziu o cenho. Será que o Bruno só pensava na Suzana vinte e quatro horas ininterruptas? Não tinha outro assunto? Isso era fixação, obsessão, mas jamais poderia ser amor. Em todo caso, ela estava feliz.

— Agora sei onde fica o quarto dele. Esses espíritos que trabalham com o Pai Thomas têm de me ajudar a chegar até a suíte do Bruno. Preciso pegar essa cueca de qualquer jeito. O meu futuro depende dessa cueca...

Quinze minutos depois, Suzana chegou acompanhada de Durval. Ela estava trajando lindo vestido azul-noite, com delicada estampa bordada no colo. Os cabelos estavam presos em coque, e a bela maquiagem realçava sua beleza. Durval também não passava despercebido. Era alto, cabelos castanhos levemente ondulados. A pele era alva, o rosto quadrado, feição máscula. Era considerado um tipão, segundo as mulheres. Suzana sentia-se bem a seu lado.

Assim que entraram, foram recebidos por Rafaela e Roberto.

— Pensei que você fosse somente uma voz — redarguiu Rafaela, entre sorrisos.

— Como vai, dona Rafaela? — cumprimentou Suzana.

— Muito bem, minha querida. Estava ansiosa por conhecê-la pessoalmente.

Suzana cumprimentou Roberto e apresentou Durval ao casal. Rafaela torceu o nariz. Quando eles se afastaram e foram na direção da mesa de Odécio, Rafaela retrucou:

— Quem é esse moço?

— Não sei... Talvez um namorado.

— Namorado? Mas o namorado dela é o nosso filho! — exclamou Rafaela.

— Deixe disso! Bruno adora cismar com minhas secretárias. A Suzana nunca deu mole para ele.

— Ele me diz que ela é apaixonada por ele.

— Mentira. Ilusão, caraminhola da cabeça do Bruno. Suzana é excelente profissional, não é de misturar trabalho com vida pessoal. Garanto que ela nunca deu bola para ele.

— Isso não pode ser. Nosso filhinho vai sofrer. Não quero que ele passe por aqueles problemas de novo.

— Nem eu, nem eu — aquiesceu Roberto. — Deus queira que ele se apaixone de verdade por alguma moça e case logo.

— Estou triste. Achei que Suzana fosse a mulher da vida dele.

— Não é, Rafaela. Não a viu acompanhada? Ela não traria um amigo a uma festa sem estar comprometida.

— Você tem razão. Vou atrás do Bruno.

— Deixe-o em paz. Você o mima demais.

— Ele é sensível, oras. Não quero vê-lo triste.

Rafaela foi atrás do filho, e Roberto meneou a cabeça para os lados. Estava ficando cansado das atitudes de Bruno. O rapaz tinha quase trinta anos de idade, não era mais um menino. Entretanto, Rafaela o tratava como uma criança, e Bruno gostava de ser tratado assim.

***

A festa decorreu agradável. O jantar foi servido e, assim que a orquestra voltou a tocar, Bruno achegou-se da mesa de Suzana. Sem olhar para Durval, convidou:

— Quer dançar comigo?

Suzana remexeu-se na cadeira, apreensiva. Era difícil de dizer um "não". Entretanto, sentindo-se segura ao lado de Durval, disparou:

— Não.

Bruno exalou profundo suspiro de contrariedade.

— Não estou acostumado com um "não".

Suzana fez força e deu de ombros. Bruno replicou:

— Você está em minha casa. Quero dançar com você.

— Eu não quero — tornou ela, firme.

— Vai dançar, sim. Agora.

Bruno a puxou pelo braço. Suzana sentiu dor pela maneira bruta com que ele a tocou. Ela ia gritar, não fosse o empurrão de Durval.

— Largue a moça.

— Ora, ora — retrucou Bruno. — Trouxe um leão de chácara? Um segurança para vigiá-la?

— Não toque mais nela. Não percebe que Suzana não quer dançar com você?

— Não me interessa se ela quer ou não dançar comigo. Eu quero dançar com ela, e isso por si basta. — E, virando-se para Suzana: — Vamos, levante-se. Odeio mulher que faz cenas.

Suzana levantou-se nervosa.

— Eu não vou. Não quero. Não dá para respeitar minha vontade?

Bruno irritou-se sobremaneira. Levantou a mão para dar um tapa na moça. Durval foi rápido e segurou o braço do rapaz. Suzana saiu correndo em direção à mesa dos pais. Durval apertou o braço de Bruno.

— Nunca mais faça isso com ela ou com mulher que seja, seu brutamontes!

Bruno sentiu dor e, irritado ao extremo, afastou-se. Durval foi até a mesa de Odécio.

— Será melhor irmos. Bruno não está bem, e há algumas entidades coladas no seu corpo. Meus amigos espirituais nos orientam a sair agora mesmo.

Odécio e Adélia nem hesitaram. Levantaram-se de pronto. Fernando, Ana Paula e Tânia foram logo atrás. Despediram-se de Roberto rapidamente.

— Isso é uma desfeita! — protestou Roberto.

— Estou cansado — declarou Odécio. — A festa está ótima, mas precisamos ir.

Suzana e Durval vinham logo atrás e não tiveram tempo de se defender. Bruno se atirou sobre eles com fúria espetacular. Odécio, num lance rápido, puxou a filha pelo braço e afastou-a dali. Durval e Bruno se engalfinharam e rolaram pelo gramado do jardim. Os convidados estavam estupefatos. A orquestra parou de tocar.

Enquanto Roberto e outros convidados tentavam apartar a briga, Lurdinha aproveitou a confusão, saiu de fininho e adentrou a casa. Olhou para os lados a fim de certificar-se de que não estava sendo vista. Subiu correndo as escadas e entrou num quarto. Viu uma penteadeira, batom, meias femininas. Era o quarto de Rafaela e Roberto. Ela fechou a porta e foi até o fim do corredor. Abriu e sorriu aliviada. Teve certeza de que era o quarto de Bruno.

Rapidamente ela correu até o banheiro e vasculhou o cesto. Pegou a peça íntima. Dobrou com cuidado e a enfiou na bolsa. Suando frio, ela estugou o passo, desceu as escadas com incrível rapidez. Roberto tinha acabado de desvencilhar o filho dos braços de Durval.

— Desculpe-me. Não sei o que aconteceu.

— Ele me paga, pai. Ele me paga — bradava Bruno.

— Seu filho necessita de tratamento — sentenciou Durval.

— Você é quem vai precisar de tratamento quando eu esquentar meus dedos na sua cara — gritava Bruno, fora de si.

Roberto, com a ajuda de parentes, conseguiu levar o filho para dentro de casa. Rafaela correu até seu quarto e apanhou a caixa de remédios. Trouxe dois calmantes para o filho. Bruno os ingeriu e em instantes aparentava estar mais calmo. Logo ele começou a ficar sonolento, e foi com dificuldade que Roberto e mais dois amigos conseguiram levar o moço até seu quarto. Rafaela veio logo atrás com curativo para os arranhões no rosto e no braço.

Lá fora, Suzana procurou conter a perplexidade. Durval tinha somente um arranhão no sobrecílio. Ela pegou um lencinho dentro da bolsa e passou-o delicadamente sobre a região afetada.

— Sente-se bem?

— Sim.

— Não está ferido em outro lugar? — perguntou ela, aflita.

— Não. Estou bem. Foi mais o susto. Fomos pegos de surpresa. Fiquei com medo de que ele a machucasse.

— Não me machuquei. Caí, mas não fiz nada. E graças a Deus o vestido não foi danificado. Ele é alugado.

Durval sorriu. Fernando interveio:

— Tem certeza de que não querem ir a um pronto-socorro?

— Não há necessidade — respondeu Suzana. — Estou bem.

— Eu também — ajuntou Durval.

— Acho que a festa acabou. Vamos para casa — tornou Odécio.

— Que tal um lanche? — inquiriu Adélia.

— Um lanche?

— É, Odécio. Um lanche. Mal tocamos na comida. Creio que todos nós estamos com fome. Vamos para casa. Tenho uns salgadinhos. Podemos fazer um chá.

— Excelente ideia, mamãe — replicou Suzana.

— Eu também quero — assentiu Ana Paula.

Adélia aproximou-se de Durval.

— Meu filho, você nos ajudou tanto, fez tanto por nós... Adoraria que fosse até em casa lanchar conosco.

— Será um prazer, dona Adélia.

Suzana sorriu feliz. Lurdinha apareceu arfante, suando frio.

— Onde estava durante a briga? — perguntou Ana Paula.

— Você sumiu — emendou Tânia.

Lurdinha procurou manter naturalidade na voz:

— Detesto briga. Não gosto. Assim que a confusão começou, eu me afastei e me tranquei no lavabo — mentiu.

Ninguém deu muita atenção. Estavam todos com vontade de sair de lá o mais rápido possível. Lurdinha esquivou-se do convite:

— Está tarde para mim. — E, virando-se para Tânia: — Você se importaria de ir com a Suzana e com o Durval?

— Não, mas...

— Estou morrendo de dor de cabeça. Esta festa não me fez bem. A briga me deixou abalada. Quero ir para casa.

Lurdinha se despediu de todos com um aceno e estugou o passo até o carro. Assim que entrou no veículo, agradeceu aos céus:

— Obrigada, muito obrigada. Nunca pensei que fosse tão fácil assim. Amanhã vou correndo levar esta cueca suja para Pai Thomas. Tenho certeza de que ele vai fazer o trabalho de amarração e em questão de dias o Bruno vai ser meu, todinho meu.

***

Meia hora depois, Odécio e Adélia chegaram em casa, acompanhados de Fernando e Ana Paula. Em seguida chegaram Suzana, Tânia e Durval. Adélia convidou:

— Por que Ana Paula e Tânia não dormem aqui esta noite?

Ana Paula hesitou:

— Não sei se podemos, dona Adélia.

— Temos horário na pensão. Não podemos dormir fora — ajuntou Tânia.

— Liguem para dona Guiomar — considerou Suzana. — Podem dormir no quarto comigo. O Fernando dorme aqui na sala.

— Por mim, tudo bem — concordou o rapaz.

— Está tarde. É melhor ficarem por aqui — retrucou Odécio.

— Está certo. Vou ligar para dona Guiomar.

Ana Paula foi até o telefone, discou para a pensão e falou rapidamente com Guiomar.

— Ela concordou. Disse que não é para nos acostumarmos — tornou a jovem.

— Ela vai ter de se acostumar — replicou Fernando.

— Por que motivo? — indagou Tânia.

— Porque logo quero me casar com Ana Paula. Dona Guiomar vai ter que começar a se acostumar com a ausência dela.

Ana Paula corou de prazer. Adélia a abraçou comovida.

— Estou muito feliz em tê-la como nora.

— Obrigada. Seremos muito amigas.

Os demais cumprimentaram o casal. Fernando tinha tomado coragem para dizer aquelas palavras. Não cabia em si, tamanha a felicidade.

— Desde que fiquei sócio de seu Hiroshi e as coisas começaram a melhorar, resolvi pedir a mão de Ana Paula.

— Vocês estavam fazendo tudo às escondidas — reclamou Suzana.

— Não. Tudo foi natural — tornou Fernando. — Eu e Ana Paula estamos pensando em casamento já faz um tempo. Queremos nos casar no fim do ano.

— Parabéns — disse Durval após abraçá-los. — Sinto que serão muito felizes. Algo me diz que estão juntos há algumas vidas. Vocês se amam de verdade.

Fernando emocionou-se:

— Se Ana Paula não tivesse tomado a dianteira, estaríamos ainda ensaiando nosso namoro.

— Eu me declarei antes dele, nada mais — salientou Ana Paula. — Tomei a decisão certa, na hora certa.

Todos sorriram felizes. Odécio ordenou:

— Nada de chá. Vamos tomar champanhe. Tenho umas duas garrafas lá nos fundos. Vou apanhá-las.

Durval afastou-se dos demais. Puxou delicadamente Suzana pelos braços.

— Está melhor? — perguntou ele.

— Sim. Passou o susto. Agora, vendo meu irmão tão feliz, olhos brilhantes, não tenho mais por que ficar triste.

— Bruno está envolvido por entidades do astral inferior. Podemos fazer um trabalho a distância para amenizar as influências negativas.

— Eu não faria nada. Ele não merece.

— Não diga isso. Você está com raiva.

— Claro que estou.

— E por que motivo?

Suzana estava indignada.

— E você ainda me pergunta? Bruno não larga do meu pé.

— Não larga porque você, de alguma maneira, o atrai para perto de si.

Suzana exalou suspiro de contrariedade.

— Imagine ouvir uma coisa dessas! Vai dizer que sou a culpada de ser assediada por aquele infeliz?

— Não disse isso. Falei que há algo em você, uma atitude, um padrão de pensamento semelhante que os mantém atraídos. Chamo isso de afinidade.

— Eu jamais poderia ter afinidade com esse brutamontes. Isso é loucura.

Durval procurou acalmá-la.

— Não quero magoá-la. Gostaria que entendesse, com inteligência, por que o Bruno está no seu pé e não no pé de outra mulher.

— Como assim?

— Quer me escutar?

— Gostaria.

— Mas sem essa cara de brava — suplicou Durval.

Suzana sorriu.

— Você venceu. Não vou ficar brava. Quero entender os mecanismos que me mantêm presa a esse pulha.

— Venha até aqui.

Durval a levou até o pequeno jardim na frente da casa. Sentaram-se sobre gracioso banco. A noite continuava estrelada e a brisa tocava-lhes a face com suavidade. Durval ajeitou-se no banco e tornou:

— Você é muito amorosa, terna. Por que se faz de difícil? Por que oculta tais sentimentos?

Suzana hesitou. Por fim disse:

— Sempre chamei a atenção dos homens pelos meus atributos físicos. Desde a adolescência tenho enfrentado todo tipo de assédio. Tive de me defender. Passei a ser mais firme, procurei imprimir uma postura séria, de respeito, para não cair na mão de qualquer almofadinha.

— Contudo foi represando seus verdadeiros sentimentos.

— Mas tenho de pagar um preço.

— Acha que reprimir o que sente é válido? Pelo contrário, não lhe traz mais dissabores?

— Não sei.

— Quantos relacionamentos saudáveis você teve até hoje?

— Nenhum. Nunca me dei o direito de namorar. Tive medo de ser usada.

— Suzana, não precisamos seguir modelos de comportamento para aceitarmos e obtermos consideração alheia. Quando nos aceitamos, os outros nos aceitam, e, quando agimos guiados pelo coração, tudo dá certo em nossas vidas.

— Há determinados padrões de pensamentos que possuo e que não tolero.

— Pare por um instante e sinta. Veja o que vale a pena continuar sentindo. O primeiro passo é construir um padrão de pensamento positivo em relação à sua pessoa, a fim de afastar indivíduos e situações indesejáveis em sua vida. Use de sua inteligência. Não precisamos passar pela dor para aprender e mudar. Aceite que você pode ser terna, amorosa, e que nem por isso os outros vão tirar vantagem disso. Aceite que você é perfeita, que está se descobrindo, desabrochando para a vida. Lembre-se de que você tem sentimentos e emoções, entretanto não é esses sentimentos e emoções. Olhe para você sem medo, sem julgamento, somente com carinho.

— Acabei me superprotegendo do mundo e olhe só: não consegui me livrar do Bruno.

— Ele não apareceu em sua vida por acaso.

— Acredita que haja alguma pendência de outras vidas?

— Não nesse caso.

— Não? Então por que...

Durval delicadamente a cortou:

— Se você atraiu um rapaz que não larga do seu pé, preste atenção: a vida quer que você aprenda algo com essa situação.

Suzana mordeu os lábios, aflita.

— Mas o que tenho de aprender com a presença repugnante do Bruno?

— Está na hora de você mesma largar do seu pé.

— Como?!

Durval riu.

— Isso mesmo. Você pega demais no seu pé. Controla demasiadamente seus passos, seus sentimentos, suas emoções. A vida lhe trouxe alguém que faz exatamente o que você faz consigo mesma, mas recusa-se a acreditar que esteja fazendo.

— Eu pego no meu pé, mas...

— Mas precisa largar dele. Quando mudar sua postura, rever suas crenças e tiver aprendido, Bruno vai mudar de atitude com você ou vai sair de sua vida.

— Acha mesmo que seja só isso? Eu mudar e pronto?

— E é fácil mudar? Somos muito resistentes.

— É verdade.

— A vida a trata como você se trata, Suzana. Não se esqueça disso.

Suzana baixou os olhos, pensativa. O que Durval lhe falara mexeu fundo em seu coração. Sentia que ele lhe dizia a verdade, entretanto era difícil mudar. Estava acostumada a manter um padrão rígido de comportamento, ser sisuda, afim de evitar o assédio dos rapazes. Estava na hora de perder o medo e assumir-se por inteira, impregnando em volta de seu corpo as verdadeiras características do seu espírito.

25

Ramírez andava de um lado para o outro do quarto. Guilhermina impacientou-se.

— Estou com sono. Por que não se deita?

— Problemas, Guilhermina, problemas.

— A essa hora da madrugada vai resolver alguma coisa? Deite-se.

— Preciso pensar.

— Quero dormir — tornou ela, voz irritadiça.

— Pois que durma. Vou para a sala.

Ramírez falou num tom seco. Estugou o passo e saiu, batendo a porta com força. Guilhermina sentou-se na cama apreensiva. Fazia algum tempo que o companheiro não mais a procurava. Tencionava marcar a data do casamento, mas Ramírez sempre arrumava uma desculpa qualquer, escapava de esguelha. Algo de estranho estava acontecendo, e ela não sabia o que era. Com os pensamentos lhe fervendo a cabeça, Guilhermina vestiu o penhoar, calçou as chinelas e dirigiu-se ao quarto de Guadalupe. Baixou a cabeça e notou que havia luz passando por debaixo da porta. Bateu levemente.

— Quem é? — indagou Guadalupe.

Guilhermina abriu rapidamente a porta e entrou.

— Nós precisamos conversar.

— O que aconteceu?

— Ramírez está tão diferente...

— Diferente como?

— Sei lá, diferente. Não me procura mais. Tem me tratado com frieza.

— É o temperamento espanhol dele — redarguiu Guadalupe.

— Sei que não é. Pressinto que algo ruim está por acontecer.

Guadalupe meneou a cabeça para os lados.

— Você está delirando, Guilhermina.

— Acha que Ramírez está interessado em outra?

— De onde tirou uma ideia dessas? — indagou Guadalupe, fingindo estupor.

— Sou mulher e sei dessas coisas.

— Acalme-se. Ele está nervoso. Ramírez não ganha mais tanto dinheiro assim. A concorrência está brava. Ele está pensando numa saída para conseguir mais dinheiro.

— Será que é isso?

— Claro que é. Vá dormir. Acalme-se. Logo ele vai mudar e tudo voltará ao normal.

— Assim espero. Obrigada, Guadalupe.

— Boa noite, querida.

Guilhermina saiu sentindo-se aliviada. Assim que encostou a porta do quarto, Guadalupe fez uma careta.

— Não suporto mais essa situação. Estou farta das lamúrias dessa mulher. Não vejo a hora de nos livrarmos dela e do infeliz do Luís Carlos. Estou farta de ambos.

Guilhermina voltou para seu aposento e deitou-se. Menos agitada, pegou no sono. Assim que seu perispírito se desgrudou de seu corpo, ela teve um sobressalto. Miguel estava à sua frente, com o dedo em riste, exigindo-lhe satisfações.

— Você acabou com nossas vidas! — bradou ele.

Guilhermina levou a mão à boca para evitar o grito. Meio desorientada, retrucou:

— Não fiz nada. Você sabe que nunca o amei.

— Entretanto não precisava trair-me sob meus olhos. E ainda por cima com esse canalha.

— Ramírez é bom. Eu o amo.

— Ele a está usando. Assim que conseguir o que quer, vai se livrar de você.

— Mentira! — gritou Guilhermina.

— Verdade! Eu consigo ler os pensamentos das pessoas aí na Terra. Sei o que ele está tramando. Por isso vim procurá-la.

Guilhermina procurou manter a calma. Miguel estava com a aparência melhor, e algo dentro dela a mantinha ali, escutando o marido. Miguel prosseguiu:

— Eu não tenho mais como ficar por aqui, perambulando no mundo dos encarnados. Fui convidado para trabalhar com o João no cemitério. Vou ser assistente dele e, provavelmente, não nos veremos por um bom tempo.

— Trabalhar em cemitério? Que horror!

— Acostumei-me com o ambiente. Pelo meu bom comportamento, fui promovido a socorrista de suicidas.

Guilhermina fez cara de nojo. Arrepiou-se toda.

— Cruz credo!

— Mas estou aqui por causa de nosso filho.

— Luís Carlos?

— Sim.

— O que tem ele? — perguntou ela, angustiada.

— Ele corre perigo de morte.

— Oh, não!

— Corre, sim, Guilhermina. Precisamos ficar atentos.

— O que posso fazer?

— Procurar Ana Paula.

— Aquela filha ingrata? — bradou ela, indignada.

— Sim.

— Nunca!

— Não temos tempo para animosidades. Luís Carlos corre risco de morte, e Ana Paula vai poder ajudá-lo.

— Como?

— Eu também não sei, mas são ordens dos espíritos do bem.

— O que vai acontecer ao meu filho?

— Calma! Precisa ter sangue-frio. Afaste-se de Ramírez e procure Ana Paula.

— Mas por quê?

A imagem de Miguel começou a se desfazer no ambiente.

— Meu tempo está se esgotando. Tenho de partir.

— Você não vai mais me assombrar?

Miguel riu-se.

— Parei com isso. Você não tem culpa. Ninguém teve culpa de meus desatinos. Fui um fraco, e estou arcando com as consequências de minhas atitudes. Sou responsável por tudo o que me aconteceu. Não lhe tenho rancor ou mágoa. Cuide de nosso filho...

Miguel desapareceu do quarto num piscar de olhos. Guilhermina, apalermada, voltou rapidamente ao corpo e acordou de um salto, a testa suada, o coração palpitante.

— Meu Deus! Meu filho, o que vai acontecer ao meu filho?

Guilhermina ficou pensando, pensando. Aos poucos o cansaço foi chegando e, assim que o sol invadiu as frestas da janela de seu quarto, ela finalmente adormeceu.

***

Ramírez não podia mais esperar. Precisava encontrar-se com Otto de qualquer maneira. A custo conseguiu um encontro com o alemão. Sabendo que seria revistado, não poderia esconder o gravador sob suas vestes. Ramírez pensou, pensou e lembrou-se de que um dos capangas de Otto estava insatisfeito com o patrão alemão. Ramírez localizou o capanga e lhe fez uma proposta irrecusável. Assim que descobriu onde seria a reunião, tratou de convencer o rapaz a esconder um gravador sob a mesa.

— Mas eu posso ser morto, caso Otto descubra — tornou o capanga, assustado e hesitante.

— Eu o contrato e ainda lhe dou dez mil, em dinheiro. Ninguém vai encostar um dedo em você.

Os olhos do capanga vibraram de satisfação.

— Eu não quero mais trabalhar para o Otto — disse em tom rancoroso. — Serei seu serviçal a partir de agora. O senhor não vai se decepcionar comigo.

Ramírez riu aliviado. Conseguira ótimo aliado para sua causa. Assim que destruísse Otto, também se livraria do capanga. Afinal, se o rapaz mudara de lado tão rapidamente, não era pessoa de confiança. Mas isso agora não importava. Ramírez precisava que o gravador fosse instalado no local do encontro, sem o conhecimento de Otto. Ele estava satisfeito. Tudo corria a seu favor.

***

O dia do encontro chegou e no horário marcado todos estavam nas imediações do depósito, afastado da cidade. Otto estava com dois capangas a tiracolo. Um deles era o tal que se comprometera com Ramírez de manter o gravador no local da reunião. Assim que Ramírez o avistou, seus olhos se cruzaram e, com um pequeno aceno dado pelo capanga, Ramírez teve certeza de que tudo estava ajeitado conforme o planejado. O espanhol foi revistado e imediatamente conduzido a uma sala cujo mobiliário consistia numa grande mesa oval e algumas cadeiras.

— Vamos ao que interessa. Sente-se — disse Otto, enérgico.

Ramírez obedeceu e sentou-se. Abaixou-se com o pretexto de amarrar um dos sapatos. Notou que o gravador estava preso sob a mesa e próximo a Otto. Ramírez sorriu feliz e tornou, simpático:

— Vamos resolver a questão.

— O que quer?

— Por que não permitiu a união de sua filha com Luís Carlos?

Otto estava pasmado.

— Esse assunto não é de sua alçada.

— Como não? Luís Carlos é praticamente meu filho. Assim que me casar com Guilhermina, vai se tornar meu enteado. Prezo por sua felicidade.

— Você nunca foi de prezar pela felicidade de ninguém. Que história é essa?

— Quero que ele seja feliz.

— Um viciado em jogatina e bebida? Minha filha merece coisa melhor.

— Luís Carlos é apaixonado por ela.

Otto procurou conter a raiva.

— Não quero mais tocar nesse assunto. Está encerrado.

— Vamos marcar um jantar e resolver a questão.

Otto deu um soco na mesa.

— Nunca! Minha filha nunca vai se casar com Luís Carlos. Vocês são um bando de víboras. Quero-os longe de minha família.

Ramírez ficou em pânico. Se Otto desse novo soco na mesa, aquele gravador iria ao chão e tudo estaria perdido. Num tom dramático, Ramírez foi categórico:

— Você não pode impedir a união dos dois! Eles se amam. Pelo que me consta, sua filha ainda está apaixonada por Luís Carlos.

— Ela vai se tratar. Um primo de Zaíra está vindo para cuidar dela. Maria Cândida vai esquecer Luís Carlos num piscar de olhos.

— E se ele voltar a se aproximar de sua filha?

— Eu juro que o mato. Você não tenha dúvida de minhas palavras, Ramírez. Se Luís Carlos se aproximar de Maria Cândida, eu o mato, entendeu?

Ramírez levantou-se, fingindo estupefação.

— Não precisamos chegar a esse ponto.

— Então vá embora daqui agora. Retire-se.

— Está certo. Fiz o meu papel de padrasto. Pena que você é tão duro nos sentimentos.

Otto gritou:

— Saia já!

Ramírez acenou com a cabeça e retirou-se.

Horas depois, o capanga de Otto apareceu no escritório de Ramírez com o gravador. Ao pegar a fita cassete nas mãos, o espanhol vibrou de felicidade:

— Agora Otto não me escapa.

***

Lurdinha acordou, arrumou-se e mal tomou o café. Correu até o terreiro. Estava excitava e nervosa. Ao chegar ao local, ficou sentada aguardando a hora de ser atendida. Contava os segundos e minutos. Instantes depois, uma moça a chamou.

— Pai Thomas a aguarda em sua sala.

Lurdinha levantou-se de pronto. Sorridente, dirigiu-se à sala do pai de santo.

— Muito bom dia! — exclamou ela, toda sorrisos.

— Bom dia — respondeu ele, com naturalidade. — Pelo jeito, você conseguiu a peça de roupa.

A jovem vibrou de alegria.

— Sim! Consegui.

Lurdinha abriu sua bolsa e retirou um embrulho. Deu-o a Pai Thomas.

— Tome. Está usada, como solicitou.

O homem pegou o embrulho e abriu. Sorriu.

— Agora ficará fácil. Primeiro vou fazer um feitiço para que o rapaz deixe de ter interesse em outras mulheres.

— E quando ele vai se enfeitiçar por mim?

— Logo. Meus guias a ajudaram a conseguir a peça de roupa. Agora tudo ficará fácil. Prometo que em menos de uma semana esse moço vai estar apaixonado por você.

Lurdinha exultou de felicidade.

— Pai Thomas, como lhe sou grata! Não imagina o quanto estou feliz. É um sonho que acalento há tempos.

— Faço qualquer negócio. E sou muito bom no que faço.

— Sem dúvida.

— Agora é só esperar. Questão de dias.

Lurdinha esboçou largo sorriso. Finalmente iria conseguir seu intento. Em poucos dias, Bruno iria ser dela, só dela e de mais ninguém. Ele nunca mais olharia para outra mulher. Seria exclusivamente dela, para sempre.

***

Naquele sábado, Pai Thomas reuniu-se com dois assistentes e mais seus guias. Fez o trabalho de amarração para Lurdinha. No domingo cedo, Bruno acordou zonzo, sentindo o corpo alquebrado, a respiração entrecortada. Rafaela estava ao lado da cama. Desde sexta-feira, quando seu filho havia brigado com Durval, que ela não saía do quarto. Estranhamente, Bruno dormiu praticamente o sábado todo e agora sentia dificuldade em levantar-se.

— Vou chamar o médico da família — tornou apreensiva.

— Não precisa, mãe — respondeu Bruno, respiração pesada. — Deve ser uma gripe forte. Amanhã estarei bem melhor.

— Nunca o vi debilitado desta maneira.

— Eu me descontrolei na sexta-feira. Desculpe-me.

Rafaela beijou a testa do filho.

— Aconteceu. Você não devia ter se comportado daquela maneira.

— Fui impertinente. Deveria deixar Suzana em paz.

— Pensei que ela estivesse apaixonada por você.

— Eu também — tornou Bruno, entristecido. — Em todo caso, estou me sentindo diferente hoje. Não sei ao certo o que é.

— Como assim?

— Aquele desejo, aquela vontade louca de ver Suzana sumiu como por encanto. Não estou com vontade de vê-la.

Rafaela bateu na mesinha de cabeceira.

— Graças a Deus! O Alto ouviu minhas preces.

— Perdi completamente a vontade de vê-la. Será normal?

— Claro que é! A garota veio acompanhada, não lhe deu a mínima. Você precisa mostrar que tem dignidade, orgulho, meu filho.

— É verdade. Não posso e não quero mais rastejar por ela.

— Ou por mulher que seja — replicou Rafaela, em tom enérgico.

— Isso não posso afirmar — disse ele, bocejando. — Estou cansado, gostaria de dormir.

— Mais? Desde ontem está jogado nessa cama.

— Ah, mãe, deixe-me dormir mais um pouco, por favor. Estou quebrado, quero ficar na cama.

Rafaela deu de ombros. Era melhor que Bruno ficasse em casa mesmo. Dentro de casa ele não oferecia perigo e não arrumava encrenca. Ela também estava cansada e queria descansar. Beijou novamente a testa do filho, baixou as persianas. Deixou o quarto na penumbra e se retirou.

Ela não notou que duas sombras escuras estavam lá no quarto à beira da cama de Bruno. As duas entidades manipularam seu campo energético de acordo com o pedido de Pai Thomas. Mais algumas horas e Bruno estaria se sentindo bem-disposto, porém sem a mínima vontade de assediar ou dirigir uma palavra a Suzana.

***

Guilhermina acordou angustiada. Lembrou-se vagamente do sonho. As cenas lhe vinham sobrepostas, ela não conseguia ordená-las. Tinha dificuldade em concatenar seus pensamentos. Assim que despertou por completo, lembrou-se de Miguel e levou a mão à boca.

— Oh, eu conversei com Miguel! — Ela afastou os pensamentos com a mão. — Não, não pode ser. Miguel está morto. Aquilo foi um sonho, nada mais que um sonho.

Ela foi ao banheiro e fez sua toalete. Tomou um banho refrescante, vestiu um conjunto de duas peças confortável e desceu para o desjejum. Enquanto tomava seu café, foi se lembrando de algumas cenas com Miguel.

— Não pode ser! Entretanto, foi tão real!

Luís Carlos apareceu na copa. Beijou o rosto da mãe e sentou-se ao seu lado.

— O que foi tão real? — perguntou, interessado.

— Meu sonho.

— Que sonho, mãe?

— Com seu pai.

— Sonhou com papai? — indagou ele, curioso.

— Sim.

Luís Carlos sentiu saudades do pai. Lembrou-se de Miguel com extremo carinho.

— Pena que eu não me lembre dos meus sonhos. Bom, eu bebo tanto que desfaleço quando caio na cama. Em todo caso, o que papai lhe dizia no sonho?

Guilhermina fez força para se lembrar. De repente, tudo veio muito rápido, e ela sentiu o peito apertar. Encarou Luís Carlos e sentiu um misto de medo e piedade. Segurou o braço do filho com força.

— Seu pai me afirmou que você corre perigo.

Luís Carlos riu-se.

— Eu? Perigo?

— Sim.

— Ora, mãe, imagine...

— Seu pai falou para você tomar cuidado.

— Cuidado com o quê?

Guilhermina mordeu os lábios preocupada.

— Não sei, não me lembro. Acho que seu pai não me falou nada a respeito. Só disse para alertá-lo. É o que estou fazendo.

— Não tem com o que se preocupar.

— Seus amigos são de confiança?

— Claro que são.

— Oh, meu Deus! — exclamou ela, nervosa.

— Mãe, calma! Não precisa ficar nesse estado por conta de um simples sonho. Estou aqui, estou bem. Não se preocupe, que nada de mau vai me acontecer.

— E esse aperto no peito? Parece que meu peito vai sumir, tamanho o aperto.

— Isso passa. Você se impressionou com o sonho, com papai. Sonhar com os mortos nos deixa sensibilizados.

— Pode ser.

Luís Carlos levantou-se, beijou a mãe e saiu contente. Havia combinado uma partida de pôquer com amigos logo mais. Guilhermina tentou terminar o seu café, mas debalde. A garganta estava entalada. Ela sentiu um gosto amargo na boca, e, por mais que tentasse, aquele incômodo no seu peito não passava, de jeito nenhum.

26

Durval despertou sorridente. Sentia-se ótimo; acordara bem-disposto. Consultou o relógio e viu que ainda era muito cedo. Poderia ficar na cama mais um tempinho. Todavia, um de seus mentores se aproximou de sua cama. Durval prontamente o atendeu. Com sensibilidade bem educada, Durval captou o pensamento do mentor e imediatamente ligou para a casa de Suzana. Adélia atendeu o telefone:

— Como está, Durval?

— Muito bem, dona Adélia.

— Aqui em casa também está tudo bem. Parece que a harmonia voltou a reinar neste lar.

— Isso é bom. E Odécio, como está?

— Melhor que todos nós. Acordou cedo, foi à feira. Está bem-disposto e — baixando o tom de voz — disse para mim que vai procurá-lo semana que vem. Odécio quer voltar a trabalhar no centro, nem que tenha de fazer curso de reciclagem.

— Que bom! Fico contente com a decisão de Odécio voltar a frequentar o centro. Ele é um ótimo médium e precisamos dele.

— Obrigada.

— A Suzana está?

— Não. Ela foi com Odécio à feira. Quer deixar recado?

— Não, senhora. Poderia então falar com Fernando?

— Vou ver se ele saiu do banho. Um minuto, por favor.

— Até logo, dona Adélia.

Instantes depois, Fernando atendeu o telefone.

— Tudo bem, Durval?

— Sim. Estou ótimo.

— O que manda?

— Preciso entrar em contato com Ana Paula. Como poderia fazer para encontrá-la?

— Ela virá almoçar conosco hoje. Algum problema?

— Não sei ao certo. Um de meus mentores veio conversar comigo logo cedo e pediu que transmitisse um recado a Ana Paula.

— Para Ana Paula? Tem certeza?

— Absoluta.

— Algo sério?

— Prefiro conversarmos todos juntos: eu, você e ela. Talvez ela precise de sua ajuda. Mas fique sossegado: não há nada de errado com ela. É um comunicado à família dela, mais nada.

— Por que não passa aqui e almoça conosco?

— Posso?

— Você é da casa. E tem gente aqui que vai ficar contente em vê-lo...

Durval deu uma risadinha.

— Por certo. Passarei aí por volta da uma da tarde.

— Combinado. Esperamos você.

— Até mais.

— Até.

Durval desligou o telefone sentindo brando calor no peito. Desde a noite da festa não conseguia tirar Suzana de seus pensamentos. A conversa na sexta-feira, após o incidente na casa de Roberto, fora proveitosa. Conversaram sobre vários assuntos, durante horas. Era madrugada quando Durval deixou a casa de Suzana.

Ele se aprontou, arrumou-se com apuro. Uma hora da tarde em ponto, tocou a campainha. Suzana correu a atender.

— Boa tarde — disse Durval.

— Boa tarde — tornou ela. — Que surpresa agradável! Pensei que só fosse encontrá-lo no centro, semana que vem.

— Eu também. Entretanto quis vir. Preciso dar um recado dos amigos espirituais a Ana Paula. E também quis ver você.

Suzana enrubesceu. Também se sentira atraída por Durval. Era impressionante, pois o conhecia desde a infância e nunca sentira nada pelo moço. De repente, numa noite, ela descobriu que ele estava mais maduro, mais bonito, mais... Suzana descobriu estar apaixonada pelo moço, mas ainda era cedo para constatar. Nunca havia sentido nada parecido antes. E nunca de maneira tão rápida e tão intensa.

Ela abriu o portão e o convidou. Durval beijou-a no rosto e Suzana sentiu as pernas falsearem. Precisou fazer força para não esmorecer. Esquivou-se com graça e correu para dentro.

— Entre. Estou com um assado no forno. Sinto cheiro de queimado — mentiu.

Durval entrou e cumprimentou Odécio e Fernando. Ana Paula estava na cozinha dando uma mão a Adélia. Ao ouvir a voz de Durval, correu até a soleira da porta.

— Você tem notícia para mim?

— Tenho.

— O que é?

— Podemos conversar?

Odécio fez menção de sair, mas Durval tornou com naturalidade:

— Pode ficar. Precisamos formar uma corrente de vibração positiva neste caso. Conto com você e com Fernando, bem como com Suzana e dona Adélia, caso ela queira participar.

— Se for para o bem, eu participo — replicou Adélia, sentindo-se útil.

Durval os convidou a sentar. Assim que todos se ajeitaram nos sofás, ele encarou Ana Paula nos olhos e declarou:

— Recebi hoje cedo a visita de um de meus mentores. Ele pediu para que você entre em contato com sua mãe.

— Minha mãe?!

— Sim.

— Tem certeza?

— Absoluta.

— Mas não nos falamos há tempos.

— Não importa. Foi solicitado que entre em contato com ela. Ela também foi alertada a procurá-la, mas está confusa.

— Minha mãe recebeu a visita de algum espírito? Impossível! Ela é cética, não acredita em nada.

— Sua mãe sonhou com seu pai.

— Com meu pai? — indagou Ana Paula, emocionada.

— Sonhou.

— Ele está bem? Nunca tive notícias dele.

— Está se recuperando.

Ana Paula comoveu-se. Lembrou-se do pai com carinho. Durval foi firme:

— Deixemos seu pai de lado, por ora. Precisamos nos concentrar na mensagem enviada para sua mãe. Ela se lembra do sonho, mas está confusa. Como ela não acredita na continuidade da vida, acha que foi uma espécie de pesadelo. Em todo caso, está sentindo o peito oprimido.

— Algo de ruim vai lhe acontecer?

— Os espíritos pediram para que façamos uma corrente de vibração para seu irmão.

— Luís Carlos? Ele corre algum perigo?

— Parece que sim.

Ana Paula pendeu pesadamente a cabeça para trás. Mordeu os lábios temerosa.

— O que os espíritos disseram? O que vai acontecer ao meu irmão?

— Calma — asseverou Durval. — Os espíritos não me disseram o que é.

— E por que não?

— Porque cabe a nós fazermos a nossa parte. Se tudo vem mastigado do astral, qual a nossa função aqui no mundo? Não teríamos função, não teríamos como crescer, mudar e evoluir. Os espíritos nos alertam para tomarmos determinados cuidados. Isso fortalece a nossa fé, sustenta a nossa confiança.

— O que tenho de fazer?

— Primeiro, procurar sua mãe e pedir para que ela participe de uma sessão conosco amanhã à noite.

— Amanhã à noite? — indagou Ana Paula, apreensiva.

— Sim. Precisamos fazer uma sessão de vibração positiva para seu irmão. Não sei o que vai acontecer a Luís Carlos, mas os espíritos garantiram que tenhamos fé e confiemos.

Ana Paula abraçou-se a Fernando. Estava com medo, muito medo.

— Calma — dizia-lhe o noivo. — Vai ficar tudo bem. Seu irmão de alguma maneira tem mérito, porquanto os espíritos estão nos avisando de antemão. Acredite que tudo que está por vir é para o bem de todos.

— Sei disso. Mas como vou chegar até minha mãe? Dona Guilhermina me odeia.

— Isso faz parte do passado — tornou Durval com naturalidade.

— Do passado? — indagou a jovem, surpresa.

— Sim, do passado. Você e sua mãe estão juntas há várias vidas. Há algumas vidas vêm se desentendendo, e você mesma pediu para reencarnar como filha dela.

— Custo a crer.

— Você é inteligente e lúcida. É forte. Deixe o medo de lado.

Adélia levantou-se e, junto com Odécio, tornou:

— Vou pegar refrigerante e uns petiscos. Voltamos logo.

Suzana também se levantou. Quis deixá-los à vontade. Fernando fez menção de sair, mas Ana Paula o segurou pelo braço.

— Quero que fique comigo, ao meu lado. Você é meu companheiro, meu namorado, meu noivo, meu tudo. Quero que compartilhe comigo tudo da minha vida. Não tenho e não quero ter segredos com o homem que amo.

Fernando emocionou-se. Beijou Ana Paula delicadamente nos lábios.

— Obrigado por confiar em mim.

Durval deu prosseguimento:

— Percebeu como o medo nos acompanha durante a vida?

— É verdade — concordou Ana Paula.

— Fomos criados com medo. Quem de nós não ouviu dos pais: "Faça isso ou então...", sempre nos ameaçando, trazendo-nos a sensação de desconforto? O medo nada mais é do que um pensamento negativo.

— Sempre tive medo de minha mãe, desde sempre.

— Vocês têm divergências que vêm há muitas vidas. Está na hora de você assumir seu poder, dar-se força e aprender a perdoar.

— Eu, perdoar?

— Sim, Ana Paula.

Ela estava estupefata.

— Mas eu pastei nas mãos dela a minha vida toda. Fui eu quem amarguei uma vida cheia de reprimendas. Minha mãe sempre preferiu o Luís Carlos a mim. Sempre fez diferença, sempre me destratando na frente dos outros. Eu cresci tartamuda, gaguejando quando lhe dirigia a palavra. Demorei mais de vinte anos para poder me posicionar, enfrentá-la e seguir minha vida. E você vem falar em perdão?

— Claro! Você ficou brava e rancorosa porque Guilhermina não correspondeu aos seus ideais de mãe.

— Como?!

— Você sonhou com uma mãe amorosa, terna, que fizesse tudo para você, que a cobrisse de carinhos e mimos. Você idealizou uma mãe na sua cabeça e intimamente culpou Guilhermina por ela não ser como você sonhara.

— Eu nunca fiz nada para ela me tratar dessa forma.

— Tem certeza? Nunca procurou se aproximar e falar com ela de igual para igual? Por que sempre adotou uma postura passiva? Por que sempre se rebaixou? As pessoas não gostam daqueles que baixam a cabeça por qualquer coisa. Você nunca enfrentou sua mãe, nunca se deu o devido respeito. O que esperava dela?

Ana Paula não sabia o que responder. As palavras lhe eram muito duras.

— Quando as pessoas captam o nosso medo, ou elas nos mimam demais ou nos tratam com desdém. Dá para perceber por que seu pai a superprotegeu e sua mãe a tratou com incrível indiferença?

Ana Paula baixou os olhos sem saber o que dizer. Estava um tanto confusa. Durval continuou:

— Vamos ser práticos, Ana Paula. Como o medo se apresenta no seu corpo?

— Deixe-me ver... — Ela colocou o dedo no queixo, pensativa. — O medo aperta o meu peito para dentro.

— Isso mesmo. O medo aperta o peito para dentro. Ele nos dá uma sensação de recolhimento, nos curvamos para baixo, como uma espécie de defesa, não é?

— Mais ou menos.

— Tudo o que dói no corpo faz mal para a alma. Quem tem medo se segura, não arrisca, fica parado. Ele acaba com a nossa motivação, o nosso prazer e, acima de tudo, aniquila a nossa felicidade. Não acha que está na hora de encarar seus medos? Não acredita que esteja pronta e madura para enfrentar tudo isso? Penso que chegou o momento de ficar ao seu lado, de se dar força e de ser feliz, de uma vez por todas.

Ana Paula comoveu-se. Afastar-se de sua mãe lhe foi a solução ideal para enterrar suas mágoas e ressentimentos do passado. Sabia que isso era um paliativo, que não duraria muito tempo. No fundo ela gostava da mãe, mas sentia medo de ser novamente achincalhada, tinha medo de ser diminuída, de parecer fraca ao lado de Fernando. Sua cabeça fervilhava de pensamentos os mais diversos. Ela apertou a mão do noivo, como a pedir apoio. Fernando a beijou delicadamente na fronte.

— Conte comigo. Se quiser, poderemos ir logo mais à noite na sua casa.

— Sinto que, se os espíritos estão me pedindo para falar com minha mãe, é porque não devo temer. Sei que estarei com amigos espirituais ao meu lado, me dando força. Vou superar mais esta.

— Isso mesmo. Gostei de ver — parabenizou Durval.

Albertina estava presente o tempo todo da conversa. Sentiu alívio e esboçou terno sorriso. Ministrou energias revigorantes na neta, beijou-lhe a fronte, e seu espírito desvaneceu no ar.

***

Assim que o sol se pôs e as primeiras estrelas iluminaram o céu, Fernando e Ana Paula chegaram à casa de Guilhermina. Ana Paula suspirou, segurou firme a mão do noivo. Maria atendeu a porta e levou a mão ao peito, tamanha a felicidade.

— Você voltou! — exclamou a empregada, sentindo imensa alegria.

Ana Paula a abraçou com carinho.

— Como vai, Maria?

— Agora melhor.

— Quanto tempo!

Maria a olhava dos pés à cabeça.

— Está mais magra. Anda comendo direitinho?

Ana Paula sorriu.

— Sim. Estou me alimentando direito.

Maria olhou por cima do ombro de Ana Paula. Imediatamente sorriu. Fernando a cumprimentou.

— Como vai?

— Bem.

Ana Paula antecipou-se:

— Ah, Maria, este é meu noivo, o Fernando.

— Prazer.

Maria os fez entrar.

— Vou preparar um café.

— Não precisa — tornou Ana Paula. — Vim porque preciso ter com minha mãe. Ela está?

— Está lá em cima. — Maria fez um gesto com as mãos e baixou o tom de voz. — Desde que você saiu daqui, esta casa não é mais a mesma. Sua mãe também não está boa.

— Algum problema?

— Ela anda meio esquisita. Não dorme à noite, anda vagando pela casa. Parece que está incomodada com algo.

— E Luís Carlos? Você o tem visto?

— Anda do mesmo jeito.

Ana Paula e Fernando dirigiram-se ao jardim de inverno e sentaram-se cada qual numa confortável poltrona. Alguns minutos depois, Guilhermina apareceu. Não estava com bom aspecto. Os cabelos estavam sem pintura, alguns fios brancos apareciam nas laterais; sua pele perdera o viço. Estava bastante abatida. Ana Paula levantou-se e estendeu-lhe a mão.

— Como vai, mamãe?

— Muito bem. E você? Que bons ventos a trazem?

— Tenho assunto delicado para tratar com você.

— Se for dinheiro, pode esquecer.

Ana Paula pendeu a cabeça para os lados.

— Não! Fique tranquila, não vim por dinheiro. Estou bem.

— Continua na pensão?

— Sim. Por pouco tempo. — Ana Paula virou-se e apresentou: — Mãe, este é Fernando, meu noivo.

Guilhermina arregalou os olhos. Então Ana Paula conseguira fisgar um homem! Estava se saindo melhor que a encomenda, pensou. Em tom seco, Guilhermina estendeu a mão ao rapaz.

— Muito prazer.

— Prazer, senhora.

Guilhermina tocou a sineta. Logo Maria apareceu na saleta.

— Sim, dona Guilhermina?

— Por favor, traga café para nós três.

— Sim, senhora.

O espírito de Albertina estava presente. Sabendo que a neta iria atrás da mãe, Albertina antecipou-se e chegou antes à casa de Guilhermina. Ministrou-lhe um passe e inspirou-lhe bons pensamentos. Fê-la lembrar dos poucos momentos felizes ao lado da filha. Guilhermina estranhamente pensou na filha naquela tarde, com ternura. Tinha dificuldade em sentir ou demonstrar carinho pela filha, mas particularmente naquela tarde sentiu ternura por Ana Paula.

— Talvez eu esteja ficando velha — suspirou. — Primeiro sonho com Miguel pedindo para ajudar meu filho, e agora penso com carinho em Ana Paula. Será que a velhice nos deixa mais moles e sensíveis?

Guilhermina cochilou a tarde toda. Sentiu-se aliviada em saber que Ramírez e Guadalupe não se encontravam. Queria e necessitava ficar sozinha. Achou pura coincidência a filha aparecer naquela tarde.

— O que quer de mim?

— Bom, por acaso, sonhou recentemente com papai?

Guilhermina remexeu-se inquieta na cadeira.

— Por que está me fazendo uma pergunta dessas? Seu irmão a procurou?

— Não. Faz muito tempo que não vejo Luís Carlos.

— Está falando a verdade?

— Sim, m... mã... mãe.

Ana Paula pigarreou. Fazia muito tempo que não conversava frente a frente com a mãe. Ainda dava lá suas escorregadas. Fernando segurou em sua mão, e ela sentiu força. Deu prosseguimento:

— Estou falando a verdade, mãe. Vim até aqui porque estou preocupada com Luís Carlos.

— Você também? — indagou Guilhermina, perplexa.

— Sim. Por isso lhe perguntei se sonhou com papai.

— Sonhei, faz uns dias. Entretanto o sonho foi confuso, só me lembro de ele pedir para alertar Luís Carlos. Mas alertá-lo de quê? Desde então meu coração não tem sossegado. Sabe como é coração de mãe... Estou tão apreensiva! Temo que algo de ruim possa vir a acontecer ao meu filho.

— Eu vim por conta disso. Sabe, tenho frequentado um centro espírita...

Guilhermina a censurou:

— Centro espírita? Não está metida com essas coisas, está?

— Por que a resistência?

— Espiritismo é coisa de gente ignorante. Eu sabia que você ia cometer desatinos ao pisar o pé fora desta casa.

— Ouça, mãe, não quero discutir o que você acha ou pensa sobre a espiritualidade, se acredita ou não em reencarnação ou vida após a morte. O fato é que estou aqui encarecidamente pedindo que vá comigo ao centro que frequento.

— Nunca! Nem amarrada!

Ana Paula mordeu os lábios de raiva. Não tinha como se acertar com sua mãe. Como era difícil o relacionamento entre ambas! Fernando procurou apaziguar:

— Dona Guilhermina, desculpe a franqueza, mas estamos aqui por conta de seu filho. Os espíritos disseram que Luís Carlos corre perigo e necessita de nossa vibração, inclusive a da senhora.

Guilhermina levou a mão ao peito. Sentiu o ar lhe faltar.

— Não pode ser. O que vai acontecer ao meu filho?

— Não sabemos ao certo. Os amigos espirituais pedem que tenhamos fé e que confiemos. Eles vão nos ajudar.

— Como?

— Não sabemos. Mas pediram que a senhora compareça ao centro amanhã. É muito importante sua presença para que possamos ajudar seu filho.

— Eu não gosto de ir a esses lugares, mas, se é para o bem do meu filho, vou até o inferno para salvaguardar a sua integridade. Amo Luís Carlos mais que tudo nesta vida.

Ana Paula sentiu o peito ir para dentro. Ainda lhe era difícil encarar com naturalidade a diferença que Guilhermina fazia entre os filhos. Se fosse ela a correr perigo, Guilhermina talvez não estivesse nem aí. Não iria remover montanhas para ajudar a filha. Isso a entristecia. Ela levantou-se de pronto. Abriu a bolsa e tirou um cartão. Entregou-o a Guilhermina.

— Aqui está o endereço do centro espírita. Se quiser fazer algo pelo seu filho, de coração, compareça amanhã às oito horas da noite, em ponto. Diga na recepção que é minha mãe, e você será conduzida até nós.

— Espere! Maria ainda não chegou com o café.

— Não posso mais esperar. Tenho muito o que fazer. Nos vemos amanhã. Até mais.

Ana Paula baixou os olhos e retirou-se rápida. Fernando estendeu a mão para Guilhermina.

— Foi um prazer conhecê-la. Até mais.

— Até.

Guilhermina despediu-se deles e correu até o quarto. Ficou olhando para o cartão. Sentiu medo.

— Que tipo de lugar será esse? O que será que vão aprontar comigo?

Ela ficou pensando, pensando.

— Vou até lá porque meu filho corre algum tipo de perigo. Só vou por causa de Luís Carlos, meu tesouro.

Ela abriu a gaveta da mesinha de cabeceira, apanhou um comprimido. Precisava de um calmante para aliviar suas tensões. Alguns minutos depois, adormeceu profundamente.

27

Após amar Guadalupe, Ramírez virou-se de lado na cama, saciado e contente.

— Não vejo a hora de podermos estar juntos de novo.

— Falta pouco, *corazón*, muito pouco — tornou Guadalupe, amorosa.

— Estou farto de Guilhermina. Agora que temos Otto nas mãos, vamos poder nos livrar de todos. Não precisamos de mais ninguém. Seremos livres, ricos e poderemos nos amar livremente.

Os olhos de Guadalupe vibraram excitados.

— Logo mais à noite nos livramos de Luís Carlos.

— Falou com ele hoje?

— Sim. Disse-lhe que vamos sair logo mais à noite. Prometi amá-lo a noite toda, como nos bons e velhos tempos.

— O paspalho acreditou que vai se deitar com você?

Ambos caíram na gargalhada. Ramírez ajuntou:

— Nunca pensei que fosse tão fácil!

Guadalupe avançou sobre o corpo do amante, pegou o gravador debaixo da cabeceira e o trouxe até a cama. Apertou a tecla e escutou mais uma vez a confissão de Otto:

— Eu juro que o mato. Você não tenha dúvida de minhas palavras, Ramírez. Se Luís Carlos se aproximar de Maria Cândida, eu o mato, entendeu?

— Não acredito que temos a voz de Otto afirmando uma coisa dessas. Isso me deixa tão feliz! — suspirou ela.

— Mais alguns dias e eu serei o novo rei do tráfico de drogas e você será minha rainha.

Guadalupe beijou-o longamente nos lábios. Ramírez excitou-se e a abraçou com volúpia, deixando o gravador ao lado da cama. Entre abraços e chamegos, Guadalupe acidentalmente apertou a tecla de gravação.

— Otto vai ser responsabilizado pelo atentado e morte de Luís Carlos. Será preso e aí teremos caminho livre para assumirmos o nosso posto como reis do tráfico.

— Cabeção é de confiança, *corazón*?

— Totalmente — declarou Ramírez. — Ele nunca ganhou tanto dinheiro na vida. Vai fazer o serviço direitinho.

— Que plano mais fantástico! — suspirou ela. — Cabeção mata o Luís Carlos, e Otto leva a culpa.

— Isso mesmo, Guadalupe.

***

Bruno acordou estranhamente bem-disposto naquele dia. Levantou-se, fez sua toalete, arrumou-se com apuro. Desceu para o desjejum e rapidamente apanhou seu carro e seguiu para o trabalho. Estava discutindo com Roberto algumas mudanças no planejamento estratégico da metalúrgica para o ano seguinte quando Suzana entrou na sala.

— Aqui está o relatório, doutor Roberto.

— Obrigado.

— Deseja mais alguma coisa?

— Não, por ora.

— Se precisar, é só chamar.

Suzana rodou nos calcanhares e, antes de sair, Roberto perguntou:

— Você está bem?

Ela virou-se e respondeu:

— Sim, senhor. Está tudo bem. Não misturo vida profissional com a vida lá de fora.

— Entretanto gostaria de aproveitar que Bruno está aqui e pedirmos desculpa pelo ocorrido naquela noite.

— Não tem o que desculpar, doutor Roberto. Passou. Acabou.

— Mas, mesmo assim, gostaria que me perdoasse pela falta de delicadeza. Meu filho não se portou bem.

— Como disse, doutor Roberto, passou.

Bruno levantou os olhos e a encarou:

— Desculpe-me. Não sei o que me deu — disse ele, com naturalidade na voz.

Suzana espantou-se. Era a primeira vez que via Bruno encará-la com naturalidade, sem ar de cobiça ou desejo.

— Isso acontece — tornou ela. — Às vezes ficamos mais soltos, bebemos.

— Mas garanto que nunca mais vai se repetir, Suzana — disse ele com sinceridade. — Prometo que nunca mais vou incomodá-la.

Bruno falou e baixou a cabeça, concentrando-se novamente no planejamento estratégico da empresa. Suzana estava pasmada. Bruno havia mudado sobremaneira o comportamento. Ela esboçou pequeno sorriso, saiu e, ao chegar à sua sala, sorriu feliz.

— Bruno não vai mais me importunar. Tenho plena certeza disso.

Ela voltou ao trabalho e, quando passava das seis, o telefone tocou. Era Durval.

— Que surpresa agradável — disse ela, sorrindo.

— Como foi seu dia?

— Cheio de trabalho, mas correu tudo bem.

— E o Bruno? Você o encontrou?

— Sim. Mas foi tão esquisito... Ele mal olhou na minha cara. Falou comigo de uma maneira fria, distante.

— E isso não é bom?

— É, claro que é. Mas não pensei que a mudança ocorresse tão rápida assim.

— Mas pode, sim. Tudo pode. — Durval mudou o tom de voz: — Preciso de sua ajuda.

— De ajuda minha?

— Sim.

— O que é?

— Poderia vir ao centro hoje para o trabalho que vamos realizar em benefício de Luís Carlos?

— Adoraria. Que horas?

— Esteja às oito em ponto na sala de número quatro.

— Combinado.

— Depois do trabalho espiritual podemos fazer um lanche juntos e conversar.

— OK, vamos lanchar juntos — tornou Suzana, sentindo leve friozinho no estômago.

Ela pousou o telefone no gancho e começou a ajeitar a papelada. Gostava de disciplina e queria deixar a mesa em ordem para facilitar o início do serviço no dia seguinte. Assim que apanhou a bolsa, viu o embrulho sobre a cadeira ao lado de sua mesa. Encostou a mão na testa.

— Como pude me esquecer? O vestido! Preciso entregá-lo ainda hoje. E agora?

Suzana lembrou-se de que tinha de devolver o vestido alugado à butique naquela noite ou no dia seguinte, na parte da manhã. Entretanto estava atulhada de tarefas e não poderia ausentar-se do serviço. Consultou o relógio e viu que não teria tempo hábil de chegar à loja e de lá ir para o centro espírita. O trabalho espiritual era prioritário.

O que fazer? Suzana virou os olhos ao redor das órbitas, pensativa. Imediatamente lembrou-se de Lurdinha. Será que a amiga poderia lhe ajudar?

Suzana tirou o fone do gancho e discou. Lurdinha atendeu.

— Alô?

— Lurdinha, sou eu, Suzana.

— Oi! Como está? Passou bem?

— Estou melhor. Aconteceram tantas coisas, mas depois eu lhe conto com mais calma. Preciso de um favor.

— Pode pedir.

— Tenho compromisso logo mais à noite, entretanto preciso entregar o vestido à butique, seja hoje à noite ou amanhã de manhã. Você poderia entregá-lo para mim?

— Por certo.

— Então façamos o seguinte: saio bem mais cedo de casa amanhã e vou direto para a sua. Deixo o pacote com a empregada. Aí você me entrega o vestido na loja até o meio-dia, tudo bem?

— Não! Vai pegar duas conduções para chegar aqui em casa e poderá se atrasar para chegar ao serviço. Deixe que eu mesma vou aí e pego o vestido.

— Quando?

— Agora.

— Agora? — indagou Suzana, surpresa.

— Ué, vou rapidinho.

— É longe de sua casa, Lurdinha.

— Não é nada. Tenho carro, chego rápido.

— Se você prefere assim...

— Só me diz uma coisa: o Bruno ainda está trabalhando?

— Hoje ele fica até mais tarde. Está mexendo em todo o planejamento da empresa para o ano que vem. Não vai sair tão cedo.

— Ótimo. Quem sabe eu não o vejo? Vou me arrumar e num instante chego aí.

— Estou atrasada. Vou deixar o embrulho na portaria. Deixarei seu nome anotado num papel.

— Faça como quiser — afirmou Lurdinha.

— Obrigada, não sei como agradecer.

— Não precisa.

Lurdinha desligou o telefone eufórica. A vida estava lhe concedendo uma chance, uma oportunidade única de se encontrar com Bruno. Agora iria ver se Pai Thomas era bom mesmo com suas magias. Ela levantou-se do banquinho ao lado do telefone, subiu correndo as escadas. Trocou de blusa e pegou a minissaia mais curta de seu guarda-roupa. Penteou os cabelos, passou batom e aspergiu sobre seu corpo delicada fragrância. Sorriu feliz e saiu.

***

Guilhermina estava sentada no sofá, pensativa. Segurava numa mão a piteira e na outra o cartão com o endereço do centro espírita. Será que deveria ir? Sua filha estava falando a verdade? A sua presença era importante para ajudar seu filho? Aquilo tudo não seria uma arapuca? Uma trama qualquer?

Vários pensamentos circundavam sua mente. Guilhermina precisou tomar uma aspirina para aliviar a dor de cabeça. Entretanto seu peito parecia apertar cada vez mais. Não conseguia tirar a imagem do filho da cabeça. Inspirada por amigos espirituais do bem, Guilhermina levantou-se e decidiu: iria ao centro naquela noite.

Passava das sete e meia da noite quando ela chegou ao local. O espaço era agradável, simples, porém bem decorado. Um rapaz simpático a atendeu. Quando Guilhermina disse ser mãe de Ana Paula, o rapaz a conduziu até uma sala localizada nos fundos do centro, isolada por gracioso jardim. Guilhermina aspirou o perfume das flores, sentiu bem-estar. Entrou na sala.

Era um recinto não muito grande, com uma mesa oval, algumas cadeiras em volta. Sobre a mesa, uma linda toalha de renda branca, uma jarra com água e alguns copos distribuídos numa bandeja de prata. Mais no meio, um vaso repleto de rosas brancas. O ambiente era iluminado por tênue luz azulada, que convidava ao silêncio e reflexão. Guilhermina foi conduzida até uma cadeira próxima da mesa. Sentou-se e fechou os olhos. Adormeceu.

Enquanto ela sonhava, os demais começaram a chegar. Ana Paula e Tânia vieram acompanhadas de Fernando. Odécio e Suzana estavam logo atrás. Finalmente Durval chegou, acompanhado de duas senhoras mais Claudete. Todos se sentaram em volta da mesa. Durval proferiu uma ligeira prece, dando abertura aos trabalhos espirituais. Ana Paula recebeu um passe ministrado por uma das senhoras. Em instantes adormeceu. Em seguida Claudete fechou os olhos, sua cabeça pendeu para baixo e ela começou a falar, com modulação de voz alterada:

— Precisamos da colaboração de todos vocês para ajudar nosso querido Luís Carlos. Logo mais ele passará por dolorosa experiência. Precisamos dos fluidos de todos a fim de que possamos enviar-lhe energias de coragem e força. Sua mãe e sua irmã aqui se encontram para que, dentro de um ambiente propício como este, possam ter acesso a algumas situações de vidas passadas. Os espíritos superiores permitiram que ambas pudessem vislumbrar o passado para melhor poder ajudar Luís Carlos. Mãe e filha, unidas no amor, poderão dar sustentação necessária ao pronto restabelecimento de nosso querido irmão, se assim ele o permitir. Nós não interferimos no destino de ninguém. Cada um cria seu próprio destino. Entretanto, ele pode ser modificado. Basta mudarmos nosso padrão de pensamentos, nos desfazermos de velhas crenças e adotarmos posturas novas e positivas diante da vida.

A médium pigarreou. Em seguida continuou:

— Luís Carlos há algumas vidas não se dá apoio. Precisa do mundo externo, da bebida, do dinheiro, do jogo, do prazer exacerbado com as mulheres a fim de se sentir vivo. Ele se recusa a olhar para dentro de si e mudar o padrão de pensamento que o paralisa. Seu espírito clama por mudanças e, infelizmente, se não mudamos pela inteligência, a vida se utiliza da dor para nos alertar. Garanto que nada de ruim irá acontecer. Somente um alerta da vida. Por essa razão, solicito que todos se unam em oração após esta sessão e não deixem de confiar nas forças invisíveis que sustentam a vida.

Durval interveio:

— Devemos nos manter em vigília?

— Sim. Não sabemos ao certo a que horas tudo vai terminar. Pedimos a colaboração para que permaneçam em silêncio e oração por mais algumas horas. Logo Guilhermina e Ana Paula vão despertar e precisarão do apoio e vibração de vocês. Muito obrigada.

Albertina afastou-se do corpo de Claudete satisfeita. Ela e outros amigos espirituais precisavam chegar até Luís Carlos. Era caso de vida ou morte.

***

Assim que Guilhermina adormeceu, ela sonhou. Usava roupas de época, sua aparência era mais jovem e bela. Estava acompanhada de garboso rapaz. Tinha nítida impressão de que se tratava de Luís Carlos. Estavam de mãos dadas e caminhavam por um bosque florido. Ana Paula apareceu de supetão. Guilhermina assustou-se. Havia tempos não se dava bem com essa irmã. Ana Paula era rabugenta, manipuladora. Adorava atrapalhar e irritar Guilhermina.

— O que quer agora? Não está satisfeita?

— Não. Nunca vou ficar satisfeita.

Luís Carlos procurou intervir.

— Você sempre procura uma maneira de nos aborrecer. Não percebe que queremos ficar em paz?

Ana Paula deu uma gargalhada.

— Paz? No que depender de mim, vocês nunca terão paz.

Guilhermina procurou se afastar. Estavam à beira de um precipício. Ana Paula olhou por cima do ombro de Guilhermina e sorriu sinistramente. Se a assustasse um pouco mais, sua irmã cairia no precipício e Luís Carlos amargaria na solidão o resto da vida. Ana Paula não o amava, mas tencionava casar-se com ele. Agora ele resolvia abandoná-la e casar-se com Guilhermina? Nunca! Isso era aviltante. Jamais permitiria um disparate desse porte. E sua reputação? Ficaria na lama? Ela já era motivo de chacota por ter sido trocada. Luís Carlos a deixou para se casar com a outra irmã. Estava na hora de dar um basta.

Ana Paula exalou profundo suspiro. Sabia que, se metesse medo na irmã, ela iria se assustar, escorregaria e rolaria precipício abaixo. Ela não hesitou nem por um instante. Fingiu avançar para cima de Guilhermina. Tudo foi muito rápido. Num piscar de olhos, Guilhermina despencou e sumiu no precipício. Luís Carlos estava em estado apoplético. Encarou Ana Paula, os olhos injetados de fúria:

— O que você fez foi desumano! Você a matou! — bradou ele.

Ana Paula gargalhava.

— Eu não matei ninguém. Ela escorregou e caiu. Nem cheguei a tocá-la.

— Você matou meu amor!

— Deixe de lamúrias, Luís Carlos. Guilhermina faz parte do passado.

Luís Carlos não raciocinava direito. Olhava para o vasto precipício e não enxergava nada a não ser um profundo e grande vazio. Em extremo desequilíbrio, tirou a arma do colete e apontou para Ana Paula. Ela nem teve tempo de concatenar as ideias. Morreu instantaneamente. Luís Carlos em seguida empurrou o corpo sem vida de Ana Paula precipício abaixo. Sentiu-se vingado, mas amargou terrível solidão.

O tempo passou e Guilhermina e Ana Paula se encontraram no umbral. Guilhermina tomou força, vestiu coragem e partiu para cima de Ana Paula, culpando-a pela sua morte. Ana Paula sentiu culpa, arrependeu-se, passou a ter medo das perseguições de Guilhermina.

Após muitas tentativas de apaziguamento para ambas, veio a solução de reencarnarem como mãe e filha. Dessa forma, a vida estava lhes dando a chance de, através dos laços de família, transformar o ódio do passado em amor e compreensão no presente. Ana Paula estava muito arrependida, porém com muito medo de Guilhermina. E só aceitou a condição porquanto Miguel seria novamente seu genitor. Guilhermina aceitou a contragosto. Mas, ao saber que daria à luz Luís Carlos, seu amado, aceitou de pronto a nova tarefa reencarnatória.

Guilhermina despertou e olhou para os lados. As luzes haviam se acendido por alguns minutos. Procurou tatear o corpo para se certificar de que estava ali, viva. Respirou fundo e passou a mão pela testa, como a afastar aquele horrível pesadelo.

Ana Paula teve o mesmo sonho. Assim que voltou a si, uma grossa camada de suor cobria-lhe a fronte. O sonho ainda estava nítido e forte em sua mente. Ela não sabia o que dizer.

De repente, os olhos de mãe e filha se encontraram. Ana Paula sentiu piedade e não conseguiu se controlar. Levantou-se de pronto, correu até a mãe e, ajoelhada aos pés de Guilhermina, suplicou, enquanto chorava copiosamente:

— Perdão, mamãe! Perdão!

Guilhermina não sabia o que dizer. Estava por demais emocionada. Pela primeira vez na vida, brotou em seu peito verdadeiro sentimento de ternura por Ana Paula. Ela abraçou-se à filha e, lágrimas escorrendo pelas faces, declarou:

— Eu também lhe peço perdão, meu amor. Estou cansada das brigas e desavenças.

— Vamos começar uma nova etapa e, juntas, ajudar Luís Carlos.

Luís Carlos! Guilhermina imediatamente pensou no filho. Onde ele estaria? O que estava por acontecer?

Durval se aproximou de ambas trazendo dois copos de água fluidificada. Entregou um para cada uma e ordenou:

— Bebam.

As duas menearam a cabeça afirmativamente e beberam do líquido. Durval abaixou-se e seus olhos ficaram na mesma posição dos de Guilhermina e Ana Paula.

— Às vezes é muito duro ter de encarar o passado. Somente dessa maneira compreendemos muitas das situações que nos prendem no presente. Espero que, ao vislumbrarem esta última encarnação, possam aparar as arestas do ressentimento e nutrir verdadeiro amor uma pela outra.

— Eu prometo que vou amá-la. É minha mãe! — exclamou Ana Paula.

— Eu também farei o possível. Depois desse sonho, não sou mais a mesma.

— Não é para ser. Agora acredita na espiritualidade?

Guilhermina remexeu-se nervosamente na cadeira.

— Não sei ao certo. Tudo foi tão real! Eu senti tudo aquilo. Senti morrer.

— A senhora teve acesso às últimas cenas de sua última encarnação, minutos antes de morrer. Agora consegue entender a animosidade entre vocês duas?

— Mas, se tudo isso for verdade, a vida tem outro sentido — sentenciou Guilhermina.

— Somos espíritos em eterna evolução. Somos perfeitos no grau de evolução em que nos encontramos. Com tantos potenciais e habilidades, acredita que uma vida só baste ao ser humano? — indagou Durval.

— Pensando assim, acredito que não.

— Pois bem, Guilhermina. O nosso centro está aberto para visitação. Pode vir a hora que quiser. Temos cursos, palestras, emprestamos livros. Se quiser se interessar pelo estudo espiritual, será um prazer poder ajudá-la.

— Obrigada. Entretanto no momento estou preocupada com meu filho. Não consigo pensar em outra coisa que não seja Luís Carlos. A imagem dele vem forte na minha mente.

— Concentre-se numa imagem positiva de seu filho. Imagine Luís Carlos bem.

— Isso é fácil. Meu filho está sempre sorridente.

— Então nos ajude, Guilhermina. — E, virando-se para Ana Paula: — Faça o mesmo. Procure imaginar seu irmão sorridente e feliz. Isso vai nos ajudar sobremaneira no trabalho de hoje.

Durval levantou-se e ordenou:

— Vamos permanecer em oração. Façamos uma corrente de vibração positiva a Luís Carlos. Vamos nos dar as mãos. Quero que todos aqui nesta sala imaginem uma luz violeta bem no meio da testa. Essa luz vai saindo de sua testa, atravessa a parede da sala e vai ao encontro de Luís Carlos, formando um elo de sustentação do centro até onde ele estiver.

Os demais se levantaram e se deram as mãos. Fecharam os olhos e passaram a mentalizar a luz violeta. Logo a sala estava repleta daquela luz vibrante, e espíritos do bem canalizavam essa energia diretamente para Luís Carlos.

28

Maria Cândida estava cansada de perambular pelo quarto, dia após dia. Havia emagrecido bastante, as olheiras estavam bem marcadas. Não adiantava ficar ali parada, esperando o tempo passar, sem tomar uma atitude que fosse. Ela estava cansada da superproteção dos pais. Era maior de idade, adulta; podia dar o rumo que quisesse à sua vida.

Foi então que lhe veio a ideia. Por que não? Se Luís Carlos havia desaparecido todo esse tempo, provavelmente era porque Otto o proibira de achegar-se dela. Ele estava apaixonado por ela, estava impossibilitado de vê-la. Talvez Luís Carlos estivesse esperando um sinal dela. Era isso mesmo! Luís Carlos estava à sua espera. Tomada de ânimo, Maria Cândida procurou uma de suas melhores roupas, tomou caprichado banho, arrumou-se com esmero. Desceu as escadas, apanhou sua bolsa e, ao saber por um dos empregados que Zaíra e Otto não estavam em casa, sentiu-se aliviada. Procurou pelo motorista e solicitou que a levasse até a casa de Luís Carlos.

Lá chegando, dispensou o motorista.

— Devo esperá-la, Maria Cândida? — tornou ele, apreensivo.

— Pode ir. Não sei a que horas volto.

— Seu pai não vai gostar nada disso.

— Isso é problema meu. Agora, por favor, retire-se. Vá embora. Me deixe em paz.

O motorista meneou a cabeça para os lados. Não tinha outra opção. Assim que Maria Cândida adentrou o jardim, ele deu partida, acelerou e em pouco tempo seu carro desapareceu na esquina. Maria Cândida respirou profundamente. Tocou a sineta presa na porta. Maria atendeu:

— Pois não?

— Gostaria de falar com Luís Carlos. Ele está?

— Acabou de chegar. Mas está se arrumando. Vai sair.

— Posso falar com ele um minutinho?

— Quem deseja?

— Diga que é Maria Cândida.

Maria a olhou de cima a baixo. Ouvira Guilhermina e Guadalupe falarem da menina pelos cantos da casa. Sentiu pena. Convidou-a a entrar.

— Por favor. — Maria a conduziu até a sala de estar. — Vou subir e chamá-lo. Aguarde um instante.

Maria Cândida acenou com a cabeça. Sentou-se, cruzou as pernas e ficou aguardando. Em seguida Luís Carlos desceu, de roupão, os cabelos ainda molhados. Trazia uma toalha em volta do pescoço.

— Você aqui? — disse em tom surpreso.

Maria Cândida levantou-se e correu até ele. Abraçou-o com amor.

— Luís Carlos, que saudade!

Ele não sabia como reagir. Ficou parado, estático.

— Seu pai sabe que está aqui?

— Não. Resolvi vir por conta própria.

— Ele não vai gostar nada disso.

Maria Cândida fez muxoxo.

— Dane-se meu pai. Eu sou adulta, sei tomar conta de mim.

— Por favor, não quero encrencas — disse ele, desvencilhando-se dela.

Maria Cândida ficou parada no meio da sala. Esperava uma reação mais acalorada do amado.

— Você está diferente.

— O tempo passou, muitas coisas aconteceram.

— Um mês não é tanto tempo assim. O meu amor por você continua forte, vibrante.

Luís Carlos coçou a cabeça. Havia combinado de sair logo mais com Guadalupe. Desde que terminara com Maria Cândida, voltara à sua vida de sempre, ou seja, bebidas, jogatina, e Guadalupe. Desde que Otto o ameaçara, ele desistira de fazer parte do plano traçado pela amante. Estava em paz, não queria se meter em encrencas. E também não queria ferir os sentimentos de Maria Cândida.

— Seu pai me ameaçou. Não quero mais saber de confusão.

— E o nosso amor?

Luís Carlos a encarou com comiseração. Aproximou-se e disse, sincero:

— Escute, Maria Cândida: eu não a amo.

— Um amor não acaba assim de uma hora para outra. Como não me ama? Você me fazia juras de amor até um mês atrás. Não pode dizer que tudo isso acabou assim, sem mais nem menos.

— Não é bem assim — ele pigarreou.

— Não estou entendendo — tornou ela, visivelmente transtornada.

— Eu preciso ser sincero, pelo menos uma vez na vida.

Luís Carlos pegou nas mãos dela e delicadamente a conduziu até o sofá. Sentaram-se um ao lado do outro. Luís Carlos respirou fundo e a encarou nos olhos.

— Maria Cândida, eu nunca fui apaixonado por você.

— Não? — indagou ela, sem nada entender.

— Não. Entrei nessa história animado, pensando que ia ganhar uma nota preta. Mas então a conheci melhor e percebi que estava brincando com seus sentimentos. Não gostaria de magoá-la.

— Tudo pode mudar.

— Fui atrás de você por causa do dinheiro, tudo foi armação de minha namorada.

— Você tem namorada? — perguntou ela, atônita.

— Não é bem namorada. Nós nos gostamos e estamos juntos há um bom tempo. Ela bolou um plano e eu procurei segui-lo à risca. Entretanto, depois da ameaça de seu pai, eu pensei bem e resolvi não mais me arriscar. Além do mais, você se mostrou uma moça encantadora, e eu não quero brincar com seus sentimentos ou mesmo feri-los.

— Não pode ser verdade. Você foi tão carinhoso, tão romântico comigo...

— Tudo armação, fingimento. Depois de um tempo eu até passei a sentir prazer em estar na sua companhia. Você é inteligente. Tem outros atributos que vão além do físico. É bela em outros aspectos. Mas entenda que nunca houve nenhum sentimento de minha parte. Eu nunca a amei.

Maria Cândida não conseguiu evitar que as lágrimas escorressem pelos cantos dos olhos. Estava aturdida. Ela não era nada, não significava nada. Os homens só se interessavam por ela por conta do dinheiro, da riqueza que possuía. Era sempre o dinheiro, o maldito dinheiro, pensou. Ah, como ela daria tudo para ser linda, uma mulher de arrasar quarteirões, e ser pobre, completamente pobre. Maria Cândida desejou ardentemente que essa fosse a sua realidade.

— Ei, no que está pensando? — inquiriu Luís Carlos, trazendo-a à realidade.

— Nunca homem algum na vida vai me amar. Todos querem saber de meu dinheiro.

— Não é assim, Maria Cândida. Um dia você vai encontrar um homem que a ame de verdade. Eu encontrei a mulher de minha vida. Sempre há uma pessoa especial reservada para nós na vida. Sempre.

Maria Cândida levantou-se de um salto. As lágrimas escorriam insopitáveis pelo rosto. Tremia dos pés à cabeça.

— Não posso crer no que estou ouvindo. Você tripudiou sobre meus sentimentos. Me fez acreditar que estava apaixonado por mim. Enquanto isso, estava amando outra mulher, num plano sórdido para arrancar meu dinheiro, para viver à minha custa. Como pôde ser tão vil, Luís Carlos? Como pôde me tratar com tamanho desrespeito?

— Não fique assim. Estou sendo verdadeiro. No começo adorei a possibilidade de me casar com você e usufruir de seu dinheiro. Mas hoje penso diferente. Não sei o que é. Talvez eu esteja mudado. Perdoe-me, Maria Cândida.

A jovem cobriu o rosto em desespero.

— Eu o odeio, Luís Carlos! Nunca mais quero vê-lo na minha frente.

Ela falou, rodou nos calcanhares e saiu correndo. Atravessou o jardim, chegou à calçada e alcançou a rua.

A vida não valia mais nada. Por que viver? Qual o motivo de continuar a viver num mundo onde somente as pessoas bonitas eram valorizadas? Por que continuar sofrendo, tendo seu coração dilacerado? Por que deixar que os outros tripudiassem sobre seus sentimentos mais nobres? Primeiro foi Augusto, e agora a mesma história se repetia com Luís Carlos. Foi difícil sair da depressão depois que toda a verdade fora revelada sobre as intenções de Augusto. Ela não suportaria outra bomba dessas.

Apaixonara-se verdadeiramente por Luís Carlos. E novamente tudo por conta do dinheiro, de sua fortuna.

Maria Cândida desejou morrer. Desesperada, tomou um táxi e pediu que o motorista a deixasse no centro da cidade. Saltou do táxi e caminhou, caminhou e vagou por horas. Quando a tarde se foi e as luzes dos postes começaram a ser acesas, Maria Cândida recostou-se num banco. Estava cansada, desiludida, sem vontade de viver. De que adiantava continuar ali? Como seria sua vida daquele momento em diante?

A jovem sentiu o peito apertar. Era melhor morrer e pronto. Decidida, encheu-se de coragem e caminhou até o Viaduto do Chá. Parou no parapeito e olhou para baixo. Era coisa rápida, um estalar de dedos e fim. Jogar-se e pronto. Seu corpo se arrebentaria no Vale do Anhangabaú e tudo estaria acabado, para sempre.

Ela olhou para os lados; havia muitas pessoas passando por ali. Mas todas estavam circunspectas, andando rápido, preocupadas consigo mesmas. Ninguém iria notá-la jogando-se lá do alto. Pensando assim, Maria Cândida debruçou-se sobre o parapeito e arremessou com força seu corpo para a frente.

***

Luís Carlos estava desolado. Havia nutrido sentimento fraternal por Maria Cândida e não gostou de vê-la triste e chorosa. Mas o que fazer? Era melhor ser sincero de uma vez por todas e romper definitivamente com aquela história. Agora sua vida seria composta de Guadalupe e jogatina. Ramírez continuava depositando dinheiro na sua conta, e ele estava feliz. O rapaz terminou de se arrumar, perfumou-se e, ao descer as escadas, deparou com Guadalupe.

— Olá, *corazón*.

— Estava morrendo de vontade de te ver. Faz tempo que não saímos e nos divertimos. Você está sempre ocupada.

— Trabalhando para nós, *corazón*. Entretanto hoje resolvi que a noite vai ser nossa. Conversei com Ramírez e ele me deu o dia de amanhã de folga. Vamos passar o tempo todo juntos.

Os olhos de Luís Carlos brilharam de cobiça.

— Até que enfim! Pensei que tivesse me enganado de novo. Não vejo a hora de tê-la nos meus braços, minha espanhola.

Guadalupe riu e abraçou-se a ele.

— Estamos atrasados.

— Vamos aonde?

— Fazer um piquenique.

— A esta hora? Piquenique é de dia — tornou ele, a contragosto.

Guadalupe procurou dar um tom meloso à voz:

— *Corazón*, eu lhe suplico. Faz tempo que imagino uma noite dessas ao seu lado. Nós dois sozinhos longe de todos, nos amando sob a luz do luar, às margens da represa Billings.

— Da Billings? — indagou ele, surpreso.

— É. Quer lugar melhor para namorar?

— Guadalupe, é muito longe! Não estou com disposição de dirigir.

— Estamos de motorista.

— Motorista?

— Ramírez me emprestou um. Ele irá nos levar, vai nos deixar à vontade. Lá pelas duas da manhã ele volta para nos apanhar.

— Podemos ir para o bordel do centro da cidade. O que acha? Lá tenho quarto cativo, podemos passar a noite sem perturbação. Ou mesmo aqui em casa. Mamãe não está e Ramírez faz dias que não dá as caras.

Guadalupe procurou ocultar a contrariedade:

— Queria tanto uma noite diferente! Olhe só.

Ela dirigiu-se até a poltrona, pegou uma cesta de vime. Dentro havia alguns pedaços de queijos, duas garrafas de vinho tinto, duas taças e outras guloseimas. Havia também algumas frutas da estação.

— Preparei tudo com tanto amor...

Luís Carlos deu de ombros.

— Está certo. Uma noite às margens da represa.

Guadalupe deu um gritinho de felicidade. Respirou aliviada. Luís Carlos estava cavando a própria cova.

***

Tão logo Maria Cândida jogou-se para a morte, ela sentiu que dois braços fortes e peludos a puxavam para trás.

— Não faça isso! — gritou o moço, enquanto a puxava com toda a força para trás.

Maria Cândida sentia-se fraca e desorientada. Sua cabeça estava confusa.

— Deixe-me morrer. Eu quero morrer. A vida não vale nada.

— Você está nervosa, não tem noção do que diz. Eu vou levá-la para casa.

— Quem é você?

— Não se lembra de mim?

Maria Cândida espremeu os olhos na tentativa de reconhecer o rapaz.

— Seu rosto me é familiar.

— Sou Ernani, primo de sua mãe.

— Ernani? — indagou ela, olhar aflito.

— Sim.

— O que faz aqui? Como veio parar no Viaduto do Chá?

— Eu a segui.

— Me seguiu? Como?

Ernani a encostou na mureta do viaduto. Assim que a viu mais calma, tornou:

— Eu fui da rodoviária direto para sua casa. Vi quando você saiu com seu motorista, e a segui. Fiquei esperando na outra esquina e notei que você saiu bem perturbada daquela casa.

— Eu fiquei desorientada, me desequilibrei. Você não sabe o que ouvi da boca daquele homem.

— Aí vi você pegando um táxi. Peguei um logo atrás e a segui.

Um sentimento de remorso apoderou-se de Maria Cândida. Ela se sentiu envergonhada.

— Se você não me seguisse, eu estaria morta. Oh, meu Deus! Você salvou a minha vida.

Ela chorava e levou a cabeça de encontro ao peito de Ernani.

— Agora está tudo bem. Estou aqui. Vou cuidar de você.

— Eu não queria fazer tratamento, terapia, nada. Mas preciso de ajuda.

— Eu vim para isso, Maria Cândida.

— Não. Eu quero ir embora daqui.

— Acalme-se.

Maria Cândida estava desnorteada. Falava sem parar.

— Não suporto mais esta cidade. Não quero mais encontrar-me com Luís Carlos.

— A cidade é grande.

— Mas o nosso círculo social é pequeno. Vamos nos esbarrar uma hora ou outra. E não quero mais encontrá-lo. Por favor — ela suplicou, entre lágrimas —, me tire daqui, me leve embora desta cidade. Quero me tratar. Eu vou com você para Uberaba.

— Mas acabei de chegar.

— Não importa, Ernani. Me tire daqui, me leve com você.

— E seus pais? Precisamos conversar com seus pais.

— Não, por favor. Eles não vão permitir. Papai me quer sempre sob suas asas. Estou farta de tamanha proteção. Quero ser independente, viver a meu modo. Agora que quase acabei com minha vida, estou arrependida.

Maria Cândida chorava copiosamente. Ernani a abraçou e a conduziu até o táxi, que os esperava a curta distância. Entraram no carro e ele pediu que o motorista tocasse até a casa de Otto.

No trajeto, Maria Cândida virou-se para Ernani e disse:

— Vou fazer minhas malas e partimos hoje mesmo.

— Tem certeza?

— Sim. Quero ir embora. Deixo um bilhete para os meus pais. Minha mãe confia bastante em você. Não vai ficar preocupada. Acho que até vai dar graças a Deus.

— Se você prefere assim...

— Sim, mais que tudo. Quero ir embora. Refazer minha vida longe daqui. Não suporto ficar mais um minuto em São Paulo.

Ernani meneou a cabeça para cima e para baixo. Ele sabia que o melhor para Maria Cândida era levá-la para outro lugar, longe daquela azáfama toda. Ela precisava ter contato com outro mundo, conhecer outras pessoas, sair do circuito da alta sociedade, do mundo das posições, enfim, precisava deixar a sociedade de lado e cuidar de si. Ernani tomaria todo o cuidado com ela. Ele estava acostumado com isso. Era psiquiatra e trabalhava com o doutor Inácio Ferreira, no Sanatório Espírita de Uberaba, tratando desequilíbrios mentais, através da união da medicina e do espiritismo.

Ernani tinha plena convicção de que fora orientado pela espiritualidade maior para chegar a tempo de salvar Maria Cândida de cometer um ato tresloucado. Agora tudo fazia sentido. Ele acordara naquele dia completamente aturdido. Uma dor no peito sem igual. Conversou com o doutor Inácio e este o informou que os espíritos estavam querendo lhe passar uma mensagem.

Assim, realizaram uma curta sessão espiritual na qual um médium, incorporado por espírito amigo, designou Ernani a viajar para São Paulo naquele dia mesmo. Que pegasse o primeiro ônibus e fosse atrás de Maria Cândida. Ela precisava de ajuda e eles fariam o que fosse possível para lhe prestar auxílio.

Dessa feita, Ernani chegou a tempo de evitar que Maria Cândida desse cabo de sua vida, dando a ela a chance de mudar, melhorar e se tornar uma pessoa feliz.

***

Durval, por orientação dos espíritos, pediu novamente aos presentes que se dessem as mãos e fizessem nova corrente de vibração em favor de Luís Carlos. Guilhermina também quis fazer parte da corrente.

Enquanto isso, Guadalupe e Luís Carlos chegavam à represa Billings. Alguns casais namoravam dentro dos carros. O local era afastado da cidade, escuro e preferido daqueles que queriam mais privacidade para namorar. Guadalupe orientou o motorista que fosse um pouco além dos carros estacionados. Queria privacidade total.

Quando o carro estacionou, na outra ponta da represa, Guadalupe olhou para os lados e sorriu feliz. Não havia casais, parecia não haver ninguém por perto. Ela sorriu. Desceu do carro, pegou a cesta e conduziu Luís Carlos até a margem. Estendeu a toalha, colocou a cesta de vime sobre ela. Abriu-a e pegou duas taças e uma garrafa de vinho.

— Brindemos ao nosso amor.

— Brindemos — ajuntou Luís Carlos.

Guadalupe começou a tirar a roupa e Luís Carlos, em vez de ficar excitado como de costume, teve verdadeira sensação de pânico. Não sabia explicar o que lhe acontecia. Entretanto a sensação era forte e ele ficou ali, paralisado. Guadalupe verificou a expressão transfigurada no rosto do rapaz e não gostou do que viu. Parecia que ele pressentia alguma coisa. Ela mordeu os lábios com ódio. Nada podia dar errado. Estava chegando o momento de se livrar daquele encosto, daquele infeliz.

Ela aproximou-se e passou a língua sobre o pescoço dele. Luís Carlos sentiu um arrepio esquisito.

— Não estou bem.

— O que é, *corazón*?

— Não sei, mas não estou bem. Sinto-me vigiado, parece que alguma coisa ruim vai acontecer.

— Bobagens, meu amor. É o silêncio, a represa, a lua. Vamos, deite-se comigo e vamos nos amar.

Luís Carlos esquivou-se dela.

— Não, Guadalupe. Não estou bem. Não quero fazer amor agora.

Ela irritou-se sobremaneira. De temperamento voluntarioso, mesmo com o plano traçado estava difícil chegar até lá. Estava cansada de Luís Carlos e não iria botar tudo a perder por conta de um mal-estar passageiro do playboy.

— Você vai me amar, *corazón*! — sentenciou ela.

— Não! — gritou ele. — Não quero. Vamos sair daqui.

Luís Carlos abaixou-se, pegou a toalha e meteu-a na cesta. Guadalupe assoviou, levando os dedos à boca, e o rapaz percebeu que algo muito estranho estava por acontecer.

Tudo foi muito rápido. Luís Carlos viu o brutamontes se aproximar, viu o cano metálico apontado em sua direção e, por instinto de proteção, jogou-se na represa. Cabeção mirou e atirou, duas vezes. Guadalupe estava apreensiva. Estava muito escuro. O motorista chegou com uma lanterna e começou a vasculhar a área. Logo, apontou com o dedo e mirou a lanterna.

— Veja, ali.

Guadalupe viu o corpo boiando sobre a água. Levou a mão ao peito, aliviada e com a sensação de missão cumprida.

— Vamos embora. Acabamos com o infeliz.

Ela, o motorista e mais Cabeção dirigiram-se ao carro, entraram e partiram. Não notaram que uma moça, aflita e nervosa, conseguira anotar mentalmente a placa do carro. Tão logo fixou o número, ela correu até a margem da represa e, com muito esforço, conseguiu puxar o corpo de Luís Carlos para a beirada.

***

No momento do tiro, Guilhermina sentiu um aperto sem igual no peito. Soltou as mãos e desfez a corrente. Durval ordenou:

— Por favor, Guilhermina, entre na roda.

— Eu?!

— Sim. Neste momento precisamos intensificar a nossa vibração por Luís Carlos.

— Meu filho está bem? — indagou ela, nervosa.

— Em vez de me fazer essa pergunta, imagine seu filho bem.

— Não sei se consigo.

— Entre na roda e imagine os momentos alegres ao lado de seu filho. Não creio que lhe seja tarefa difícil.

Ela assentiu com a cabeça. Entrou na roda, fechou os olhos e imaginou os momentos felizes ao lado de Luís Carlos: o nascimento, a infância, o orgulho que sentia do menino. Logo vieram as festas, as fotos nas colunas sociais. Guilhermina sentiu um amor sem igual brotar de seu peito.

Durval aproveitou o momento e avivou a corrente. Minutos depois, os espíritos o informaram que a corrente poderia ser desfeita. Não havia mais o que fazer, por ora.

— Os espíritos pediram que oremos e confiemos.

— O que faremos agora? — perguntou Ana Paula, apreensiva.

— Vamos aguardar por notícias.

— Estou muito angustiada.

Durval pegou a jarra que estava sobre a mesa, despejou um pouco da água fluidificada e entregou o copo a Guilhermina.

— Beba, por favor.

A um sinal dele, Tânia e Claudete aproximaram-se e ministraram um passe em Guilhermina. Após receber a transfusão de energia, Guilhermina sentiu-se bem.

— Sente-se melhor? — inquiriu Durval.

— Sim — respondeu Guilhermina —, estou melhor. Muito obrigada.

29

Miguel acostumara-se com o trabalho nos cemitérios. Ele aprendeu uma série de tarefas. Aprendeu a fazer vibração em velórios, ajudava a desligar os últimos fios que prendiam o perispírito ao corpo físico e também tentava a seu modo ajudar aqueles que ficavam presos ao corpo físico, recusando-se a acreditar estarem mortos.

Ele precisava e queria se sentir útil de alguma maneira. Havia aprendido que, no estado emocional em que se encontrava, não podia aproximar-se de seus entes queridos. E também ainda tinha muita raiva de Guilhermina, pela traição sofrida. Isso o atrapalhava bastante.

João Caveira aproximou-se e tocou-lhe o ombro com delicadeza.

— Como vai?

— Tenho passado muito bem, João. Adoro este serviço. Afeiçoei-me ao cemitério. Gosto daqui, sinto muita paz.

— Isso é bom. O chefe está gostando bastante de seu trabalho.

— Mesmo?

— Sim. Se continuar desse jeito, vai haver possibilidade de nova oportunidade.

— O que mais quero é trabalhar, ajudar os outros. Assim eu também melhoro e cresço. Cansei de ficar preso ao passado.

— Isso não faz bem. O passado acabou. Você precisa aprender a perdoar e esquecer.

— Não consigo. Amo meus filhos, mas Guilhermina foi muito vil.

— Vocês nunca se amaram; consorciaram-se por outros interesses. Você aproveitou as amizades influentes de Guilhermina. Não me diga que foi um santo.

Miguel baixou a cabeça.

— Isso é verdade. Mas ela não precisava me trair dessa maneira e sempre me chamar de fraco.

— E você não foi?

— Eu?! — indagou Miguel, estupefato.

— Sim. Você tirou a própria vida, cometeu um ato tresloucado. Não o estou julgando, Miguel, mas poderia fazer tudo diferente.

— Como?

— Poderia ficar do seu lado. Enfrentar a situação de cabeça erguida. Perdeu o dinheiro? Então recomeçasse. Acabou o prestígio? Começasse a construir outro ao seu redor. Você teve tudo na vida, inclusive amor.

— Não foi tanto assim.

— E sua filha? E o amor de Ana Paula? E o amor de sua mãe?

Miguel deixou que uma lágrima escorresse pelo canto do olho.

— Se eu tivesse minha mãe por perto, tudo seria diferente.

— E quem disse que ela nunca esteve por perto?

— Eu nunca a senti. Nunca a vi. Para falar a verdade, por que agora eu não a vejo?

— Por sintonia. Você ainda não está em equilíbrio.

— Se visse minha mãe, não sei como seria. Tenho tantas saudades!

— Logo vocês vão se reencontrar. Tenho certeza.

— Mas quero ficar mais tempo aqui. Gostei de você, João.

— Eu também tenho apreço pela sua pessoa, Miguel.

— Há quanto tempo trabalha aqui?

— Eu?

— Sim. Vejo que as pessoas o respeitam. Você deve ser velho de casa, e não é à toa que carrega Caveira no sobrenome.

João riu. Vislumbrou um ponto indefinido à sua frente. Seu arquivo mental viajou no tempo, muitas encarnações atrás.

— Sabe, Miguel, a vida que mais me marcou foi no Egito, há mais ou menos mil e duzentos anos. Eu era nobre e minha aldeia muito pequena. Um dia fomos atacados de surpresa, e sobramos eu e mais quarenta e oito pessoas.

— Deve ter sido pesaroso.

— E foi. Fomos traídos. Na verdade, meu irmão me traiu, para ascender ao trono. Fui queimado vivo, eu e os companheiros que sobraram.

Miguel fez um esgar de incredulidade.

— Isso é horrível. Imagino a dor de ser queimado vivo.

— A dor do fogo não doeu tanto quanto a da traição. Fui traído pelo meu irmão. Isso me marcou profundamente. Então, no astral, muito tempo depois, fui convidado a trabalhar nos cemitérios, e aqui estou.

— Você é do bem. Entretanto, qual a sua verdadeira função aqui?

— Faço parte de uma legião que serve de intermediária entre os homens e as forças naturais e sobrenaturais.

— Eu posso fazer parte dessa legião?

João riu.

— Poderia, mas parece que a vida está lhe concedendo outra oportunidade.

— Como assim?

— O chefe disse que você vai poder reencarnar em breve.

— Você diz voltar à Terra? — perguntou Miguel, excitado.

— Sim. Primeiramente vai fazer um tratamento, e em seguida voltar.

— Mas, pelo que os companheiros aqui dizem, o suicida amarga anos e anos no umbral. Por que isso não acontece comigo?

— Porque cada caso é único. Você entendeu e tomou consciência de seu ato. Arrependeu-se e sente vontade de crescer e mudar. Ora, por que a vida iria mantê-lo nas trevas se há pessoas que o amam na Terra e que estariam dispostas a recebê-lo como filho?

— Me querem?

— Parece que sim. E é para breve.

— Não posso acreditar! — ele exclamou. Depois entristeceu-se.

— O que foi? Não quer voltar?

— Não é isso. É que adoro a vida aqui no cemitério. Acostumei-me.

— Na Terra há vários.

— Mas esta dimensão é diferente. Aqui trabalhamos para ajudar os outros. Na Terra, vamos ao cemitério em momentos de dor e tristeza. Consegue perceber a diferença? Aqui eu venho com alegria. Será que na Terra ocorreria o mesmo?

— Questão de ponto de vista. Se for educado em um ambiente espiritualista, provavelmente vai crescer com outra visão acerca de um cemitério.

— É. Isso é verdade.

— Então, o que acha da possibilidade de reencarnar?

— Posso pensar?

João riu-se.

— Pode, Miguel, pode. Você tem todo o tempo do mundo para pensar. Mas, para este caso em particular, são só alguns meses. Depois, vai ter de decidir, caso contrário a vaga vai para outro. Está difícil conseguir vaga para reencarnar, nos dias de hoje.

— Sei disso. Passei pelo Departamento de Reencarnação outro dia e vi uma fila imensa.

— Você está com sorte. Não vai precisar pegar fila.

— Prometo que vou pensar no assunto.

— Entretanto — pigarreou João — preciso que você faça um serviço.

— Que tipo de serviço?

— Poderia me acompanhar até um centro espírita?

— Acompanhá-lo a um centro? Você mesmo me disse que não pode dar mensagem.

— Eu não vou dar mensagem. Preciso que você venha comigo. Alguns amigos solicitaram sua presença.

— Para quê?

— Você precisa primeiro se livrar dessa raiva que tem de Guilhermina. Se ela persistir, vai atrasar seu processo de restabelecimento e, por conseguinte, seu reencarne.

Miguel balançou os ombros, fazendo pouco caso em relação à esposa.

— Ela só pensa nela. Por que me livrar da raiva?

— Guilhermina mudou bastante. As coisas na Terra estão bem diferentes.

— Ela está metida com aquele pulha. Se fosse outro homem, eu estaria mais tranquilo. Mas um gângster dentro de casa? Isso é impossível de aceitar.

— Você pode fazer com que ela se separe do gângster.

— Impossível, João. Ela o ama.

— Impressão sua. Fogo de palha. Guilhermina estava cansada do casamento sem sal que vocês viviam. Ramírez foi uma válvula de escape, alguém que ela atraiu para se sentir viva, voltar a ter gosto pela vida.

— Tem certeza? — perguntou Miguel, indeciso.

— Tenho. Você precisa ajudá-la.

— O que tenho de fazer? Se for para voltar a viver ao lado daqueles que me amam, sou capaz de qualquer coisa, inclusive ajudar Guilhermina.

João sorriu.

— Então venha comigo. Me acompanhe, por favor.

Miguel assentiu com a cabeça e logo eles estavam na porta do centro espírita.

— Agora você vai seguir Guilhermina.

— Segui-la?

— Isso mesmo. Vai segui-la até sua casa. Venha, vou lhe dizer o que fazer.

Guilhermina estava mais calma, mas a sensação desagradável persistia em seu peito. Ana Paula e Fernando quiseram acompanhá-la até em casa. Ela retrucou:

— Não é necessário.

— Vamos, sim. Também quero saber sobre Luís Carlos.

Os três se dirigiram à casa de Guilhermina. A um sinal de João, Miguel foi até eles. Estava estupefato. Ana Paula e Guilhermina estavam de mãos dadas! Isso era algo que ele jamais poderia pensar que um dia pudesse ver. Miguel entrou no carro e sentou-se ao lado da esposa. Perscrutou a mente dela e ficou pasmado. Guilhermina pensava em Luís Carlos com amor e, às vezes, quando no pensamento vinha a figura de Ana Paula, ela vibrava ternura. Algo muito estranho estava acontecendo. A mulher nunca fora tão amável assim.

Curioso e atento, Miguel seguiu Guilhermina, Ana Paula e Fernando. Entretanto, uma força o puxava para fora do carro. Ele incomodou-se e, por mais que tentasse se manter fixo no banco do carro, foi atirado a grande distância. Caiu dentro de uma sala. O ambiente era-lhe familiar.

***

Otto chegou a casa muito nervoso. Zaíra acabara de chegar, carregada de sacolas.

— Mulher, estou com um pressentimento de que as coisas vão piorar para o nosso lado.

— Por quê? — perguntou ela, apreensiva.

— Ramírez está aprontando para cima de mim. Estou temeroso. Talvez seja melhor mudarmos para Buenos Aires. Por uns tempos.

— Partir assim?

— É. Sinto que vamos nos meter numa enrascada. Muitos querem o controle do tráfico. Temo por nossa segurança. Precisamos partir imediatamente.

A empregada adentrou a sala e entregou um bilhete a Otto.

— O que é isso? — indagou ele.

— É de Maria Cândida.

Otto abriu e leu. Pela fisionomia do marido, Zaíra percebeu que Maria Cândida havia aprontado alguma.

— O que foi?

Otto terminou de ler a carta e a amassou.

— Maria Cândida viajou para Uberaba com seu primo Ernani.

— Mas como? Fui fazer algumas compras. Esperava recebê-lo aqui amanhã.

— Você se enganou. Ele veio agora à tarde. Maria Cândida resolveu partir para tratamento.

— Pensei que ela fosse resistir, e no entanto nos surpreendeu.

— Ela não podia ter feito isso conosco, Zaíra. Nunca!

— Foi melhor assim, Otto.

— Nos abandonar sem mais nem menos?

— Ernani vai cuidar bem dela. Você vai ver.

— Confia demais em seu primo.

— Sim, confio.

— Não gosto de espiritismo. Ele pode fazer uma lavagem cerebral em nossa filha.

— Deixe de drama, Otto. Você sempre superprotegeu Maria Cândida. Ela é adulta, deixe que conduza sua vida.

— Será?

— Sim, querido. Assim podemos fazer nossas malas e viajar mais tranquilos. Ninguém imagina que Maria Cândida esteja com Ernani. Você não se preocupa com o bem-estar de nossa filha? Pois bem, temos um problema a menos para resolver.

— A polícia andou investigando alguns de meus assistentes. Eles estão apertando o cerco.

— Vou subir e fazer as malas.

— Enquanto isso vou ligar para o Teles. Ele vai nos arrumar as passagens a tempo.

***

Naquele mesmo final de tarde, Lurdinha chegou à sede da metalúrgica Marzolla. Cumprimentou o porteiro.

— Vim buscar um pacote deixado pela Suzana.

O rapaz a atendeu prontamente.

— Aqui está.

— Obrigada.

Lurdinha perpassou o olhar pelo pátio e recolheu o carro de Bruno. Perguntou de supetão:

— O Bruno ainda está trabalhando?

— Sim, senhora. Vai sair bem tarde.

— Poderia falar com ele?

— Não sei — respondeu o porteiro, hesitante.

— Tenho um recado de Suzana para ele — mentiu.

— Se é recado da secretária do patrão, então pode deixar comigo.

Lurdinha baixou o tom de voz.

— É particular. Em todo caso, se quiser pode deixar, eu o aviso outra hora. Mas, depois, se a dona Rafaela ficar brava porque não lhe passei a mensagem, vou botar a culpa em você. Sabe que pode perder emprego por conta disso, não sabe?

— Bom...

— Qual seu nome? Vou botar a culpa em você.

O porteiro titubeou.

— Pode subir. Ele está no segundo andar. Terceira porta à esquerda.

Lurdinha sorriu feliz.

— Obrigada.

Ela adentrou o pátio, contornou uma alameda ajardinada e chegou à recepção. Subiu as escadas, alcançou o andar indicado. Viu luz saindo de uma sala no fundo do corredor. Só podia ser a de Bruno.

Lurdinha correu até lá. Parou na soleira. Respirou fundo e entrou.

— Com licença.

Bruno estava com os olhos voltados para baixo, analisando alguns papéis. Não notou quem era. Disse, sem mexer a sobrancelha:

— O que é?

— Queria saber se precisa de mais alguma coisa.

Assim que Bruno levantou os olhos, teve estranha sensação. Ao fixar os seus olhos nos de Lurdinha, um calor apoderou-se de seu corpo. Ele se sentiu hipnotizado pela garota. Olhos arregalados, levantou-se rápido e foi ter com ela.

— Quem é você?

— Não se lembra de mim?

— Não.

— Estive na festa de seu pai.

— Impossível não ter notado tamanha beleza.

Lurdinha fez beicinho.

— Estava preocupado demais com a Suzana.

Ele fez um gesto vago com as mãos.

— Suzana? Eu não gosto dela. Na verdade, nunca tive nada com a Suzana.

— Mas estava interessado nela.

— Passou. Meu coração parece que tem outra dona.

Lurdinha riu. Intimamente agradeceu a Pai Thomas e seus espíritos pela ajuda recebida. Agora Bruno não escaparia mais de suas mãos. Nunca mais, ela jurou.

***

Miguel olhou ao redor. Onde estava? Havia pouco, estava no carro, sentado ao lado de Guilhermina, e num piscar de olhos foi parar naquela sala? Por que mudara de ambiente tão rápido? Após passar a tontura, examinou melhor o local. Ouviu vozes e, ainda com as impressões do mundo físico, escondeu-se atrás da porta.

Guadalupe entrou na sala acompanhada de Ramírez. Os dois gargalhavam a valer.

— Serviço feito. O tonto nem desconfiou.

— Tem certeza, Guadalupe?

— Absoluta. Cabeção não erra o alvo. Eu mesma vi o corpo de Luís Carlos boiando na represa.

Ao ouvir isso, Miguel sentiu as pernas falsearem. Estavam falando de seu filho. Teriam matado Luís Carlos? Ele precisava escutar melhor e, tomado de coragem, aproximou-se dos dois. Ramírez e Guadalupe nem notaram sua presença. Ramírez tornou, eufórico:

— Agora vamos à melhor parte do plano: fazer uma cópia da fita e enviar para a polícia as ameaças de Otto, gravadas! Cabeção vai ligar para lá e comunicar que há um corpo boiando na represa Billings. Vai dar tudo certo. Otto vai ser preso esta noite e nós vamos assumir todo o controle do tráfico de drogas.

Guadalupe gargalhava.

— Vamos nos livrar definitivamente de Guilhermina.

— Ela nos foi útil até agora, meu amor. Se não fosse Guilhermina, não teríamos chegado até aqui.

— Você a manipulou com maestria. Achegou-se da família, fez amizade com Miguel.

— O tonto não percebeu nada. Torrou todo o dinheiro na compra daquelas ações fajutas. Caiu feito um pato.

— E a boba da Guilhermina não percebeu que estava sendo usada. — Guadalupe suspirou. — Ah, *corazón*, você é um homem brilhante. Arruinamos a família Gouveia Penteado sem dó nem piedade. Entretanto, tenho medo de Guilhermina. Ela era doida pelo filho. Morria de amores por ele.

— Bobagens. Guilhermina provavelmente vai ter um derrame. E, se ela der com a língua nos dentes, o Cabeção dá conta do recado de novo.

— Estou preocupada com a fita original. Não acha melhor tirar do escritório?

Ramírez sorriu, ar triunfante.

— A fita está num local onde ninguém poderia sequer imaginar.

— Onde?

— Dentro de um paletó de Miguel.

— Você escondeu a fita num dos paletós do falecido? Não posso crer!

— Verdade. Os empregados levaram suas roupas para o sótão, quando me mudei para lá. Ninguém nem se lembra das roupas. Quando forem procurar, anos lá na frente, a fita estará mofada, envelhecida. Vão jogar fora, com certeza. Mas logo mais vou até a casa, pego a fita, faço a cópia e talvez até jogue a original no lixo.

— Jamais iriam procurar ali. Você é brilhante!

Guadalupe atirou-se nos braços do amante. Estava extasiada. O que mais queria era chegar ao poder. Estava quase lá. Faltava muito pouco, talvez algumas horas, para ela se tornar a nova rainha da contravenção de toda a América do Sul.

Miguel ficou estarrecido. Num primeiro momento não sabia o que fazer, como agir. Seu filho havia sido morto por aqueles salafrários. No entanto, iriam incriminar outra pessoa e se safar de um crime hediondo. Ao mesmo tempo em que tentava concatenar seus pensamentos, tomara consciência do quanto sua mulher havia sido usada pelo casal de contraventores. Estava indignado. Miguel avançou sobre Guadalupe com força descomunal.

— Sua pilantra! Matou meu filho. Quero que morra!

O ódio era tanto que Guadalupe afastou-se de Ramírez e sentiu tremenda dor de cabeça, seguida de forte enjoo.

— O que foi? — perguntou Ramírez. — Você está pálida.

— Não sei. Um mal-estar sem igual. Acho que as emoções foram muito fortes. Preciso de um calmante.

Miguel continuava a atacá-la. João chegou e o afastou da moça.

— Não precisa fazer isso. Deixe que a vida se encarregue de ambos.

— Mas eles mataram meu filho, vão incriminar outro e você acha que está tudo bem?

— Você está cego de ódio. Não consegue enxergar além.

— E o que mais tenho de enxergar?

— Eles não esconderam uma fita?

— Sim.

— Então vá e inspire sua mulher.

— Como, João?

— Chegue próximo, inspire nela o forte desejo de remexer em suas roupas.

— Guilhermina jamais faria isso. Ela nunca deu a mínima para mim.

— Mas aproveite. Sua filha está junto. Você pode fazer alguma coisa para mudar o rumo da história.

— Eu?!

— Sim, Miguel. Vá até sua casa e ajude sua família a encontrar essa fita. Não temos muito tempo.

— Mas e meu filho?

— Há espíritos amigos e mais amigos encarnados que estão cuidando dele. Não se preocupe. Confie.

Miguel, auxiliado por João Caveira, foi transportado num instante para sua casa. Assim que se certificou de que estava em sua antiga residência, foi direto ter com os seus.

30

A moça que presenciou os tiros, amparada pela espiritualidade maior, foi inspirada a anotar a chapa do carro e socorrer Luís Carlos. Meia hora depois dos disparos, o rapaz fora encaminhado para um hospital público na cidade de São Bernardo do Campo. O hospital não era bem aparelhado, contudo os médicos puderam prestar auxílio emergencial a Luís Carlos e, uma hora depois, uma ambulância o conduzia até o Hospital das Clínicas. Lá chegando, foi imediatamente levado à sala de cirurgia. Os médicos vasculharam seus documentos e, tão logo descobriram de quem se tratava, ligaram para sua residência.

Guilhermina chegou em casa e jogou-se pesadamente sobre o sofá. Após meditar por alguns instantes, percebeu o olhar inquietante da filha.

— O que foi?

— Não tenho nada com sua vida, mas o Ramírez não está aqui, não é?

Guilhermina fez um gesto com as mãos.

— Esse homem não para mais em casa. Diz que tem trabalho e mais trabalho. Ramírez mudou muito o comportamento.

— Você o ama, mãe?

Guilhermina ficou parada por um momento. Estava cansada, e o tempo mostrara que a convivência diária com Ramírez não era lá um mar de rosas. Também notara o afastamento dele, não a procurando mais. De uns tempos para cá, ela pensava somente no bem-estar do filho. Ela amava Luís Carlos de verdade; não tinha dúvidas. Mas será que amava Ramírez? Não seria uma paixão passageira, que surgiu no momento em que seu casamento atravessava uma grande crise? Guilhermina hesitou, por fim respondeu:

— Eu gosto dele, mas não o amo. Nossa relação não anda muito boa.

— Fiquei sabendo que Guadalupe está morando aqui.

— Essa não vejo há tempos. Fica muito pouco em casa. Diz que esta casa a aprisiona.

Ana Paula sentou-se ao lado da mãe. Pousou as suas mãos sobre as dela.

— Por que permite que essa gente viva aqui nesta casa?

— Gratidão, Ana Paula. Se não fosse o Ramírez, eu estaria agora sabe Deus onde. Talvez no olho da rua. Ele arrematou em leilão esta casa, me deu um teto. E, além disso, sustenta seu irmão.

— Não acha que está na hora de mudar?

— Como assim?

— De viver com as próprias pernas?

— Ora, Ana Paula, não tenho mais idade para isso.

— Idade não conta, mãe. Você pode fazer o que quiser. Não precisa do Ramírez para nada. De que adianta ter luxo? Você está infeliz.

Guilhermina nada disse. Sua filha tinha razão. Ela estava profundamente infeliz. De que adiantava ter dinheiro se estava vazia, completamente oca por dentro? Ela parou para refletir sobre sua vida. Ficou ali sentada, cabeça baixa, relembrando toda a sua vida, desde os tempos de princesa na adolescência, passando pela falência da família, depois o casamento com Miguel, os anos de casada. Miguel ficou acompanhando o fluxo de seus pensamentos. Conforme notava a reflexão de Guilhermina, percebia que também ele contribuíra, e muito, para a infelicidade de ambos. Só quiseram fazer dinheiro e mais dinheiro. Nunca pararam para sentir, nunca pensaram sobre o que queriam fazer de verdade na vida. Só viveram em função do dinheiro e da sociedade. Abandonaram-se em prol das colunas sociais.

O pensamento de ambos foi desviado assim que o telefone tocou. Maria atendeu e chamou a patroa, aflita. Guilhermina pegou no fone e, conforme ouvia um dos médicos, sentiu o sangue sumir de suas faces. Ela precisou sentar-se para não desmaiar.

Ana Paula aproximou-se e a segurou pelos braços. Assim que pousou o fone no gancho, Guilhermina disse, com voz que procurou manter firme:

— Seu irmão está sendo operado no Hospital das Clínicas.

— Como? O que aconteceu?

— Levou dois tiros. Os médicos removeram uma bala. A outra alojou-se numa das vértebras, próximo à coluna.

Guilhermina falou e tapou o rosto com as mãos, em profundo desespero. Ana Paula abraçou-se a ela.

— Calma! Ele está vivo. Isso é o que importa.

Fernando adiantou-se:

— Vou ligar para o Durval.

Miguel não conseguiu conter o pranto. Seu filho ainda estava vivo. Tudo poderia se reverter. Estava comovido também em ver mãe e filha abraçadas, unidas naquele momento tão triste e decisivo de suas vidas.

Fernando pousou o fone no gancho. Ana Paula estava agoniada.

— E então?

— Uma amiga de Durval estava assistindo a televisão e viu o noticiário. Quando Durval soube se tratar de Luís Carlos, foi ao hospital com Claudete e Tânia. Estão lá, aguardando e orando pelo restabelecimento do seu irmão.

— Eu quero ir para lá — suplicou Guilhermina.

— Melhor ficar em casa, mãe. Vamos aguardar.

— Não posso ficar aqui parada.

— E no hospital? Vai fazer o quê?

— Quero estar ao lado de meu filho.

— Vamos nos tranquilizar. Luís Carlos precisa de nossa vibração. Não vamos nos desequilibrar. Precisamos ser fortes — disse Ana Paula, firme.

Fernando admirou-se da postura da noiva. Guilhermina encarou a filha e assentiu com a cabeça. De nada adiantava desesperar-se. Embora o momento exigisse confiança, Guilhermina sentia uma dor no peito sem igual. Por mais que tentasse, a agonia a consumia.

Quando os primeiros raios de sol surgiram, o telefone tocou. Guilhermina teve medo de atender. Dirigiu olhar de súplica a Fernando.

— Poderia atender para nós?

Fernando fez "sim" com a cabeça e atendeu. Era Durval. Assim que Fernando pousou o fone no gancho, sorriu aliviado. Guilhermina mordia os lábios, tomada de angústia.

— E então?

— Seu filho foi operado e passa bem.

Guilhermina levantou as mãos para o alto.

— Graças a Deus! Meu filho está vivo!

— Durval conversou com um dos médicos que o operaram. Luís Carlos teve muita perda de sangue, mas está fora de risco de morte. Por enquanto não sabem como seu corpo vai reagir, visto que uma das balas ainda está alojada próximo da coluna. Eles temem que ele possa ficar com alguma lesão — afirmou ele, preocupado.

— Não tem importância. Eu quero meu filho, vivo, ao meu lado, de qualquer jeito — bradou Guilhermina.

Ana Paula abraçou-se à mãe.

— Calma. Estou aqui ao seu lado. Faremos tudo o que for possível pelo pronto restabelecimento de Luís Carlos.

Fernando interveio:

— Durval pediu que levássemos algumas mudas de roupa. As que Luís Carlos estava usando foram rasgadas, por conta da emergência.

— Vou providenciar — declarou Guilhermina.

Nesse momento Miguel aproximou-se da esposa. Dentro do pouco que sabia sobre manipulação mental, procurou induzi-la a lembrar-se de suas roupas. Passados alguns minutos, mais calma pela boa notícia, ela tornou:

— Luís Carlos precisa ficar bem agasalhado.

— Sim, mãe — replicou Ana Paula —, mas Luís Carlos não deve receber alta em pouco tempo. Poderá ficar muitos dias no hospital.

— Eu sei, entretanto, quando for sair, não poderá pegar um pingo de friagem.

— Levaremos roupas de lã; pode deixar.

Guilhermina teve um lampejo.

— Poderíamos levar aquele casaco que Luís Carlos comprou em Nova York.

— Aquele pesado, revestido de peles?

— Esse mesmo.

— Mãe, aquele casaco é muito pesado. Não estamos passando por tanto frio assim.

— Temos de nos precaver. Vou procurar pelo casaco.

Guilhermina deixou Ana Paula e Fernando na sala. Subiu correndo as escadas. Adentrou o quarto do filho. Abriu o guarda-roupa e procurou pelo casaco. Não o encontrou. Voltou até o beiral da escada e chamou Maria.

— Pois não, senhora?

— Cadê os casacos de Luís Carlos?

— Estão no sótão, senhora.

— No sótão? Quem os mandou para lá?

— Luís Carlos comprou algumas peças no mês passado. O guarda-roupa estava entulhado de roupas e ele resolveu ganhar espaço, enviando os casacos para o sótão. Eu mesma os levei para lá.

Maria baixou os olhos. Guilhermina perguntou:

— O que foi?

— É que não tive tempo de arrumar os casacos, dona Guilhermina. Então eu os deixei junto com as roupas do doutor Miguel.

— Qual o problema?

— Deveria ajeitar tudo direitinho. Farei isso na próxima semana.

— Não será necessário — retrucou Guilhermina, enquanto se dirigia à escada que conduzia ao sótão. — Vou me desfazer das roupas de Miguel. Quero me livrar do passado, em definitivo.

Guilhermina subiu as escadas. Conforme foi vasculhando as roupas, encontrou o casaco.

— Ah! — suspirou. — Ainda bem.

Miguel estava ao seu lado. Tentava de todas as formas fazê-la remexer nas suas roupas. Guilhermina pegou alguns costumes que estavam sobre o casaco do filho e os quis colocar numa poltrona. Maria chegou para ajudá-la e, assustada, Guilhermina desequilibrou-se e derrubou as roupas. Maria correu.

— Deixe que eu a ajudo, dona Guilhermina.

Foram colocando as peças sobre a poltrona, quando um objeto escorregou do bolso de um dos paletós de Miguel. Assim que viu a caixinha, Guilhermina ajoelhou-se e a pegou.

— O que é isso?

— Parece uma fita, dona Guilhermina.

— Vou levar para baixo. Semana que vem quero tudo isso arrumado, entendeu?

— Sim, senhora.

Guilhermina apanhou a fita e o casaco, desceu até a sala. Ana Paula havia tomado algumas providências e estavam prontos para ir ao hospital. Assim que viu o casaco, ela sorriu.

— Mãe, esse casaco é pesado demais. É ideal para enfrentar neve. A temperatura lá fora está baixa, mas suportável. Vamos deixá-lo aqui. Se precisar, o Fernando vem buscar. Garanto que Luís Carlos não vai passar frio. Confie em mim.

Guilhermina deu de ombros.

— Está certo. Vou deixá-lo, por ora.

— O que é isso? — perguntou Ana Paula, apontando para o objeto na mão da mãe.

— Uma fita. Estava no bolso de um dos paletós de seu pai.

— Uma fita? — indagou Ana Paula, curiosa.

— Sim. Uma fita cassete.

— Podemos ouvir a fita no caminho do hospital — tornou Fernando.

— Ótima ideia — ajuntou Ana Paula.

Entraram e ajeitaram-se no carro. Assim que ganhou a rua, Fernando colocou a fita. Alguns ruídos, e, em seguida, a voz de Otto:

— Eu juro que o mato. Você não tenha dúvida de minhas palavras, Ramírez. Se Luís Carlos se aproximar de Maria Cândida, eu o mato, entendeu?

Os três estavam estupefatos. Guilhermina iria falar, todavia ouviram mais outro ruído, um zunzum, e surgiu nitidamente a voz de Ramírez:

— Otto vai ser responsabilizado pelo atentado e morte de Luís Carlos. Será preso e aí teremos caminho livre para assumirmos o nosso posto como reis do tráfico.

— Cabeção é de confiança, *corazón*?

— Totalmente. Ele nunca ganhou tanto dinheiro na vida. Vai fazer o serviço direitinho.

— Que plano mais fantástico! Cabeção mata o Luís Carlos, e Otto leva a culpa.

— Isso mesmo, Guadalupe.

Guilhermina e Ana Paula levaram a mão à boca. Fernando estava pasmado.

— Os dois bolaram um plano tenebroso!

— Planejaram a morte de meu filho — dizia Guilhermina, tomada de assombro. — E eu os acolhi dentro de casa... Dois assassinos!

Guilhermina cobriu o rosto com as mãos e chorou, chorou muito. Ana Paula, sentada no banco de trás, procurou confortá-la, acariciando-lhe os cabelos.

— Não fique triste assim, mãe. Vamos levar esta fita à polícia. Ramírez e Guadalupe serão presos.

— Eu farei de tudo, usarei de todas as minhas forças para meter esses dois na cadeia. Nem que seja a última coisa que eu faça na vida — bramiu Guilhermina, voz entrecortada pela raiva.

Miguel acompanhava tudo e sentiu-se sereno. Uma sensação de missão cumprida. João achegou-se:

— O tempo urge. Precisamos partir.

— Agora quero ver o desenrolar dos acontecimentos.

— Não. Você iniciará seu tratamento. Sua raiva está mais branda. Logo vai reencarnar.

— Agora que minha família está bem, devo deixá-los?

— Você vai reencontrá-los.

— Quando, João?

— Em breve, meu amigo, em breve. Agora se despeça dos seus.

Miguel beijou a fronte de Guilhermina e lhe sussurrou nos ouvidos:

— Sou muito grato a você. Obrigado por captar meu pensamento. Você salvou nossa família.

Em seguida, ele passou as mãos pelos cabelos de Fernando. Depois, beijou longamente a face de Ana Paula.

— Eu a amo muito. Tenho muito orgulho de ser seu pai.

Lágrimas nos olhos, Miguel despediu-se e partiu com João Caveira. Ana Paula registrou as emoções do pai. Pensou com amor e carinho em Miguel, e uma lágrima de saudade escorreu pelo canto de seus olhos.

***

Guilhermina sossegou somente no instante em que viu o filho. Mesmo sedado e controlado por aparelhos, Luís Carlos parecia que iria se recuperar do atentado. Tânia, Claudete e Suzana estavam no hospital, bem como Odécio e Adélia.

Durval aproveitou a presença de todos e solicitou uma prece de agradecimento e nova vibração por Luís Carlos. Guilhermina estava com dificuldade em se concentrar.

— Preciso levar a fita à delegacia. Não posso deixar dois assassinos impunes.

— Tenha paciência, Guilhermina — tornou Durval, com amabilidade na voz. — Primeiro precisamos agradecer aos bons espíritos que nos ajudaram e àqueles que ainda ajudam seu filho para seu pronto restabelecimento da saúde. A fita não caiu em suas mãos ao acaso, portanto a espiritualidade maior está do nosso lado. Vamos confiar; tudo vai dar certo. Agora concentre-se e vamos novamente orar pelo seu filho.

A melhora de Luís Carlos era tudo o que Guilhermina mais desejava. Sabia que mais cedo ou mais tarde Ramírez e Guadalupe seriam presos. Procurou concentrar-se na oração e vibrar positivamente pela melhora do filho.

Albertina, comovida, estava presente. Um espírito amigo aproximou-se dela.

— Está feliz?

— Muito. Parece que nossa família vai ficar mais forte e unida de agora em diante.

— Às vezes somos obrigados a passar por situações desagradáveis a fim de acordar, mudar e crescer.

— Confesso que, quando estamos encarnados, há uma linha muito tênue que nos mantém ora ligados no bem, ora no mal.

— Infelizmente temos forte tendência à maledicência. É a energia que paira no mundo. Grande parte da população encarnada está ligada no bem, entretanto muitos meios de comunicação alardeiam a maldade.

— Parece que todos estão matando, corrompendo, quando, na verdade, muito poucos praticam o mal.

— Albertina — disse o espírito amigo —, quando o homem perceber que o mal é uma ilusão, o mundo vai mudar. O futuro promete ser bem diferente.

— Só o bem é verdadeiro — tornou ela, sorrindo.

Albertina dirigiu-se até Ana Paula. Beijou-lhe a fronte, agradecida. O espírito amigo declarou:

— Está pronta para voltar?

— Estou, mas não vou reencarnar.

— Ah, não?

— Não. Miguel teve a oportunidade de novo reencarne e vai precisar muito de espíritos amigos ao seu redor, em sua nova jornada. No momento não posso me aproximar dele, visto que vibramos em faixas energéticas distintas.

— Hum, então quer dizer que, se Miguel estiver encarnado, você terá condições de se aproximar?

— Sim. E dessa forma poderei lhe prestar auxílio. Eu o amo muito. Ao lado de Miguel, como uma espécie de protetora, poderei lhe dar força para que não cometa novamente esse ato tresloucado.

— Desejo-lhe muita sorte nessa nova empreitada.

— Muito obrigada.

Os espíritos alçaram voo e sumiram no espaço.

Durval tocou a mão de Suzana e a conduziu até o pátio do hospital.

— Precisamos conversar.

— Pode contar comigo para quantas sessões forem necessárias. Desejo do fundo do coração que Luís Carlos melhore e possa aproveitar a nova chance que a vida lhe deu.

— Ele vai ficar bem. Soube que há certa afinidade espiritual entre ele e uma jovem.

— É mesmo? — indagou Suzana, surpresa.

Durval apontou para um canto do pátio. Suzana espremeu os olhos e reconheceu. Sentada num banco, mãos entrelaçadas, olhos fechados, lá estava Tânia. Ela orava com fervor, pedindo ao plano espiritual que ajudasse Luís Carlos.

— Acha que... — retrucou Suzana.

— Acho, não. Tenho plena convicção. Tânia e Luís Carlos têm laços de amor que os unem há muitas vidas. Eu fui alertado e sabia do possível encontro. Entretanto ambos viviam em mundos tão distantes, que eu acreditava ser praticamente impossível esse reencontro.

— Fico feliz caso o interesse entre ambos se concretize. Tânia é excelente pessoa.

— E enfermeira. Quem vai cuidar de Luís Carlos assim que ele receber alta dos médicos?

Suzana riu-se.

— A vida é mágica. Sempre há uma maneira de unir as pessoas.

— Na hora certa, e no momento certo — ajuntou Durval.

De repente os olhos de ambos se cruzaram. Sustentando o olhar, Durval disparou:

— Agora que está tudo bem, poderia lhe fazer uma pergunta?

— Pois que faça — respondeu Suzana, sentindo o coração disparar.

Durval pigarreou, tocou-lhe delicadamente a fronte e indagou:

— Quer se casar comigo?

Suzana abriu e fechou a boca, mal conseguindo articular som.

— Casar?! — perguntou ela estupefata.

— Sim. Quer ser minha esposa?

— Mas você mal me conhece! Começamos a nos ver faz pouco tempo e...

Durval a cortou:

— O tempo não conta. O que sinto por você é muito forte. Eu a amo, Suzana. Não estou enganado. Você é a mulher da minha vida.

Suzana não resistiu. Jogou a cabeça para trás, fechou os olhos, abriu lentamente os lábios. Durval aproximou-se e a beijou com sofreguidão. Pétalas de rosas, invisíveis aos olhos humanos, foram derramadas sobre o casal, como manifestação da espiritualidade maior abençoando a união dos dois.

Epílogo

A jovem que presenciara os tiros disparados contra Luís Carlos depôs na delegacia. Não vira ninguém, um rosto sequer. Só escutara os disparos secos e apenas teve tempo de verificar a placa.

— Como a viu, se estava tudo escuro? — indagou um dos policiais.

— Eu carregava uma lanterna comigo.

— O que fazia ali, àquela hora da noite?

A moça remexeu-se na cadeira. O seu rosto corou. O policial insistiu:

— E então?

— Bom, eu estava atrás de meu namorado, sabe? Uma amiga me disse que o Péricles iria até um bar no Riacho Grande com uma amiga e depois iriam até a represa. Ah, eu fiquei tão fula da vida e fui até lá, com a ajuda da Selma, porque ela tem carta de motorista e tudo. Eu sou menor ainda. Tenho só dezessete anos.

O policial exalou profundo suspiro. Suas órbitas deram voltas sobre os olhos. A garota falava pelos cotovelos.

— Mas não encontrei meu namorado. Fiquei vasculhando um pouco mais a área, até que...

O policial a cortou:

— Não precisamos saber da sua vida.

Ela baixou os olhos envergonhada.

— Desculpe. Eu carregava a lanterna para dar um flagra no Péricles. Foi quando ouvi os disparos, ouvi vozes, o carro derrapando e a placa: 22-40-34.

— Tem certeza?

— Absoluta. Sou muito boa em números. Na escola, quando a professora nos dá equações para resolver, todo mundo pede a minha ajuda, e, ademais, eu também sou...

O policial a cortou novamente:

— É suficiente, minha filha. O número da placa já ajuda sobremaneira. Leia, confira e, se estiver tudo em ordem, assine a sua declaração e pode se retirar.

— Sim, senhor.

***

Quando Luís Carlos saiu da unidade de terapia intensiva e foi liberado para o quarto, alguns dias depois, Guilhermina fez questão de ir pessoalmente à delegacia. Amparada por Ana Paula e Fernando, entregou a fita aos policiais. A fita foi enviada para perícia e, comprovada sua autenticidade, foi decretada a prisão de Guadalupe e Ramírez. Assim que foram presos, os dois espumavam de ódio.

— Eu não vou ser presa sozinha! Otto também merece ser punido — bradava ela, completamente descontrolada, já colocada numa cela comum, ao lado de outras detentas.

A famosa carta sob as mangas que Guadalupe dizia ter contra Otto finalmente veio à tona. Quando morava no Rio de Janeiro, ela conheceu um alemão fugido da guerra. Durante o breve caso, descobriu que esse alemão fora amigo de Otto Henermann. Guadalupe então foi à cata de informações, e, por meio de contatos espalhados pelo mundo da contravenção, descobriu que Otto era um refugiado de guerra. Ele não era judeu. Pelo contrário, ele fora o responsável pela morte de muitos judeus nos campos de concentração. Tatuou de propósito num dos pulsos as marcas e os números iguais aos dos judeus presos nos campos. Na verdade, Otto se chamava Franz Bauer, um oficial nazista procurado pela polícia internacional.

Dois meses depois de ser presa, Guadalupe entregou todos os documentos, tudo o que tinha em mãos e que desmascaravam Otto. A polícia localizou o alemão e Zaíra em Buenos Aires. Foram presos e expatriados, julgados e condenados por crimes de guerra.

***

Livre de Ramírez, Guilhermina deu novo curso à sua vida. Com o tempo, ela descobriu que seu ex-amante passara a casa do Pacaembu para o nome de Ana Paula. Em comum acordo, ela e os filhos venderam a propriedade. Com o dinheiro repartido igualmente entre os três, Guilhermina pegou sua parte, comprou modesta casa num bairro afastado e recomeçou sua vida, ao lado do filho e de Tânia. Em pouco tempo, uma sincera amizade nasceu entre ambas e, assim, ajudaram Luís Carlos a se recuperar das lesões. Ele ficou dependente da ajuda de uma bengala para se locomover. Voltou a estudar, concluiu o curso de Direito e montou modesto escritório no centro da cidade.

***

Ana Paula, com a sua parte do dinheiro, comprou gracioso sobrado próximo dos sogros. Casou-se com

Fernando. Seu Hiroshi, já velho e com vontade de voltar ao Japão, para junto de seus parentes, vendeu por quantia modesta a sua parte na tinturaria. Com isso, Fernando ampliou o negócio e em poucos anos estava com lavanderias espalhadas por toda a cidade.

Ele e Ana Paula tiveram um filho, Carlinhos. Desde a mais tenra idade, Carlinhos mostrava um gosto duvidoso por velórios e enterros. Sempre que algum parente ou amigo do casal morria, lá estava o menino querendo ajudar a vestir o morto, a participar do velório, querendo carregar o caixão. Era estranho, muito estranho. Entretanto Durval, agora concunhado de Ana Paula, a advertia de que aquilo tudo tinha a ver com o espírito do filho. Esse gosto fazia parte da essência do menino, assegurava-lhes Durval, tentando tranquilizar o casal. Ana Paula procurava entender o gosto de Carlinhos. Ele preferia mil vezes passar a tarde num cemitério do que brincar com os amiguinhos. Vai saber o porquê de tanta esquisitice...

***

Guiomar ficou à frente da pensão até sua morte, em 1979. Após seu desencarne, passou por tratamento num posto de socorro próximo da Terra e, assim que recebeu alta, foi morar com Albertina. Guiomar aos poucos foi tendo acesso às suas memórias passadas e teve consciência de que, devido ao grande número de abortos feitos nas duas últimas vidas, veio ao mundo nesta última encarnação sem condições físicas para gerar filhos.

***

Claudete deixou de lecionar, casou-se com um rico industrial e fixou residência em Campinas, interior paulista.

Teve quatro filhos e um lar harmonioso e feliz. Anos depois, com o apoio do marido e a ajuda dos filhos, fundou um centro espírita até hoje muito procurado, inclusive por pessoas da capital.

***

Lurdinha conseguiu o que tanto queria. Finalmente casou-se com Bruno. Na lua de mel começaram as desavenças. Numa noite, preparando-se para sair, Lurdinha colocou uma minissaia. Bruno a impediu, daí veio a discussão, a briga, o tapa e a surra. Bruno tinha um ciúme doentio da mulher e, sempre desconfiado, a enchia de tabefes. Quantas e quantas vezes Lurdinha apanhou! Quantas vezes apareceu na casa de Ana Paula, lábios inchados, óculos escuros cobrindo o roxo dos olhos. Durval a aconselhou a procurar Pai Thomas, mas era tarde demais. Convidado para ser guru exclusivo de uma condessa, o pai de santo arrumou as malas e se mandou para a Itália. Lurdinha purgou por centros espíritas, terreiros de umbanda e de candomblé. Ninguém podia desfazer a amarração de Pai Thomas. Seus comparsas espirituais não permitiam que ninguém desmanchasse o feitiço.

Talvez, mudando a atitude, reavaliando sua postura e suas crenças, Lurdinha pudesse um dia se livrar das garras do marido agressor. Ela até tentou fugir, mas Bruno sempre a encontrava. Quem sabe, um dia, ela poderia ter condições de mudar o destino e livrar-se da arapuca que criou para si mesma?

***

Maria Cândida se beneficiou sobremaneira do tratamento no Sanatório Espírita de Uberaba. Com a ajuda de profissionais, melhorou a autoestima, mergulhou fundo nos seus medos, encarou-os e tornou-se uma nova mulher. Ficou até mais bonitinha. Já que não tinha beleza física, usou de seu charme para se tornar uma mulher interessante. E conseguiu.

Ao descobrir a verdadeira origem de seu pai, Maria Cândida entristeceu-se além da normalidade. Entretanto, Otto havia ceifado muitas vidas e tinha de arcar com as consequências. Ela mesma ajudou a polícia internacional a descobrir o dinheiro do pai escondido nos bancos suíços. Maria Cândida não queria usufruir daquele dinheiro arrancado à custa de muita tortura e morte. Preferia recomeçar por si, ao lado de Ernani.

Ela aprendeu o verdadeiro sentido do amor ao lado de Ernani. Ele a ajudou em demasia. Deu-lhe total apoio e formavam um bonito casal.

***

Otto e Zaíra passaram a ser assediados por espíritos sedentos de ódio, que os perseguiam havia muito tempo, culpando-os por terem desencarnado nos campos de concentração. Enlouquecidos por tamanho assédio, Otto e Zaíra se mataram.

Maria Cândida chorou muito a morte dos pais. Orou muito por eles, mas nada podia fazer. Cada um era responsável pelo seu destino. Que Deus pudesse ter compaixão de seus pais. Eles haviam plantado. E agora estavam recebendo os frutos...

***

Nessa época, Maria Cândida teve de vir a São Paulo para tratar da assinatura de alguns papéis para o desbloqueio de nova quantia, em nome de Otto, encontrada num banco chileno. Era pura burocracia, mas ela tinha de vir à cidade. Fazia anos que ela não retornava.

Assim que o avião aterrissou em São Paulo, ela sentiu um friozinho no estômago. Ernani apertou sua mão, transmitindo-lhe segurança.

— Está tudo bem O passado está lá atrás. Você hoje é outra mulher.

Maria Cândida meneou a cabeça para cima e para baixo.

— Tem razão. Hoje vivo outra vida.

Eles pegaram um táxi, foram até o escritório dos advogados que representavam o banco chileno no país. Maria Cândida assinou os papéis. Sentiu-se aliviada. Definitivamente todo o passado estava morto.

— Podemos almoçar e ir direto ao aeroporto, se quiser — tornou Ernani, em tom amoroso.

— Sim, mas antes gostaria de dar uma volta num parque. Vamos dar uma passadinha no Parque do Ibirapuera?

— Por que não? Ótima ideia.

O casal saiu do prédio no centro da cidade. Pegaram outro táxi e foram para o parque. Ao chegar, Maria Cândida sorriu.

— Como é lindo! Adoro as alamedas, as flores, os pássaros. Um pedacinho do paraíso no meio da cidade.

Ernani concordou. Foram caminhando por entre as alamedas. Ao dobrar uma delas, Maria Cândida foi tomada de susto. Segurou-se em Ernani para não cair.

— O que foi? — perguntou ele, preocupado.

Ela apontou com o dedo, tremendo qual folha arrastada pelo vento. Ernani observou à volta e avistou o homem. Luís Carlos estava sentado num banco. Numa mão segurava uma bengala. Na outra, apertava a mão de Tânia. Ele estava envelhecido, os cabelos prateados. Mas era ele, tinha certeza.

— Vamos voltar — declarou Ernani.

— Não.

— Tem certeza, meu amor?

— Sim. Eu mudei, não quero mais sentir medo. Tenho você, não sou mais aquela garota boba e insegura do passado.

Luís Carlos conversava amenidades com a esposa quando notou a presença de Maria Cândida. Ele arregalou os olhos. Ela estava diferente, corpo bem-feito, cabelos elegantemente penteados, belo vestido. A aparência estava ótima. Maria Cândida aproximou-se:

— Como vai, Luís Carlos?

— Vou bem — disse ele, voz entrecortada pela surpresa. Para disfarçar, ele apontou: — Esta é minha esposa, Tânia.

— Muito prazer.

— O prazer é meu — replicou Tânia.

— Este é meu marido, Ernani.

Eles se cumprimentaram. Luís Carlos não sabia o que dizer. Então mudou o tom de voz e disparou:

— Sinto muito pelos seus pais.

Maria Cândida baixou os olhos. Exalou profundo suspiro e tornou, sincera:

— Eu também sinto, todos os dias. Não os julgo, não os condeno. A única coisa que posso fazer é orar e pedir para que um dia eles acordem para a realidade, arquem com as consequências de suas atitudes e tenham, por misericórdia divina, nova oportunidade para amadurecer e crescer.

— Você está mudada. Não parece aquela moça que conheci anos atrás. Está madura, sua voz é firme, embora seus gestos sejam suaves.

Maria Cândida riu-se.

— Você também não é mais aquele moço por quem me empolguei e me apaixonei um dia.

Ele baixou a cabeça, envergonhado. Maria Cândida tornou:

— Tudo passa, Luís Carlos. Estou bem.

— Fico feliz — respondeu ele. — Estes anos todos torci muito pela sua felicidade.

— Obrigada.

— Parece que você a encontrou nos braços de Ernani.

— E parece que você descobriu o verdadeiro amor nos braços de Tânia — ajuntou ela.

Os quatro riram. Maria Cândida pigarreou e por fim perguntou:

— Tem notícias de Guadalupe?

Luís Carlos deu de ombros. Maria Cândida aquiesceu:

— Desculpe-me. Não quero remexer em feridas do passado. Perguntei por curiosidade.

Luís Carlos sorriu.

— Isso faz parte do passado. Estou bem. Casei-me com o meu verdadeiro amor — tornou ele, emocionado. E, após beijar amorosamente a fronte de Tânia, tornou: — Guadalupe e Ramírez continuam presos. A Espanha solicitou à embaixada brasileira que ambos sejam julgados por crimes de narcotráfico. Eles também estão colhendo o que plantaram.

Maria Cândida aproximou-se e tocou suas mãos nas dele.

— Eu também torço por você, Luís Carlos, de coração.

Foi com sinceridade que Maria Cândida lhe disse essas palavras. Luís Carlos sentiu a ternura em sua voz. Após conversa aprazível, despediram-se.

Luís Carlos fez força para se levantar. Ajudado por Tânia, ergueu o corpo, com extrema dificuldade.

Auxiliado por sua bengala, voltou as costas ao casal e, amparado nos braços da esposa, foi caminhando lentamente pelo parque.

Maria Cândida fitou Luís Carlos e Tânia até dobrarem a alameda e desaparecerem por entre as árvores. Ernani pegou suavemente em suas mãos.

— Está tudo bem?

— Sim, está. Agora está tudo bem.

Maria Cândida fitou o céu azul e límpido, fechou os olhos e agradeceu a Deus por estar viva. Aspirou o ar e suas narinas foram invadidas pelo delicado e suave perfume das flores ao seu redor. Sentiu incrível bem-estar. De mãos dadas com Ernani, foi caminhando por entre os bosques do formoso parque. Ela finalmente encontrara a verdadeira paz.

Fim

Grandes sucessos de
Zibia Gasparetto

Com mais de quarenta livros publicados e mais de 17 milhões de leitores, a autora tem contribuído para o fortalecimento da literatura espiritualista no mercado editorial e para a popularização da espiritualidade. Conheça os sucessos da escritora.

Romances

A verdade de cada um – nova edição
A vida sabe o que faz
Entre o amor e a guerra
Esmeralda – nova edição
Espinhos do tempo
Laços eternos
Nada é por acaso
Ninguém é de ninguém
O advogado de Deus
O amanhã a Deus pertence
O amor venceu
O encontro inesperado
O fio do destino – nova edição
O matuto
O morro das ilusões
Onde está Teresa?
O poder da escolha
Pelas portas do coração – nova edição
Quando a vida escolhe
Quando chega a hora
Quando é preciso voltar – nova edição
Se abrindo pra vida
Sem medo de viver
Só o amor consegue
Somos todos inocentes
Tudo tem seu preço
Tudo valeu a pena
Um amor de verdade
Vencendo o passado

Crônicas

A hora é agora!
Bate-papo com o Além
Contos do dia a dia
Pare de sofrer
Pedaços do cotidiano
O mundo em que eu vivo
O repórter do outro mundo
Voltas que a vida dá – nova edição

Coleção – Zibia Gasparetto no teatro

Esmeralda
Laços eternos
Ninguém é de ninguém
O advogado de Deus
O amor venceu
O matuto

Outras categorias

Conversando Contigo!
Eles continuam entre nós – vol. 1
Eles continuam entre nós – vol. 2
Pensamentos – vol. 1
Pensamentos – vol. 2
Momentos de inspiração
Recados de Zibia Gasparetto
Reflexões diárias

Conheça outros romances da editora Vida & Consciência.

Mônica de Castro

A atriz – edição revista e atualizada
Apesar de tudo...
Até que a vida os separe
Com o amor não se brinca
De frente com a verdade
De todo o meu ser
Desejo – Até onde ele pode te levar?
(pelos espíritos Daniela e Leonel)
Gêmeas
Giselle – A amante do inquisidor – nova edição
Greta – nova edição
Impulsos do coração
Jurema das matas
Lembranças que o vento traz
O preço de ser diferente
Segredos da alma
Sentindo na própria pele
Só por amor
Uma história de ontem – nova edição
Virando o jogo

Marcelo Cezar

A última chance
A vida sempre vence
Coragem para viver
Ela só queria casar...
Medo de amar
Nada é como parece
Nunca estamos sós
O amor é para os fortes
O preço da paz
O próximo passo
O que importa é o amor
Para sempre comigo
Só Deus sabe
Treze almas
Um sopro de ternura
Você faz o amanhã – nova edição

Ana Cristina Vargas

A morte é uma farsa
Em busca de uma nova vida
Em tempos de liberdade
Encontrando a paz
Intensa como o mar
O bispo – nova edição
Sinfonia da Alma
Além das palavras (crônicas)
O quarto crescente – nova edição

Eduardo França

A escolha
A força do perdão
Enfim, a felicidade
Vestindo a verdade

Floriano Serra

A grande mudança
A outra face
Nunca é tarde
O mistério do reencontro

Lucimara Gallicia

pelo espírito Moacyr

O que faço de mim?
Sem medo do amanhã

Leonardo Rásica

Luzes do passado
Celeste – no caminho da verdade

Sérgio Chimatti

pelo espírito Anele

Apesar de parecer... Ele não está só
Ecos do passado
Lado a lado
Os protegidos

Lúcio Morigi

O cientista de hoje

Flavio Lopes

pelo espírito Emanuel

A vida em duas cores
Uma outra história de amor

Rose Elizabeth Mello

Desafiando o destino
Verdadeiros Laços

Evaldo Ribeiro

Eu creio em mim
O amor abre todas as portas

Gilvanize Balbino

O símbolo da vida

Carlos Henrique de Oliveira

Ninguém foge da vida

André Ariel Filho

Surpresas da vida
Em um mar de emoções

VIDA & CONSCIÊNCIA
GRÁFICA

Rua Agostinho Gomes, 2.312 – SP
55 11 3577-3200

grafica@vidaeconsciencia.com.br
www.vidaeconsciencia.com.br